Ces gestes qui vous changeront la vie

Du même auteur

La grammaire des gestes, J'ai lu, 8652
Dis maman, pourquoi on peut pas dire merde ?, J'ai lu, 9140
Le langage psy du corps, J'ai lu, 9247
Le sexe des gestes, J'ai lu, 9821
Le dico illustré des gestes, J'ai lu
Les gestes des politiques, Éditions Flammarion (2006)
La grammaire des gestes, Éditions Flammarion (2006)
Le dico illustré des gestes, Éditions Flammarion (2009)
Les Étonnants Pouvoirs de l'énergie positive, First Éditions (1993)
Les gestes de la séduction, First Éditions (1995)
Les gestes de la vie professionnelle, First Éditions (1997)
Talents cachés, First Éditions (1997)
Le sens caché des gestes, First Éditions (2002)
Ces gestes qui manipulent, ces mots qui influencent, First Éditions (2003)
Ces gestes qui séduisent, First Éditions (2004)
Les gestes du succès, les mots de la réussite, First Éditions (2004)
Le langage psy du corps, First Éditions (2004)
Ces objets qui vous trahissent, First Éditions (2005)
Ces gestes qui vous trahissent, First Éditions (2005)
Le petit décodeur gestuel, First Éditions (2006)
Le sexe des gestes, First Éditions (2007)

De Joseph et Caroline Messinger

Ne leur dites jamais... savoir parler à ses enfants, ça s'apprend, J'ai lu, 8591
Les mots qui polluent, les mots qui guérissent, J'ai lu, 8591
Entre mères et filles, J'ai lu, 8591
Êtes-vous faits l'un pour l'autre ?, First Éditions (1999)
Entre mères et filles, Éditions Flammarion (2009)

JOSEPH MESSINGER

Ces gestes qui vous changeront la vie

J'AI LU
Bienêtre

Collection dirigée
par Ahmed Djouder

SOMMAIRE

CHAPITRE 2

LA SALSA DES ÉNERGIES

CHAPITRE 3

CINQUIÈME PARTIE

SIXIÈME PARTIE

AVANT-PROPOS

1993 !

Je suis prêt à quitter la France pour m'en retourner vers mon passé en coma dépassé, direction la Belgique.
Mes deux premiers bouquins ont été des bides monumentaux. Ils étaient mauvais, je dois l'avouer. Le petit éditeur qui m'a publié a fini par me jeter à la rue. Sans préavis. Je n'en ai pas retrouvé un autre pour poursuivre mon aventure parisienne. L'édition est un milieu professionnel hermétique. On y entre difficilement et on en sort très très vite, quand on a un couac ou deux dans son CV. L'intervention des médias est souvent salutaire pour sauver un bon ou un mauvais bouquin de la noyade. La différence, c'est que le mauvais ne bénéficie pas du bouche-à-oreille qui fait le succès du bon. En revanche, le bon bouquin boudé par la presse ne fait pas long feu sur les tables des libraires, quand ils déballent les cartons.

Mes fonds sont en baisse, mais j'ai encore de quoi tenir un mois ou deux avant de rendre mon tablier. Deux mois plus tôt, j'ai dédicacé quelques bouquins à des clients complaisants, chez une libraire de R... prête à déposer le bilan. Elle m'a confié son espoir de trouver du travail sur Paris. Bon prince, je lui ai promis de l'emmener chez un franchisé de l'enseigne Leclerc, en banlieue parisienne. Elle cherche un emploi, et Pierre B..., le patron de l'enseigne en question, est à la recherche d'une responsable de librairie depuis plusieurs mois. Apparemment une denrée rare quand le salaire est très démotivant. Le rendez-vous est pris un samedi, jour de fête au Leclerc. L'hypermarché reçoit en dédicaces quelques cadors de la littérature. Il faut bien se donner un peu de mal pour rencontrer ses lecteurs, n'est-ce pas ?

Je ne voulais pas y aller, j'avais le moral dans les chaussettes. Mon éditeur me coupait les vivres et je n'aurais bientôt plus d'adresse en France. Le retour en Belgique était déjà programmé de facto. *J'avais échoué, après deux années d'efforts pour devenir un romancier à la mesure de mes rêves. Mes deux romans avaient été pilonnés avec leur auteur. J'ai voulu faire du Barjavel, j'ai été « barjavelisé » par les quelques centaines de lecteurs qui ont acheté mes livres par erreur d'aiguillage ou par hasard.*
« Je ne voulais pas y aller », ai-je écrit. En fait, j'avais promis à Pierre B... de lui faire rencontrer la fameuse libraire à la recherche d'un poste. Un jour avant que je ne la lui présente, Pierre m'appelle pour décommander notre rendez-vous.

> *« Mais je n'ai pas son numéro de téléphone. Je ne pourrai pas la prévenir. Il faut que tu la reçoives comme si, Pierre. Elle vient exprès de R... pour te rencontrer.*
> *— Bon ! réplique-t-il, venez demain à la séance de dédicaces, je ferai ce que tu me demandes. »*

Le lendemain, je retrouve la libraire à la gare de l'Est, comme convenu, et je l'emmène en voiture au rendez-vous, sans lui annoncer que la place est déjà prise.

Il était une fois une exclue et un paria qui se haïssaient de devoir se fréquenter ! J'ai livré la marchandise, comme on dit, et je me suis désintéressé de l'affaire. Plusieurs écrivains célèbres dédicacent leurs œuvres quand nous débarquons. Joffo et Cauvin se tirent la gueule. Les lecteurs font la queue. Irène Frain, tout schuss, signe ses livres à tour de bras. D'autres encore, dont j'ai oublié le nom, se bousculent au portillon de la gloire en hyper, assis sur des chaises pliantes en plastique.

Pierre, grand seigneur, invite tout ce beau monde à luncher en famille à la pizzeria sans étoiles du coin. Je m'apprête à m'éclipser. Je n'ai pas le moral. Il me rattrape et m'oblige à rester. On me désigne une place en face d'un inconnu jovial.

Je n'ai pas trop envie, vu que mon mental est tirebouchonné dans mes chaussettes, mais j'ai eu une petite conversation avec mon préconscient, la veille. Une séance de questionnement idéomoteur en circuit fermé (une pratique inspirée de l'autohypnose que je détaille dans la deuxième partie du livre). Il me conseillait vivement de présenter la dame de R... au Centre Leclerc et de faire comme si. Le but étant, sans doute, de me joindre à la bande d'écrivains pour le lunch. Enfin, c'est ce que j'imaginais. J'avais tout faux. Les voies de l'inconscient sont décidément impénétrables...

Je suis assis en face d'un drôle de bonhomme. Il rit tout le temps. Ce rendez-vous manqué me sort de quelque part. Comme si je n'avais que ça à faire. Mon propre destin est déjà scellé. C'est la fête en grande surface, ce samedi-là. Nous faisons connaissance. Il est responsable du secteur hypermarchés d'un groupe de diffusion éditorial. Un certain G. Aucun intérêt pour moi, c'est un commercial ! Faute de mieux, nous sympathisons et je finis par lui confier à demi-mot l'épilogue annoncé de mon aventure éditoriale avortée. Il me glisse sa carte de visite et me propose en riant de l'appeler après le week-end. Encore une promesse de cocktail ! Les promesses d'ivrogne, c'est quand on a bu !

Le déjeuner se poursuit avec, au dessert, la gaieté superficielle des convives. Une heure plus tard, je suis dans ma voiture et je considère la carte de visite avec un scepticisme mêlé de tristesse. Un coup d'épée dans l'eau ! Paris n'a pas voulu de moi et la gloire de l'écrivain est programmée pour une autre réincarnation. Le désespoir est un lac où se noient les illusions, mais c'est aussi un moteur extraordinaire car l'espoir n'en finit jamais de mourir tant qu'il y a de la vie.

Lundi matin ! Je me résous à décrocher le téléphone. G. me répond en direct. Sa secrétaire doit se refaire une beauté aux toilettes. C'est mon jour de chance.

« Tu tombes bien, me dit-il, je déjeune avec un éditeur. Tu peux te joindre à nous, si tu veux que je te présente ? »

Il me tutoie d'emblée. Ça marche ! Je veux ! L'espoir remonte en flèche, se cogne la tête au plafond de mes rêves. Tout n'est peut-être pas perdu. Je rencontre l'éditeur – qui est en fait un directeur de collection indépendant. Quelle importance, pour moi, il est le père Noël. Je lui explique mon projet de livre. Il me dit qu'il connaît un éditeur qui sera intéressé. Bingo ! Je lui prépare un synopsis, la tête dans les étoiles. Mes doigts courent, fébriles, sur le clavier de mon vieux PC. L'éditeur me convoque quelques jours plus tard en compagnie de B., le fameux directeur de collection. Le projet lui plaît et je signe le contrat dans la foulée… avec un éditeur prêt à déposer le bilan. Je n'étais pas au courant. Pas de bol !

Donc, ignorant du destin de ce futur ex-éditeur, je fonce et j'écris mon bouquin, qui paraîtra tout de même dans cette maison d'édition qu'un repreneur sauvera de la faillite pour un franc symbolique. En reprenant le fonds, il a repêché l'écrivain naufragé. Il est bien obligé de publier mon livre, qui ne sera pas un succès de librairie. J'ai eu droit à quelques articles dans deux ou trois magazines, dont un entrefilet dans un journal d'anciens combattants. Le bonheur ! Il y a même un bon Dieu pour les parias de l'édition ! J'ai eu de la chance. Beaucoup de chance d'avoir été récupéré par l'éditeur charitable avec lequel je travaille encore aujourd'hui, dix-sept ans plus tard et une bonne vingtaine de livres après.
Quelle curieuse histoire, n'est-ce pas ? Après cela, on est en droit de se demander qui est le maître du destin. Le questionnement idéomoteur de l'autohypnose que je pratiquais à l'époque m'a sauvé des eaux. J'avais déjà eu l'occasion, à maintes reprises, de l'expérimenter et de suivre les conseils de mon subconscient pour mon plus grand bien. Si je n'avais pas eu ce contact privilégié avec les profondeurs de ma conscience, je n'aurais pas pris la peine de m'arrêter au Centre Leclerc en

question, après avoir déposé la libraire de R... Je serais rentré chez moi, la queue entre les jambes, avec pour seul horizon... le plat pays qui est le mien.

L'EFFET NOCEBO, ÇA MARCHE TROP BIEN !

Les scientifiques sont formels : il suffirait parfois de se croire malade pour le devenir.

L'antenne-relais téléphonique vient d'être installée. Aussitôt, certains voisins ressentent des bourdonnements, un goût métallique dans la bouche, et des saignements de nez se manifestent. Et puis on apprend que l'antenne n'a pas été mise en service. L'affaire s'est déroulée à Saint-Cloud. Elle constitue un parfait exemple de ce que les médecins appellent l'« effet nocebo » (du latin : je nuirai). L'exact effet inverse du placebo. Le nocebo, ce « mensonge qui fait mal », a sans doute été observé de toute éternité. Mais sa plus fameuse illustration remonte à 1970, avec un patient américain auquel une erreur de diagnostic avait annoncé un cancer du foie en stade terminal, dont en effet il mourut vite avec tous les symptômes – tandis que l'autopsie ne révélait qu'une petite tumeur localisée.

Une autre illustration me revient en mémoire. Un jeune ouvrier s'est malencontreusement laissé enfermer dans un frigo à viandes, un vendredi soir, veille de week-end. Il a été évidemment retrouvé mort de froid le lundi matin par ses collègues. Évidemment, non ! Car le frigo n'était pas branché. Il faisait 16 degrés à l'intérieur. La croyance ou l'effet « nocebo » a été plus fort que la réalité des faits. Effrayant, non ?

Je suis en train de me rhabiller dans la cabine quand le radiologue ouvre la porte et m'annonce avec une tête de six pieds de long que j'ai probablement un grave souci pulmonaire, genre cancer.

« Et alors, docteur, je réplique, il faut bien mourir de quelque chose. »

Je n'en mène pas large, tout de même. Un scanner infirmera le diagnostic quelque temps plus tard. J'ai des poumons de non-fumeur alors que j'ai cessé de fumer deux ans plus tôt après quarante années de tabagisme. Il est vrai que j'ai préparé ce sevrage en programmation neuro-gestuelle durant six mois avant de stopper net le jour de mon anniversaire. Mais revenons au nocebo ! Si je n'avais pas été un expert de la suggestion, j'aurais pu prêter foi au diagnostic de ce carabin et développer un vrai cancer du poumon. Merci, docteur ! Mais revenons à l'effet nocebo !

Depuis, les observations se sont accumulées. La moitié des asthmatiques suffoquent lorsqu'on leur fait respirer un gaz prétendu irritant... qui ne l'est pas. Soixante pour cent des patients promis à une chimiothérapie éprouvent des nausées avant le début du traitement. Au Québec, on a recensé un cas de choc anaphylactique chez un sujet allergique aux roses, auquel on avait présenté un bouquet de fleurs en plastique. Il a été démontré que « des gens meurent à la suite d'un envoûtement vaudou » ou que certains malades voient leur état empirer gravement lorsqu'ils apprennent que des prières ont été dites... pour implorer leur guérison. Il n'y aurait donc rien de tel que de croire à une issue fatale pour la provoquer...

Jean-Claude Grange, médecin généraliste en banlieue parisienne, observe l'effet nocebo depuis des années : « Des pilules anodines, des placebos, peuvent parfaitement provoquer des symptômes réels, par exemple des éruptions cutanées. » Il suffit d'y croire, donc d'être... crédule ? « C'est ce que l'on a longtemps pensé, à propos du placebo comme du nocebo, répond le docteur Grange. On jugeait ces effets illusoires réservés à des gens naïfs, peu cultivés. » Mais on a vite eu la preuve que cela pouvait concerner tout le monde.

Jusqu'à un prof de fac de médecine (à Harvard), pressé de tester sur lui une nouvelle molécule prometteuse auquel le laboratoire avait expédié un placebo. Or l'essai avait été concluant au-delà de toute espérance...

Quel mystérieux mécanisme peut bien, à partir de croyances ancrées dans notre cortex cérébral, agir sur notre physiologie ? Nul n'en sait rien. Seule certitude : l'effet nocebo fonctionne aussi sur les animaux. Des rats auxquels on a injecté une fois un immunodépresseur affichent ensuite, lors d'une seconde piqûre avec une substance inactive, une nouvelle baisse de leur immunité.

Cette expérience tend à démontrer que le conditionnement pavlovien agit en institutionnalisant immédiatement la réaction programmée par la première injection. Une réaction qui est bien connue en programmation neurogestuelle (PNG). La programmation du verrou oculaire entraîne une augmentation non négligeable du seuil de sensibilité sensorielle. Cette réaction est propice à l'efficacité de la suggestion autogène ou hétérogène.

> *« Le mystère du nocebo reste entier mais redoutable en médecine humaine. Il nuit à l'acceptation des génériques (donc au budget de la sécu) – car nombre de copies fonctionnent moins bien chez les patients convaincus que seule la molécule "de marque" est efficace. Surtout, il provoque d'innombrables effets secondaires fâcheux – décrits dans les notices de médicaments. Des notices que, peut-être, on ferait mieux de ne jamais lire. »*
>
> *Fabien Gruhier* (Le Nouvel Obs, *29. 10. 2009*)

DE L'OR POUR SA SANTÉ

À ce propos, je souhaite rajouter un témoignage d'une amie gynécologue qui a effectué un service civil au Maroc.

Elle soignait des patientes pauvres dans le dispensaire d'un quartier populaire de Rabat pour diverses affections uro-génitales, en leur prescrivant les médicaments les moins onéreux du marché local. Elle partait du principe que ceux-ci ne sont pas remboursés par la sécu marocaine, vu que là-bas, la sécu n'existe pas. Hélas, les prescriptions ne soulageaient pas certaines de ses patientes. Quelques-unes lui demandèrent des remèdes plus onéreux, qui dans leur esprit seraient plus efficaces. Effectivement, une jeune femme lui confirma que le médicament en question l'avait soulagée. « J'ai même dû sacrifier quelques-uns de mes bracelets en or, ajouta-t-elle au cours de la consultation, mais maintenant, je suis vraiment guérie, Docteur. » Effet placebo ?

L'EFFET ANTIDOULEUR DE LA TRANSE-DÉCHARGE

À l'âge canonique de mes 42 ans, je souffre d'une parodontose avec certaines complications précancéreuses des gencives. Les douleurs que je dois supporter sont intenables. Les calmants à base de morphine prescrits par mon stomatologue, en attendant l'opération, n'ont plus aucun effet analgésique sur mes douleurs. Une radio panoramique a décelé deux séries de petites tumeurs dans les mâchoires supérieure et inférieure. Impossible d'extraire les dents, je ne réagis pas à l'anesthésiant injecté une première fois dans son cabinet (27 piqûres d'un anesthésique local) et je demeure hypersensible à la douleur. Pour couronner le tout, je ne dors plus vraiment depuis trois semaines environ. Je suis sur les genoux et las de me battre contre ces douleurs lancinantes. Je précise que je pratiquais déjà les transes-décharges psychotoniques de l'autohypnose de l'époque, mais je n'imaginais pas que ma science idéomotrice toute neuve puisse venir à bout de ce qu'une séance d'hypnose classique n'avait pas réussi à apaiser. Et puis, harassé de souffrir le martyre, je demandai à une personne que j'avais initiée à l'autohypnose idéomotrice de m'assister pour faire un essai de **transe-décharge** d'*évacuation de la douleur. En désespoir de cause. Une heure de réactions violentes ont raison de l'énergie qui me reste, mais pas des douleurs que j'endure. Ce soir-là, je décide de me coucher plus tôt en essayant de me concentrer*

sur le vide mental pour atténuer la douleur et je m'endors à l'insu de mon plein gré.

Quand je me réveille le lendemain matin, après une vraie nuit de sommeil, je ne ressens plus aucune douleur. Rien. De nada. Je me tâte les mâchoires pour savoir si je rêve ou si je suis bien réveillé. J'imagine que je bénéficie sans le vouloir d'une post-suggestion hypnotique antalgique. Un effet inattendu et sidérant. Je saute en bas du lit, j'appelle le stomatologue qui est un de mes amis et que j'ai formé à l'hypnose clinique. Il n'a jamais osé l'utiliser sur ses patients. « Il faut que tu m'opères immédiatement. » Je lui explique ce qui m'arrive. Il s'arrange pour déplacer tous ses rendez-vous afin de pouvoir me consacrer la matinée. Quand j'arrive à son cabinet, une heure plus tard, je ne sens toujours rien. Il m'attend avec une angoisse palpable dans le regard. Je m'installe dans le fauteuil du dentiste tandis qu'il prépare les injections... « Laisse tomber, lui dis-je, je ne sentirai rien. Tu peux extraire les dents malades à vif. » Il reste bouche bée mais il accepte de faire un essai. « Tu m'arrêtes si tu ressens quelque chose, d'accord ? » Il les a toutes enlevées, sans que j'éprouve la moindre douleur. Un appareil dentaire provisoire était prévu pour ma sortie. Je n'ai ressenti aucun réveil de la douleur dans les jours qui ont suivi. Une semaine après, je reviens pour effectuer une radio panoramique. Les tumeurs avaient disparu. Inexplicable.

Pour la petite histoire... Six mois avant cet événement majeur dans mon existence et dans ma pratique professionnelle, j'avais rêvé que je perdais toutes mes dents sur mon oreiller. La parodontose n'était pas encore déclarée à ce moment-là. Ce rêve était-il un avertissement qui aurait dû me mettre la puce à l'oreille ?

MÉMORISER EN MODE AUTOMATIQUE

Mais la PNG – programmation neuro-gestuelle et ses applications, qui est l'objet principal de ce livre – n'est pas seulement un placebo original d'une efficacité redoutable, c'est aussi un outil d'aide à l'apprentissage et à la mémorisation, notamment.

Jean-Claude a l'opportunité de devenir assistant d'un professeur de criminologie à l'université libre de Bruxelles, section flamande (VUB). Il s'exprime bien dans la langue de Vondel, mais sans excès. Jean-Claude Van den... a beau afficher un nom bien flamand, il est wallon d'origine. Il lui manque un volant de 3 000 mots pour pouvoir s'exprimer couramment en néerlandais.

> *« Je maîtrise la construction des phrases et du discours courant, mais je bute sur certains mots qui me viennent avec un temps de retard ou pas du tout, m'avoue-t-il.*
> *— Tu disposes de combien de temps pour intégrer les 3 000 mots ?*
> *— Oh ! Je sais pas moi, trois mois, quatre mois. Je dois me présenter chez le prof G... quand il reviendra pour sa session.*
> *— À raison de 100 mots par jour, ça fera un mois de travail. Tu trouveras bien une demi-heure par jour pour te consacrer à la mémorisation ! Ça te convient ?*
> *— Tu veux rire ?*
> *— Je veux bien rire mais il faudra que tu rigoles chaque jour pendant une demi-heure dans ce centre avec une assistante linguistique.*
> *— Tu veux dire que je dois venir chaque jour... On ne peut pas faire ça avec une cassette (le récit se situe vers la fin des années 1980) ?*
> *— Non, cher Monsieur ! La voix humaine est essentielle pour assurer le succès de la mémorisation. En plus, tu dois me préparer les 3 000 mots qui t'intéressent avec leur traduction en français. »*

Il s'est arrêté à 2 500 mots. Épuisé. Mais sa connaissance du néerlandais a fait un bond prodigieux en avant. Il possédait déjà un vocabulaire suffisant pour se débrouiller. Avec les 2 500 mots de plus, il est devenu parfaitement bilingue et... il est parti travailler dans le secteur privé. Plus rentable qu'un poste à l'académie !

D'autres témoignages vous attendent tout au long de cet ouvrage. Ils ont émaillé ma longue marche autohypnotique depuis 1982 environ. Depuis que j'ai découvert l'hypnose, que je l'ai pratiquée et qu'elle m'a permis de découvrir la voie de l'idéomotricité et de ses possibilités inattendues jusqu'à ce que je marie autohypnose et neuro-programmation gestuelle.

Et un dernier témoignage pour la longue route qui vous attend !

« AU SECOURS ! LA PORTE EST OUVERTE »

Je hurle pour me faire entendre de la patiente de 14 heures qui vient de sonner à la porte palière de mon cabinet. Je suis coincé dans les toilettes, plié en deux par une crise subite de sciatique. Impossible de me relever pour enfiler mon caleçon et mon pantalon.

Heureusement, Denise, la patiente, en a vu d'autres. Elle me rejoint au petit coin, m'aide à me rhabiller (sans fermer les yeux) et me sert de béquille pour gagner mon fauteuil face à mon bureau. Elle réprime un sourire pervers. Je lui en sais gré. Je suis incapable d'assurer sa thérapie ce jour-là ; nous reprenons rendez-vous pour la semaine suivante, sans garantie. Que faire ? Je ne peux plus travailler pour le moment, pourtant les charges sont là et il faut payer le loyer et le reste. Je vis seul avec mon ordinateur. À chacun son animal de compagnie ! Un rapide **questionnement idéomoteur** *(dont nous reparlerons dans la deuxième partie) me suggère d'appeler mon directeur de collection, avec lequel j'ai déjà commis un premier livre. Je tente le coup. Il décroche. Miracle ! Il n'est presque jamais au bout du fil. Toujours en vadrouille. L'époque n'était pas encore au téléphone mobile.*

Je lui narre mon drame. Il me propose d'écrire un livre sur les gestes. « Ça n'intéressera personne ! », lui dis-je. Il m'assure pouvoir vendre ce projet à mon éditeur du premier opus avec un à-valoir de 20 000 francs à la clef. M... alors ! Ça fait quatre mois de loyer pour mon cabinet deux pièces transformable en privé après les consultations. Contrat signé, je respire un peu mieux, mais la sciatique me scie toujours le moral. Deux mois plus tard, le manuscrit est bouclé. J'ai fait fissa. Et j'ai touché le solde de l'à-valoir. Encore une bouteille à la mer, me dis-je. J'avais tort sur toute la ligne. Le titre en question est paru pour la première fois en 1994. Deuxième édition en 1999 ! Troisième édition en 2001 et décollage de la fusée gestuelle avec près de 200 000 exemplaires vendus à ce jour (début 2010). Il faut croire que mon flair avait le nez bouché.

PREMIÈRE PARTIE

CHAPITRE 1
LA PRATIQUE QUOTIDIENNE DU MIRACLE

CHAPITRE 2
LA SALSA DES ÉNERGIES

CHAPITRE 3
L'AUTOSCOPIE

CHAPITRE 4
INTUITION CONTRE SURMOI !

CHAPITRE 1

LA PRATIQUE QUOTIDIENNE DU MIRACLE

Ai-je découvert à l'origine les vertus du verrou oculaire en tant que code d'accès à l'autohypnose idéomotrice, ancêtre de la PNG, ou est-ce lui qui m'a découvert ? Je ne saurais le dire. Toutes les intuitions, géniales par définition, se faufilent dans la conscience à l'insu de celle-ci. Il n'en reste pas moins que sans la découverte de ce conditionnement pavlovien initial, l'autohypnose que je pratiquais déjà serait demeurée une discipline purement simulatrice aux effets invérifiables. En tous les cas, le miracle de l'idéomotricité m'a sauté au visage à partir de la découverte des vertus du verrou oculaire, dont nous reverrons le fonctionnement en détail dans la troisième partie de cet ouvrage.

L'hypnose est parée de tous les pouvoirs par celui qui en attend un miracle. Il est vrai qu'en état d'hypnose cataleptique (tétanie des musculo-articulaires), bien des exploits quasi impossibles à accomplir en état de conscience normale deviennent monnaie courante. Las, on ne peut pas passer sa vie en état altéré de conscience ou, comme le disent certains spécialistes, en état de conscience marginale. Ce qui ne revient pas tout à fait au même, comme nous allons le voir tout de suite.

LA CONSCIENCE QUI FOUT LE CAMP

Quand on provoque un état altéré de conscience en hypnose, c'est le Surmoi (celui qui commande les interdits et les tabous) qui tend à s'effacer. Or cette partie du psychisme est justement celle qui protège l'individu contre l'euphorie de la réussite facile, celle qui a oublié de faire un détour par le mérite, l'effort et l'autodiscipline. Les drogues et certaines substances produisent souvent l'illusion de cette facilité d'apprentissage ou de mémorisation que l'on retrouve en état d'hypnose. Malheureusement, il en va des drogues comme des états d'hypnose traditionnelle, le résultat est aussi versatile qu'incertain. *Easy come, easy go !* (ce qui vient facilement s'en va tout aussi facilement).

DANS COMBIEN DE TEMPS SERAI-JE GUÉRI ?

Mes patients ou les candidats à un stage de programmation neuro-gestuelle me demandent souvent quel temps il faudra pour maîtriser le verrou oculaire. Ils sont pressés d'avoir fini avant d'avoir commencé. Comme toujours. Notez que je les comprends. Ils ne viennent pas apprendre à maîtriser certains mécanismes méconnus de leur corps, ils viennent rechercher un remède miraculeux qui les délivrera d'un trouble ou effacera d'un coup de gomme le Stress, l'Anxiété, la Déprime ou l'Échec (voir le système SADE, en annexe) qui ont décapé leur bien-être. Il est vrai que l'efficacité et la rapidité d'action de la PNG peuvent laisser rêveur. Cependant, il faut en relativiser les effets, en situant le point de départ et le point d'arrivée. D'où je viens et où je veux aller ?

LE DÉBUT DU COMMENCEMENT N'EST QUE LA FIN DU DÉBUT

La question suivante concerne évidemment le coût de l'opération. Il arrive aussi qu'ils passent alors à une question subsidiaire concernant les atouts dont ils seront nantis après avoir appris à se reprogrammer. Replaçons ce scénario dans le cadre d'une hypnothérapie classique, et voyons ce que cela nous donne ! *« Dans combien de temps serai-je débarrassé de ma déprime ? Combien cela va-t-il me coûter ? Pouvez-vous me garantir que je serai en pleine forme après les quelques séances... mais pas trop ? »*

En ce qui concerne les avantages qu'en retire l'initié, ils sont fonction de son degré d'urgence et de l'attente qui soutient sa demande d'apprentissage. La programmation intégrée dans les automatismes de l'apprenant ne sous-entend pas que la magie a opéré son miracle. C'est alors que débute le commencement !

UN KIT DE PRESTIDIGITATION

Comment serait-il possible d'acheter un outil, d'apprendre à s'en servir et de procéder à la réparation pour laquelle l'outil était nécessaire au même moment ? Il y a forcément une progression dans le temps et un zeste de patience à investir. Les stagiaires confondent trop souvent la PNG avec un kit de prestidigitation. La faute en revient aux charlatans indénombrables qui proposent un apprentissage d'autohypnose (méthode d'inspiration de la PNG) sur support magnétique comme d'autres prétendent que nous sommes tous capables de parler anglais en quarante leçons. Il est tellement facile d'abuser de la crédulité d'un public mal informé. Nous avons tous la faculté d'apprendre, mais certains sont plus doués que d'autres. Nous sommes tous réceptifs à ce type de méthode, mais d'aucuns en retireront un bénéfice plus gratifiant. L'erreur vient du fait que les candidats à la neuro-programmation confondent le véhicule et la cible. Le véhicule, c'est la PNG ! La cible, c'est l'initié qui emploie le véhicule pour atteindre son but. Et ce but n'a absolument rien à voir avec le véhicule. Exemple : le candidat qui se prépare à une immersion linguistique en neuro-programmation doit commencer par intégrer les règles de cette dernière avant de se lancer vers son objectif : c'est-à-dire la mémorisation d'un vocabulaire dans la langue qu'il souhaite apprendre.

L'INDICE D'OCTANE DU CARBURANT MENTAL

Carburant du climat mental, l'énergie positive se régénère, notamment, à partir de la gestion idéomotrice de l'ensemble corps et esprit.

Le vocable *énergie* est un terme dont on abuse volontiers sans qu'il soit possible d'en saisir la portée, quand il se rapporte au fonctionnement de l'individu, à son psychisme, à ses comportements et à son équilibre psychosomatique. Pour la plupart des gens, énergie = motivation = force de caractère = courage = volonté d'aboutir, etc. Ce qui est parfaitement exact ! Mais comment la produire, cette fameuse énergie psychique, aussi concrètement qu'en absorbant du sucre, qu'en dormant du sommeil du juste ou qu'en s'alimentant en fonction de ses besoins ? Il ne s'agit pas ici d'un discours sur le métabolisme basal qui représente la quantité de chaleur produite à l'heure et au mètre carré de surface corporelle par un sujet à jeun ou au repos. L'énergie positive qui nous préoccupe appartient aux pulsions émotionnelles et/ou affectives qui animent le mental. J'y reviens d'ailleurs au chapitre suivant.

Même si sa régénération découle en partie de la qualité du sommeil, de la nourriture absorbée, de la pratique d'un sport ou de la régularité des horaires, l'énergie psychique positive s'acquiert et s'entretient principalement par des activités psychophysiologiques de *dépassement de soi*.

LE DÉPASSEMENT DE LA VITESSE LIMITE EST CONSEILLÉ

De quoi parle-t-on ? D'activités physiques ou sportives, de relaxation, d'apprentissage intellectuel non contraignant, de hobbies, etc. Toutes activités qui donnent à celui qui les exerce une image de soi valorisante. Le fait de marcher du point A au point B au lieu de prendre sa voiture ou d'attendre le transport en commun est une activité énergétique positive ; le fait de prendre régulièrement le temps de ranger ses papiers en est une autre. Mettre de l'ordre dans son territoire entraîne un accroissement énergétique du mental ! Éviter de reporter au lendemain (procrastination) est aussi une attitude énergétique positive.

Il est aisé de trier les conduites positives de celles qui altèrent la qualité de votre vie et vous fatiguent nerveusement. Le fait de croiser les jambes en s'asseyant est une attitude énergétiquement négative, tandis que celui de poser ses deux pieds sur le sol, en position assise, favorise un apport d'énergie positive. La terre est sous vos pieds. Et dans la terre qui est sous vos pieds circule une énergie vitale, celle du magma. Deux pieds absorbent mieux cette énergie quand les semelles sont en contact avec le sol que si vous croisez les jambes, d'une part. D'autre part, le simple fait de croiser les jambes évoque la peur de la castration. Ce qui ne signifie pas qu'il faille s'empêcher de croiser les jambes ou les chevilles de temps à autre pour détendre la musculature.

La maîtrise de l'enracinement des jambes, dit aussi verrou de la botte, une posture fondamentale en PNG, et qui sert à stabiliser les humeurs et à combattre le stress, notamment, peut entraîner un refus du Surmoi sous la forme d'un refroidissement des extrémités. Cette réaction est intéressante à signaler car elle tend à prouver que le réflexe conditionné qui consiste à croiser les chevilles sous son siège ou à croiser les jambes a force de loi puisqu'il est inscrit dans la connexion neuronale qui le commande. Pour déprogrammer le croisement majoritaire, il va falloir induire l'enracinement à plusieurs reprises durant un certain laps de temps avant de réduire la reproduction du premier au bénéfice du second.

LE MOI À TOUS LES TEMPS DE LA CONJUGAISON

L'habitude de parler de soi pour attirer la lumière sur son ego est une conduite énergétique négative. Et il est ainsi des centaines de comportements qui vous font perdre du temps, de l'argent, donc de l'énergie. Surtout que les énergies négatives sont tellement plus faciles à produire que leur alter ego les énergies positives. Elles sont pour ainsi dire automatisées par l'habitude de vivre à tous les temps de la conjugaison, sauf au présent de l'indicatif, forme active. « J'aimerais bien... Je voulais vous dire... Je vais le faire (qui est un futur déguisé en procrastinateur)... J'ai pensé... J'avais l'impression que... Je suis impressionné... Je me demande si... » Remarquez bien que ces exemples indiquent clairement qu'il s'agit du Moi qui s'exprime, et dont l'abus du passé, du conditionnel, des formes passives ou des futurs déguisés entraînent toujours une dépréciation de la confiance en soi.

LA MÉFIANCE EN SOI SE MÉFIE DU MOI

« J'ai tout faux... Suis-je bête !... Ça me fait ch... j'en ai ras la casquette... Je suis mort (de fatigue)... J'ai envie de gerber... Quel con je fais... etc. » Ce sont d'autres conduites verbales réflexes nocives, une manière de s'imposer des limites ou de construire l'infrastructure d'un climat mental handicapé. « *Je* » est toujours coupable avant d'être responsable. Vous avez remarqué ?

La raison est assez simple à comprendre. L'individu ne prend jamais conscience du temps qui passe, sinon à rebours, quand le temps qui passe est passé. S'il investissait sa conscience d'être dans l'instant de son activité, il s'éviterait nombre d'actes, de conduites ou de comportements inutiles et énergétiquement peu rentables.

LA PROGRAMMATION NEURO-GESTUELLE (PNG), UNE DISCIPLINE DE VIE !

La programmation neuro-gestuelle est une méthode et une discipline de développement personnel énergétique ! Son objectif consiste à produire en permanence le plus de carburant énergétique possible, car il n'est évident pour personne de positiver ses conduites de prendre le temps d'agir, d'atteindre ses buts quotidiens quand on est assailli de toutes parts par les agents SADE (pour stress, anxiété, dépression et échec, voir en annexes) et incapable de s'en protéger.

LE PRINCIPE MEC

La PNG intéresse tous ceux qui considèrent que leur existence est directement exposée aux dangers de l'échec, qu'il soit professionnel, scolaire, affectif, sexuel ou vital ; qui souffrent en silence d'un stress qu'on leur impose ; qui s'angoissent par rapport à des lendemains sans avenir ; qui supportent mal l'état de déprime dans lequel ils tombent comme dans un cul-de-basse-fosse, et j'en passe.

Nous vivons dans une société pour laquelle la maîtrise de soi, l'estime de soi et la confiance en soi (le principe MEC) tiennent le haut du pavé. Trois matières qui ne sont enseignées dans aucune école, trois atouts majeurs qu'aucun diplôme ne sanctionne. Que l'une vienne à manquer et le fragile équilibre sur lequel reposent vos

chances de succès ou de bien-être s'écroule. La maîtrise de soi cède la place au contrôle de soi, la confiance en soi au doute, l'estime de soi au mépris de soi et des autres. Cela vous étonne ? Celui qui affiche son mépris n'a aucune estime pour lui-même. Enfin, le stress n'est plus géré, l'angoisse prend ses quartiers et la déprime suit le mouvement avant que l'échec ne s'installe.

LES CHANGEMENTS, ÇA FAIT VACHEMENT MAL !

Les qualités de cœur ou d'esprit ne suffisent plus aujourd'hui à assurer la réussite d'une vie. La crise économique s'est installée pour quelques années dans les esprits et dans les faits. Pourquoi ? Parce que nous devons évoluer, changer nos habitudes, accepter de nouvelles règles de vie. Et ces changements-là ne se feront pas sans douleur ni contrainte.

Mais l'accès à la technique décrite dans ce livre ne se limite pas aux seuls individus en crise, comme c'est le cas pour les autres techniques de développement personnel. Elle rend d'immenses services à tous ceux qui désirent maîtriser autrement leurs fonctions intellectuelles, organiques ou corporelles. Elle modifie aussi une gestuelle dévalorisante ou provoque l'effacement conditionnel d'un discours contaminé qui défavorise votre image socioprofessionnelle.

Enfin, il ne faut pas passer sous silence les pouvoirs antalgiques des transes-décharges et des postures idéomotrices en situation d'urgence.

L'APPRENTISSAGE DES LANGUES EN PROGRAMMATION NEURO-GESTUELLE

Celle-ci touche, aussi, à l'apprentissage accéléré de données et à l'immersion linguistique, ouvrant à l'initié une voie express pour mémoriser, par exemple, le vocabulaire utile d'une langue étrangère en l'espace de quelques jours ou pour intégrer les phrases nécessaires à la communication spontanée dans une langue inconnue, hier encore. Cet apprentissage reste toutefois limité et ne remplace pas un cours magistral.

À QUOI ÇA SERT DE VIEILLIR ?

Enfin, elle produit un rajeunissement surprenant de l'apparence, permettant à celui qui la pratique de redonner un tonus à ses attitudes corporelles et un coup d'éclat aux traits de son visage en augmentant, notamment, le degré de résistivité de sa peau. Il faut dire que les transes-décharges régénératrices du masque sont un phénomène aussi spectaculaire qu'efficace. Le seul inconvénient, c'est que le résultat ne peut se pérenniser sans une régularité et une continuité des exercices. Comme c'est le cas dans n'importe quelle activité sportive, quand on arrête, on retourne à la case départ du jeu de l'oie.

À la lecture de ce qui précède, il faut admettre qu'une telle méthode représente un *plus* à notre époque en crise de conscience. Cette technique qui peut vous sembler miraculeuse est fondée sur une somme d'observations, d'expériences et d'hypothèses que j'ai vérifiées sur une population importante (plusieurs centaines de stagiaires, patients et cobayes), depuis plus de trente ans.

EN QUOI LA PROGRAMMATION NEURO-GESTUELLE DIFFÈRE DE L'HYPNOSE D'ERIKSON ?

Qu'est-ce qu'une réaction idéomotrice ? Quand vous tremblez de froid à la suite d'une montée brusque de votre température corporelle, quand vous vous réveillez le matin avec une érection après avoir fait un délicieux rêve érotique, quand vous éternuez douze fois de suite sans raison apparente – il n'y a pas de courant d'air –, quand vous bâillez d'ennui, quand vous êtes effrayé et que vos poils se hérissent, quand vos pensées parasites provoquent des gaz en série, etc., etc., tous ces exemples de manifestations corporelles organiques ou périphériques sont des réactions idéomotrices incontrôlées parfaitement naturelles auxquelles nous sommes tous habitués.

LE CODE D'ACCÈS À UN AUTRE MONDE

Dans une large majorité de cas, la PNG permet d'évacuer, de manière très concrète, les blocages, les refus ou certains troubles comportementaux (phobies, angoisses irrationnelles, trac des situations d'examen, dysmnésies, etc.), de stimuler la motivation, de nettoyer les pensées parasites et anxiogènes qui fragilisent l'organisation mentale et intellectuelle. Elle agit comme une sorte de clef universelle dont il faut savoir se servir selon certaines règles immuables pour atteindre le résultat espéré. Concrètement, cela signifie que la déprogrammation est objective, donc visible à l'extérieur de la conscience, car elle s'exprime au départ d'un verrou oculaire. Pour mémoire, il s'agit d'une fermeture programmée des paupières qui débouche sur un état d'hyperesthésie, c'est-à-dire d'une sensibilité accrue à l'écoute du corps mais aussi à la suggestion interne ou externe.

Cette augmentation de la sensibilité est propice à ce qu'on nomme une catharsis, une évacuation progressive de la racine d'un trouble ou d'un mal-être. Je précise que le sujet est parfaitement conscient de ce phénomène et qu'il peut l'interrompre à tout moment, contrairement à un état d'hypnose traditionnelle où il est soumis à la domination de l'hypnotiseur.

LES KYSTES D'ÉNERGIE SONT DES CAPITAUX BLOQUÉS

Comment ce phénomène est-il possible ? Les traumas psychiques trouvent toujours un écho dans la masse musculaire du corps. Ils se transforment en kystes d'énergie, une manifestation bien connue des **kinésithérapeutes**. Ces traumas s'inscrivent dans la carapace musculaire à un endroit précis. Par exemple : la carence affective apparaît dans la joue gauche, la peur de s'affirmer dans la joue droite. Une paralysie du visage du côté gauche peut parfaitement trouver son origine dans un trauma psychoaffectif, tandis qu'une réaction identique du côté droit peut survenir à la suite d'un choc émotionnel.

LE NEZ SAIT Y FAIRE QUAND IL A DU SAVOIR-FAIRE

Le mensonge s'inscrit dans la lèvre supérieure, le refus du défi se marque dans le menton, au niveau des muscles sous-mentonniers ; le méridien du succès ou un problème sexuel se marquera dans les muscles qui entourent le nez – la vascularisation du nez lors de l'excitation sexuelle rend ce dernier très sensible au toucher. Mis à part un léger mouvement, dit des narines épatées, le nez de ces sujets s'appuyait sur un registre psychotonique désespérément pauvre. Il s'agissait, en règle générale, de personnes en situation d'échec professionnel ou affectif. Est-ce que l'échec ou la réussite ont une incidence sur la mobilité du nez ? Il faut croire que oui. C'est au degré de mobilité du nez d'un individu que l'on peut déterminer son potentiel de réussite vitale. J'ai croisé nombre d'hommes ou de femmes qui avaient réussi professionnellement. Je ne les ai jamais pris en flagrant délit de nez rigide.

Le phénomène idéomoteur de la PNG interviendra donc dans ces parties du visage sous la forme de contractions musculaires totalement involontaires, mais aussi totalement roboratives et parfois curatives.

LES TRANSES DES PAUPIÈRES DU DEMANDEUR D'EMPLOI

La re-motivation d'un demandeur d'emploi ou d'une personne en situation de précarité professionnelle, par exemple, se manifeste sous la forme de micro-contractions des paupières. Le stagiaire a l'impression que ses yeux s'enfoncent dans leurs orbites. En réalité les paupières se fripent légèrement et subissent les contractions des muscles orbiculaires des paupières, pyramidaux, et du transverse du nez. L'éradication d'une croyance mythique (un pieux mensonge) s'exprimera par une réversion ou un allongement de la lèvre supérieure, un type de décharge coutumier chez les personnes qui ont l'habitude d'avoir recours au mensonge ou qui croient en la magie.

Il existe un véritable vocabulaire des sites anatomiques, vocabulaire qui préside également à la traduction des gestes, des postures et des mimiques de la gestuelle, domaine sur lequel j'ai écrit de nombreux ouvrages. Vous retrouverez ce vocabulaire des sites anatomiques dans le *Dico illustré des gestes*, paru chez Flammarion, sous ma signature.

VOTRE CORPS A DES CHOSES À VOUS DIRE

Toutes ces manifestations sont parfaitement naturelles et créées par le corps du stagiaire de manière spontanée. Elles n'apparaissent qu'après une induction du verrou oculaire. On peut considérer qu'il s'agit d'une sorte de gymnastique isométrique (effectuée sans effort volontaire) qui repose sur un substrat extrapyramidal provoquant une hypertonie involontaire (une neurotonie) ; elle se traduit généralement par des contractures musculaires indolores sur toute la surface du corps.

Cette vision concrète d'un problème psy, donc subjectif et invisible à l'œil nu, a un effet hypnotique sur la conscience du stagiaire. Il peut concrétiser un trouble qu'il ressentait mais dont il ne pouvait indiquer l'origine.

Il suffit de situer la véritable motivation d'un patient pour débusquer le verrou qui bloque son évolution et évacuer le kyste d'énergie qui en représente l'écho dans la masse musculaire.

Un dernier exemple très courant : une ambition fragilisée ou dévalorisée s'exprimera par une sorte de rhumatisme douloureux de l'épaule droite. La remise en mouvement de cette ambition en ligne avec un objectif tangible va permettre de dégager la douleur.

Quelques séances suffisent pour procéder à une déprogrammation d'un trouble banal, ce qui apparente cette procédure à une thérapie brève, telle qu'elle se pratique de plus en plus aujourd'hui. Un stage d'une ou deux journées suffit souvent à amorcer la régression du trouble psy ou à remettre en mouvement une motivation déficiente. Les modifications comportementales se manifestent dans les semaines qui suivent. Elles sont toujours remarquables. Évidemment, ces interventions doivent être pratiquées par des thérapeutes formés à la PNG et dûment certifiés.

Notre corps à des choses à nous dire mais nous ne l'écoutons jamais de la bonne oreille, en somme.

PRATIQUER LA PNG CHEZ SOI

Je ne le répéterai jamais assez, la méthode est autogène. Cela signifie que, comme toutes les techniques de relaxation, de revalorisation de l'image de soi, etc., elle peut être appliquée de manière autonome au départ d'un stage ou d'un atelier collectif.

Son champ d'application est vaste, mais ses options privilégiées s'adressent, en particulier, à tous ceux qui refusent le fatalisme de l'échec et acceptent de se remettre en question.

Les effets extraordinaires qu'elle occasionne pourraient vous paraître exagérés. Vous aurez l'occasion de constater, si vous vous confrontez à la pratique, que la réalité, une fois encore, dépasse la fiction de plusieurs coudées.

LA PHILOSOPHIE DE LA PNG

Les pouvoirs de l'ensemble corps et esprit sont énergétiques. La plupart du temps, on l'ignore quand tout va bien, on l'admire quand il est beau, on le dissimule quand il déplaît, et on ne s'y intéresse vraiment que quand il devient un lieu de souffrance. Cependant, le corps n'est pas seulement un volume vivant et stupide, il possède sa conscience propre et son propre langage, à l'instar de l'esprit, comme nous l'avons déjà vu.

Cette vision de votre corps vous paraîtra peut-être métaphysique, et pourtant cet animal debout est loin d'être l'esclave obéissant de votre volonté conscience. Bien sûr, *son cerveau* n'est pas aussi évolué que votre matière grise ou néocortex, mais l'expérience globale de celui-ci repose sur la plus importante des banques de données de la planète : le patrimoine génétique, ou génotype. L'élaboration de la conscience corporelle se développe sur la base d'une intelligence non consciente, directement déterminée par l'action de facteurs du milieu dans lequel vous évoluez.

LE CORPS EST PLUS INTELLIGENT QUE L'ESPRIT

Si vous parvenez à accepter l'hypothèse d'un corps doué d'intelligence, il vous sera plus facile de comprendre les conduites pseudo-anarchiques des transes-décharges et ses effets régénérateurs qui constituent les premières approches de la PNG. Votre conscience corporelle dispose de ses propres moyens pour rectifier les perturbations de votre attitude mentale, pour expulser un traumatisme oublié, pour empêcher vos pensées parasites de mettre en pelote vos chaînes musculaires.

Que ce soit grâce à l'inertie des postures ou dans la neurotonie des transes-décharges, la conscience corporelle use de son savoir-faire inné pour aider votre mental à renouer avec votre corps une communication oubliée.

Et cette conscience corporelle vous aime, elle ne commencera à vous faire souffrir que si vous la haïssez de ne pas correspondre à l'image idéale qui vous habite. Les blessures narcissiques ne sont pas seulement l'apanage de votre psychisme. La conscience corporelle est aussi susceptible que votre ego. L'autocritique, le refus de son apparence, le mépris de ses besoins sensoriels engendrent tôt ou tard des réactions psychosomatiques dont votre santé mentale ou votre santé physique seront les premières victimes. Les femmes qui cherchent à perdre du poids se font plus de tort en s'imaginant minces, alors qu'elles sont bien rondes en réalité, qu'en s'acceptant telles quelles, quitte à faire ce qu'il faut pour améliorer leur image. Si l'attitude mentale est en mesure de handicaper le corps pour se décharger des conflits qui la submergent, a contrario, le facteur corporel est aussi parfaitement capable de modifier l'attitude mentale en profondeur, afin de lui rendre son équilibre.

L'HYPNOSE ALTÈRE LA CONSCIENCE, LA PNG LA STIMULE

Il est difficile d'admettre qu'il suffit de provoquer un état d'hypnose fruste ou de relaxation pour qu'un sujet se retrouve *ipso facto* dans l'état altéré de conscience qui caractérise l'hypnose traditionnelle. L'hypnose débute avec la catalepsie des membres moteurs, une contracture involontaire des muscles et des articulations obtenue par voie de suggestion. Le sujet parfaitement conscient ne dirige plus son corps. Il a délégué ce pouvoir à l'hypnotiseur qui le transforme en banquette humaine, la nuque posée sur une chaise, les talons sur une autre. Tout le monde ou presque a déjà eu l'occasion d'assister à un tel spectacle.

La suite du spectacle consiste à plonger le sujet dans un état second, de type somnambuloïde, dans lequel il obéit au doigt et à l'œil de l'opérateur. Il pleure, il rit, il aboie, il se déshabille en public, il résiste à la douleur sans la moindre conscience de son état. La catalepsie et le somnambulisme sont les deux manifestations qui caractérisent le mieux cet état bizarroïde qu'on nomme hypnose. Un phénomène qui mérite, par ailleurs, plus d'intérêt que n'en ont montré les milieux scientifiques à ce jour. Le seul point noir se situe dans le fait que l'hypnotisation suspend la volonté de celui qui s'y soumet. Il devient la chose, l'être-objet d'un manipulateur. Il ne pourra plus agir de son propre gré. Voici pour l'aspect négatif du phénomène hypnotique !

Mais il subsiste, comme toujours, un aspect positif, voire constructif, dans toutes les démarches humaines. L'hypnose est susceptible, dans certains cas, de se révéler salvatrice, comme vous pourrez le constater, ailleurs, dans l'histoire de Marie C. (voir p. 55).

Le sceptre du pouvoir remis par le patient entre les mains de l'hypnotiseur est un cadeau empoisonné aux effets mégalomaniaques incontournables. Car enfin, il ne faut pas oublier que nos yeux ne voient que ce qu'ils ont envie de voir. Chacun peut imaginer que les suggestions d'un hypnotiseur expérimenté sont en mesure de manipuler les sentiments de la proie qui s'abandonne à lui.

LE TABOU FREUDIEN A ENTERRÉ L'HYPNOSE À SIX PIEDS SOUS TERRE

Contrairement à la psychologie ou à la psychanalyse, le phénomène hypnotique n'a jamais suscité de débats philosophiques. La plupart des ouvrages parus sur l'hypnose au cours des dernières décennies se sont contentés de décrire les expériences effectuées ou d'enseigner des techniques, voire des trucs, propres à faire naître un état altéré de conscience chez un sujet. D'où le refus opposé par les milieux scientifiques d'entériner l'hypnose en tant qu'outil thérapeutique à part entière jusqu'à une période récente.

L'HYPNOSE EST UN ART, PAS UNE SCIENCE !

Le développement des médecines douces et alternatives, au cours de ces vingt dernières années, a entraîné un regain d'intérêt pour l'hypnose de la part de thérapeutes dissidents, médecins ou non, à un point tel qu'on trouve aujourd'hui de plus en plus de praticiens ayant pignon sur rue. La nouvelle hypnose, plus proche de la relaxation, n'est plus identifiée à la sorcellerie de salon. Le tabou freudien a vécu. Concurrents directs des psychanalystes, ces nouveaux hypnotiseurs multiplient les interventions et les communiqués de victoire, soutenus par la presse spécialisée dans le tout-psy. La science maudite prend sa revanche sur un siècle d'ostracisme. La littérature hypnotique suit le mouvement. Elle est en train de quitter les rayons ésotériques des librairies pour rejoindre progressivement ceux des sciences humaines. L'hypnose occulte a vécu. Vive l'hypnose clinique, enseignée dans certaines universités par des... théoriciens diplômés. Car hélas ! trois fois hélas ! l'hypnose demeure envers et contre tout un procédé empirique dont le sccès dépend étroitement de la personnalité du praticien et de son degré de charisme. Hypnotiser est un art et non une science !

Faut-il être doué pour induire un sujet en état altéré de conscience ? Oui, mais doué de quel genre de talent ? Celui de bateleur ? Le magnétisme d'un individu ne se mesure à aucune aune. Même si le thérapeute a de l'ascendant sur ses patients, est-il pour autant capable de les hypnotiser ? Et c'est bien parce que les réponses manquent à de telles interrogations que les *aficionados* errent d'un hypnotiseur à l'autre sans découvrir celui qui satisfera leur quête initiatique d'un voyage spirituel au-delà de la sphère consciente.

PAS DE MAUVAIS OUTILS, QUE DE MAUVAIS OUVRIERS !

Loin d'être une science, l'hypnose ne peut être considérée que comme un outil de travail. Son seul objectif consiste à permettre à la conscience du malade de transgresser les mécanismes de défense érigés par le Surmoi.

En hypnose, les outils ne peuvent être dissociés de l'ouvrier qui s'en sert. Or l'ouvrier en question, aussi doué soit-il, ne produira que des états altérés de conscience, selon les cas (catalepsie, somnambulisme ou léthargie), et dans lesquels la conscience, enfin libérée de sa censure, pourra exprimer ses fantasmes. Il y a confusion entre le mode d'emploi des outils, l'artisan qui s'en sert, et la demande verbalisée par le sujet. En clair, nous sommes tous hypnotisables, en cas de nécessité vitale, mais le sens de la vie ou la valeur qu'on lui accorde ne sont pas obligatoirement les mêmes pour tous. Induire un état d'hypnose requiert bien plus un don de l'observation et une créativité certaine qu'une solide connaissance des conflits psychoaffectifs du patient. Un faible pourcentage seulement de la population est hypnotisable sans préalable. Il s'agit d'individus dont la structure de personnalité est à la fois hyperesthésique (polarité de l'ultrasensibilité aux stimuli internes ou externes) et schizoïde. Les bons hypnotiseurs de spectacle les repèrent immédiatement dans le public, leur degré d'influençabilité se lit sur les expressions de leur visage.

EN SITUATION D'URGENCE, ON FAIT CE QU'ON PEUT, PAS CE QU'ON VEUT

La majorité des sujets est parfaitement réfractaire à toute hypnotisation sans le vouloir expressément. Restent ceux qui, pour des raisons du type SOS, font appel à l'hypnotiseur en dernier recours. Pour illustrer cette dernière remarque, je souhaite vous conter une expérience, parmi des dizaines d'autres. Celle-ci est restée vivace dans mes souvenirs professionnels et tend à prouver que nul n'est justiciable de l'hypnose, s'il n'en a pas effectivement besoin *ici et maintenant.*

La vie d'un individu ne doit pas être mise en danger avec pour seul objectif que celui-ci soit immédiatement réceptif, comme nous le verrons au fil de l'histoire du cas relaté ci-dessous. Mis à part la vie, nous possédons d'autres biens tout aussi précieux dont la perte entraînera toujours un degré de réceptivité spontanée à la transe hypnotique. Une réceptivité parfaitement limitée dans le temps, comme vous allez le voir.

Le récit qui va suivre a trait à un phénomène d'autoscopie (ou diagnostic établi par le sujet induit en hypnose somnambulique) qui est une expression remarquable de l'utilité de l'hypnose en situation d'urgence psychomédicale. Une IRM mentale, en somme !

La sœur de Marie C. suivait depuis plusieurs semaines des séances d'hypnose. Marie C. se moquait d'elle, l'accusant de jeter son argent par les fenêtres. Jusqu'au jour où...
On ne dit pas « Fontaine, je ne boirai pas de ton eau ! »

Marie C. débarqua un jeudi en compagnie de sa sœur, la lèvre moqueuse. Pressée par la sollicitude de son aînée, elle me déclara d'emblée qu'elle avait un problème urgent et se demandait à tout hasard si l'hypnose ne pouvait pas l'éclairer sur la décision à prendre.

En quelques mots, Marie C. était à la veille d'une hystérectomie, une ablation totale des ovaires, fixée par son gynécologue pour le mardi suivant. Une ablation totale à l'âge de 33 ans, je précise. Raison invoquée par le médecin : sa patiente perdait du sang depuis plus d'un mois et tous les examens pratiqués confirmaient la pertinence de son diagnostic. Ses ovaires étaient condamnés pour sauver Marie C. de ses saignements continuels.

Elle me demanda s'il n'existait pas, grâce à l'hypnose somnambulique, un moyen de savoir ce qui se tramait dans son appareil génital. Je lui proposai de tenter une autoscopie. Il s'agit d'un auto-examen du sujet hypnotisé en transe somnambulique. Je la mis en garde contre les tendances à l'affabulation du somnambule. S'il y a bien un état de conscience dans lequel on peut prendre des vessies pour des lanternes, c'est l'état somnambulique. Elle voulait prendre le risque. Nous n'avions pas encore commencé l'induction et nous avions peu de temps devant nous. Je ne pouvais la recevoir qu'une heure ce jeudi et lui ménager une matinée exceptionnelle le samedi suivant, en cas de besoin. Je la mis donc en situation d'induction préparatoire pour tester ses défenses psychiques. Après quelques dizaines de secondes d'induction hypnotique, Marie C. ferma les yeux et le rythme de sa respiration ralentit, tandis que son corps se détendait imperceptiblement. Victoire trop facile ? Je testai ses réactions à la douleur. Elles étaient négatives !

Marie C. avait plongé, sans état d'âme, dans l'inconnu. Je commençai à l'interroger. Elle me répondait par monosyllabes, après plusieurs répétitions, le temps que ma première question trouve son chemin dans les méandres de son cerveau. Son état somnambulique était on ne peut plus exemplaire. Je lui demandai s'il lui était possible de me donner la raison de ses saignements. Elle ne réagit pas immédiatement, comme contrariée par ma question.

« Oui ! », dit-elle d'une voix presque imperceptible.

Je repris la même interrogation. Elle répondit à nouveau de la même manière, sans autre précision. Et puis, je me souvins de l'attitude d'autres sujets en état somnambulique (j'étais encore un néophyte à l'époque), leurs réponses étaient logiques et non interprétatives. Oui, elle pouvait m'éclairer sur la raison de ses saignements. Pourquoi ? Et elle me confia en quelques mots d'une voix monocorde l'origine de son problème gynécologique. Je n'en revenais pas.

« Vous en êtes sûre ? », insistai-je, incrédule.
Elle me répondit par l'affirmative. Je la ramenai à son état de veille en l'espace de quelques dizaines de secondes. Elle ouvrit de grands yeux étonnés et me sourit.

« Vous vous souvenez de quelque chose ? », lui demandai-je. Elle ne se souvenait de rien mais réalisait parfaitement qu'elle avait échappé à la vigilance de sa conscience, en quelque sorte. Je l'informai de ce qu'elle m'avait avoué sous hypnose. Elle confirma que c'était possible, bien qu'elle en doutât. Son médecin était-il au courant de cette particularité ? Elle fit « oui » de la tête. Pourquoi n'avait-il pas pensé à le contrôler ? Elle l'ignorait. Je lui conseillai de l'appeler au téléphone pour lui expliquer ce que nous avions découvert ensemble. Ce qu'elle fit après m'avoir quitté. Son gynécologue l'abreuva d'injonctions autoritaires et refusa de changer ses plans. Il lui conseilla même de se faire rembourser sa séance d'hypnose inutile. Elle me téléphona le lendemain pour me rapporter leur conversation.

« Je n'irai pas me faire opérer », dit-elle, butée.

J'essayai de la calmer et lui conseillai de rendre visite à un confrère du premier. Il fallait absolument vérifier la réalité de ce qu'elle m'avait confié lors de son autoscopie avant de prendre une décision. Peut-être avait-elle tout simplement menti sous hypnose ? Ce sont des choses qui arrivent souvent. La fabulation n'est pas seulement le propre de la conscience, l'inconscient s'y entend parfaitement quand il s'agit de réinventer le sens de la vie... (ou celui de la vie après la mort). Il protège l'intégrité corporelle contre toute agression venant de l'extérieur.

N'avez-vous jamais entendu parler du membre fantôme de l'amputé ? Il souffre d'une jambe inexistante, coupée plusieurs années auparavant. Elle n'existe plus que dans son souvenir, et pourtant, la douleur qu'il endure n'a rien d'imaginaire. L'inconscient est capable de tous les mensonges, car il ne vit qu'en fonction de l'instant, hors du temps ou de l'espace. Son rôle est d'assurer l'équilibre du Moi conscient en phagocytant tous les stimuli susceptibles de briser l'unité de l'esprit, au détriment de la vérité, si nécessaire. Mais l'inconscient est le gardien du soma avant d'être l'allié de l'esprit. Si l'esprit décide unilatéralement de mutiler l'organisme pour des raisons non fondées, l'inconscient se révoltera pour l'empêcher d'arriver à ses fins, fût-ce au risque d'un acte manqué, sans calcul des conséquences sur l'ensemble corps esprit.

... Face à une mutilation irrémédiable de sa féminité, l'inconscient de Marie C. était parfaitement capable d'inventer n'importe quelle fable pour lui éviter de passer sur le billard. Je ne savais pas, alors, que ma patiente était une ancienne demi-mondaine. Un passé qu'elle cachait même à sa propre sœur. Son initiation au plus vieux métier du monde n'avait pas duré longtemps, mais le souvenir de cet épisode de son existence l'avait profondément marquée. Et je supposai par la suite qu'il devait y avoir un rapport de cause à effet entre les saignements et ce passé oblitéré.

Elle se rendit au rendez-vous que je lui avais ménagé, le lundi suivant, chez un autre gynécologue. Il ne put que constater l'évidence énoncée par ma patiente en état de somnambulisme. Elle n'avait pas affabulé. J'étais soulagé. J'appelai moi-même son médecin pour lui demander de refaire un examen préalable avant d'opérer. Il refusa, du haut de son permis d'exercer, de surseoir à l'opération, me traitant de charlatan et autres noms d'oiseaux tout aussi exotiques, avant de me claquer le téléphone au nez, sans autre forme de procès. Pour la plupart des médecins de l'époque, les hypnotiseurs faisaient partie de la caste des Intouchables.

Marie C. se fit ôter l'objet du délit : un stérilet déplacé. La plaie cicatrisa après quelques jours.

Elle revint me voir par la suite. Le cynisme de Marie C. avait repris le dessus. Je ne parvins plus à la mettre sous hypnose. Elle n'en avait plus besoin puisqu'elle avait réussi, malgré elle, à sauver son appareil génital de la mutilation. Nous eûmes quelques entretiens en tête à tête durant lesquels elle me raconta sa vie. Et c'est ainsi que j'en déduisis la raison pour laquelle elle avait inconsciemment voulu punir son corps afin d'exorciser un passé qui la poursuivait.

Il faut croire que, quelque part dans son inconscient, subsistait un mécanisme de refus qui s'opposait à la fatalité. Le petit ange avait eu raison du petit diable.

LE MARIAGE DE LA PEUR ET DU DÉSIR, UN COCKTAIL EXPLOSIF

Ce qui nous ramène au centre du débat. Pour hypnotiser un sujet, il est essentiel de découvrir la faille qui existe dans son système de défense (le Surmoi). Cette faille est souvent associée à un traumatisme psychique oublié, enfoui sous une série de souvenirs de couverture, plutôt qu'à une urgence actuelle. Des faux-semblants, en quelque sorte, dont le patient se plaint mais qui ne représentent qu'un camouflage de sa vraie problématique. Toute la difficulté est là. Le patient ne ment pas, il ne fait qu'étouffer, sans intention, la racine du mal. Seuls les symptômes dont il souffre lui apparaissent, et c'est de ces troubles qu'il entretient évidemment avec le thérapeute. Si ce dernier se fonde sur ces plaintes pour induire son patient en hypnose, il n'obtiendra que des résultats médiocres, s'il ne se heurte pas à un mur. Il n'y a pas de prise directe entre le tableau des troubles apparents et le traumatisme originel. L'hypnotiseur passera souvent des heures à tenter d'influencer un sujet, parfaitement réceptif en apparence, sans jamais parvenir à obtenir un résultat tangible. Tous les outils hypnotiques dont il dispose ne lui serviront à rien tant qu'il n'aura pas mis le doigt sur l'origine réelle des troubles. D'essais en erreurs, il finira par démotiver son visiteur qui s'en ira voir ailleurs si l'herbe n'est pas plus verte.

Il n'est pas toujours possible de situer la véritable racine du mal dont souffre un patient. Certains d'entre eux soumettent le thérapeute à une double contrainte : ils veulent être hypnotisés, disent-ils, mais se rendent réfractaires à toute influence hypnotique pour mettre l'hypnothérapeute en situation d'échec. Par exemple, si on utilise la fascination oculaire pour induire un patient en état somnambulique, il réagira en combattant l'influence qui lui donne envie de fermer les yeux. Certains patients ébauchent même un léger sourire ironique quand ils constatent que le thérapeute est à la peine.

L'échec patent enregistré par la majorité des consultants ne les décourage nullement de poursuivre leur quête. L'hypnose réveille chez chacun d'entre nous un sentiment contradictoire dans lequel se mêlent la peur et le désir : la peur de l'inconnu, qui siège dans l'amygdale (le lieu cortical où s'élaborent les émotions), et le désir fantasmatique d'un dialogue avec l'inconscient, que d'aucuns confondent avec le subconscient[1].

Imaginez une série de poupées gigognes dont la plus grande serait la plus petite (paradoxe), et celle qui correspond à l'inconscient collectif et la plus petite serait la plus proche du mental conscient et contenant toutes les autres, que je désigne sous le vocable de consciences marginales. La représentation du paradoxe est toujours complexe pour nos esprits. Le plus grand nombre est contenu dans le plus petit car c'est le plus petit nombre qui agit sur le plus grand ou le plus grand qui est agi par le plus petit.

LES CLEFS DU TRÉSOR MENTAL SONT DANS LE CORPS. MAIS OÙ ?

Au-delà d'une curiosité tenace, le besoin de rencontrer cet *autre moi (le Soi*) sur un plan différent est l'un des

1. Le subconscient est ce qui se situe sous la conscience. L'inconscient est un espace qui se réplique dans chacune des cellules de votre ensemble corps et esprit, relié aux inconscients de votre entourage, dit inconscient collectif. Cette vision des choses m'est très personnelle et n'engage que moi.

moteurs les plus puissants de la quête hypnotique. Car il est supposé détenir les clefs du trésor qui sommeille en chacun de nous. Elles sont au nombre de trois : *la santé, la réussite, le bonheur.* Le corps, l'esprit et les sentiments qui nous animent, si l'on préfère. La préséance est respectée. Sans la santé, rien n'est vraiment possible, et sans la réussite vitale, le bonheur demeure inaccessible.

Les vertus que l'imaginaire collectif prête à l'hypnose n'ont jamais été vérifiées dans les faits mais personne n'a jamais réussi à prouver, a contrario, l'inefficacité du phénomène. L'eût-elle été qu'on n'en parlerait plus depuis longtemps. Cela dit, comme pour tous les arts au stade fœtal, le terrain reste vierge et nombre de ses applications demeurent dans l'ombre.

Et de la fascination pour les passes magnétiques, qui ont plus contribué à déconsidérer l'hypnose qu'à lui offrir des assises solides, j'ai suivi les traces de Jean Lerède pour découvrir les vertus de la suggestion verbale. Dans la foulée, j'ai réalisé qu'il existait bien un rapport de cause à effet entre l'imagination et la modification de conscience recherchée. Le mot entraîne la production imaginaire du sujet dans le sens voulu, et l'action de l'imaginaire produit un effet neutralisant sur les mécanismes de défense ou de refus. C'est à ce stade qu'intervient l'idéomotricité du phénomène hypnotique.

LA PYRAMIDE DU SYSTÈME

Il fallait abandonner l'hypnose, qui me fascinait tout autant que mes sujets, pour apercevoir le bout du tunnel : le phénomène idéomoteur et la transe-décharge. Un moyen archaïque de comprendre les conflits psychiques à travers le langage objectif du corps, rendu indépendant de la conscience par la grâce du système extrapyramidal[1]. Seule différence avec l'hypnose, mais elle est de taille : mes patients conservaient toute leur lucidité, tandis que leur corps expulsait leurs conflits par le truchement d'une activité corporelle hyperkinétique. Ce langage se situe au deuxième niveau de maîtrise de la PNG que vous retrouverez dans la quatrième partie de cet ouvrage.

LES DISPOSITIFS HYPNOTISEURS BIOLOGIQUES OU DHB

Dans cette optique, la méthode décrite dans ce livre est un autre prolongement des possibilités offertes par les dispositifs hypnotiseurs biologiques. Ces dispositifs font partie de la somme des automatismes sur lesquels reposent nos potentiels innés ou acquis tels que la station debout, la parole, l'écriture, la concentration mentale, etc. Un potentiel inné ne peut s'affirmer sans le concours de l'exemple ou de l'éducation. La caresse de la maman dans le dos du bébé après le sein ou le biberon fait partie de ces dispositifs hypnotiseurs dont les potentiels peuvent parfois se révéler extraordinaires, comme en témoigne le docteur David Servan-Schreiber.

> *« Malgré la température idéale, les conditions d'oxygène et d'humidité parfaitement établies, une alimentation mesurée en milligrammes et des U.V..., les nourrissons ne grandissaient pas ! Scientifiquement, c'était un mystère, presque un affront. Comment, dans des conditions aussi parfaites, la nature refusait-elle de coopérer ?*
> *Médecins et chercheurs s'interrogeaient et se rassuraient comme ils le pouvaient en constatant qu'une fois sortis de la couveuse, les enfants – c'est-à-dire ceux qui avaient survécu –*

1. Ensemble des noyaux gris moteurs et des fibres afférentes et efférentes situés dans les régions sous-corticales et sous-thalamiques (cerveau).

rattrapaient leur poids rapidement. Mais un jour, dans une unité néonatale américaine, on a remarqué que certains bébés, bien qu'encore en couveuse, semblaient grandir normalement. Rien pourtant n'avait changé dans les protocoles de soins. Rien... ou presque.

Une enquête a en effet révélé, au grand étonnement des cliniciens, que tous les enfants qui grandissaient étaient suivis par une même infirmière de nuit qui venait de commencer à travailler dans le service. Interrogée, la jeune femme a d'abord hésité puis a fini par avouer : elle était incapable de résister aux pleurs de ses petits patients. D'abord avec inquiétude, puisque c'était interdit, puis avec une assurance croissante au vu des résultats, elle avait entrepris quelques semaines plus tôt de caresser le dos des bébés pour calmer leurs pleurs. Comme aucune des réactions négatives contre lesquelles on l'avait mise en garde ne se produisait, elle avait continué... » (rapporté par le Dr Servan Schreiber, dans son ouvrage Guérir).

L'INERTIE EST LA RACINE DU MOUVEMENT...

... Et le mouvement, la racine de la force d'inertie. L'autohypnose idéomotrice s'attache à créer un chaînon manquant entre la conscience et la galaxie corporelle, en utilisant les virtualités de cette dernière comme outil de développement privilégié. Un esprit sain a toujours besoin d'un corps sain ! Mais comment le corps peut-il être tout à fait sain si l'esprit ne l'est plus ? Et comment l'esprit qui souffre d'un trop-plein d'énergies négatives peut-il protéger la santé du corps ? La quadrature du cercle ! La réponse que je propose dans cet ouvrage s'appelle les énergies posturales et cinétiques, deux formes archaïques de l'énergie positive qui produisent des mouvements involontaires ou neutralisent la mobilité du corps, au choix.

L'ALTERNATIVE IDÉOMOTRICE

La philosophie de la méthode procède du principe que chaque pensée, positive ou négative, entraîne une réaction musculaire discrète dans le soma. Si vous vous remémorez un mauvais souvenir et que vous écoutez votre corps dans le même temps, vous ressentirez facilement ce type de réponse proprioceptive (perception interne). L'accumulation des pensées morbides de même nature va provoquer des nœuds dans certains de vos muscles. Des nœuds, ou kystes d'énergie négative, qui vont s'installer à demeure pour perpétuer le souvenir d'un conflit affectif non résolu.

QUAND TOUT DÉRAPE

Le fonctionnement de la mémoire humaine est indéniablement associé aux sentiments qui animent l'individu. Or chaque sentiment trouve son écho dans les muscles striés ou lisses de l'organisme. L'agressivité rentrée provoque des ulcères. Chacun de nos actes prémédités entraîne automatiquement une crispation musculaire qui s'ajoute à toutes celles qui l'ont précédée et qui seront classées dans le même registre par la mémoire, registre musculaire autant que référentiel. La pensée parasite (ou morbide) est le stimulus de base. Son action répétée va finir par déclencher une réponse pathologique du soma, tout en perturbant le fonctionnement du système neurovégétatif. Le trouble consécutif à la situation conflictuelle dans son ensemble va s'installer à la périphérie du corps ou au sein de l'organisme et couper les ponts avec son origine psychogène. Actes prémédités, réponses inadaptées, pensées parasites, raisonnements morbides vont pervertir l'équilibre de l'ensemble corps et esprit pour aboutir à une situation de divorce pure et simple entre ces deux grandes composantes qui nous constituent. La conscience, rendue inefficace face à la souffrance qui l'assaille, cherchera à l'extérieur un moyen thérapeutique pour endiguer la somatisation de ses vieux conflits. Car il s'agit bien de vieux conflits, et non de problèmes récents, qui sont souvent la cause du dérapage.

Une situation conflictuelle ne devient critique qu'à partir du moment où elle n'est plus maîtrisée par celui qui la subit. Le facteur déclenchant de cet état (et non la racine) se situe généralement dans le présent du patient. Il est amplifié par la conscience de manière à refouler la racine effective du conflit. Si le patient tarde à consulter, il accumulera une somme de faux problèmes et de vraies somatisations, représentant un véritable fouillis, *illisible* pour le praticien. Le diagnostic de ce dernier s'attachera à soulager les symptômes sans jamais pouvoir s'attaquer au fond du problème.

LES MOTS QUI TRAHISSENT LE SECRET DES PENSÉES

L'intérêt de la PNG réside dans le fait qu'elle ne se fixe pas sur les symptômes dont se plaint le patient. Son action se situe dans les résonances affectives du discours. Un mot bien choisi suscite une émotion entraînant, dans tous les cas de figure, un mouvement spontané et concret des chaînes musculaires, comme vous aurez l'occasion de le constater par la suite.

« J'aimerais bien me débarrasser de ce problème » est une formulation frauduleuse qui indique que le problème en question n'est pas aussi essentiel que le croit le patient. L'usage du conditionnel, assorti de l'adverbe « bien », en témoigne. L'adverbe en question relativise l'acuité du problème évoqué.

L'ouverture des canaux de communication psychotoniques entre le corps du patient et son imaginaire est irréversible. Ceux-ci submergeront les mécanismes de défense incapables de s'opposer à l'intelligence instinctive du corps. Seule la volonté du sujet qui s'y soumet conserve la possibilité de censurer ou non les gesticulations involontaires de son soma. Il deviendra le spectateur conscient de son corps acteur. Ou il acceptera de lâcher prise, ou il refusera et continuera à contrôler mentalement les réactions éventuelles de son corps. Au choix !

Votre corps à des choses à vous dire, ne vous bouchez pas les oreilles en lui refusant le droit de s'exprimer !

CHAPITRE 2

LA SALSA DES ÉNERGIES

« Si la perception n'engendrait
pas d'états corporels, elle resterait
une pure perception, pâle,
décolorée et sans la moindre
chaleur émotionnelle. »

William JAMES

QU'EST-CE QU'UNE ÉNERGIE ?

L'énergie est le carburant que possède un système pour produire un travail donné. En physique, on parle d'énergie cinétique d'un corps, d'énergie thermique, mécanique, chimique, électrique, solaire, etc. On sait également que les variations de l'énergie interne d'un système dépendent de ses états initial et final. Enfin, l'énergie chimique potentielle d'un être vivant est représentée par son métabolisme de base (énergie physiologique minimale), qui est la dépense énergétique de l'organisme au repos complet. Bref, il ne faut pas oublier que toute énergie se transforme. De cette faculté de transformation provient sa puissance, c'est-à-dire son potentiel cinétique, qui anime le corps humain.

LA DENSITÉ ÉNERGÉTIQUE DES SENTIMENTS

Le doute neutralise la foi comme n'importe quelle énergie négative peut absorber et détruire une énergie positive. Le doute n'est pas simplement une production de l'esprit logique, il repose sur une énergie d'absorption, de destruction, d'abandon ou de renoncement. En clair, le doute tue la foi aussi sûrement que le pessimisme terrasse l'optimisme. C'est la règle immuable des contraires qui se complètent tout en s'annulant !

On peut aussi en déduire que tous les sentiments produits par nos émotions sont des énergies à densité variable. La volonté, la persévérance, l'intelligence et la mémoire reposent également sur des énergies. En fait, toutes les actions humaines sont de nature énergétique, y compris les pensées.

L'INERTIE TUE L'ÉNERGIE, MAIS L'IMMOBILITÉ EST LA RACINE DE LA FULGURANCE

L'inertie étant le contraire absolu de l'énergie, l'inertie totale se traduit par un mouvement moléculaire nul. Si l'on se reporte sur le plan humain, on peut considérer qu'une dépression nerveuse ou immunitaire aura tendance à neutraliser la production énergétique. Le climat mental ralentit la fluidité de l'activité psychophysiologique jusqu'à amoindrir toute production psychique recréative, à annuler la capacité de raisonnement ou à éradiquer toute combativité chez le dépressif. L'inertie édifie une viscosité mentale et intellectuelle comme une sorte de mur entre la réalité et l'intériorité du sujet.

Tout est énergie dans le corps humain, bien avant de se transformer en qualités ou en défauts, en capacités ou en incompétences, en émotions ou en sentiments, en sensations positives ou négatives.

Sauf que... en PNG, l'immobilité la plus totale est le principe de la fulgurance réactive du mouvement. Nous y reviendrons.

L'ÉNERGIE CINÉTIQUE : ÇA BOUGE PLUS VITE QUE LA PENSÉE !

Quand nous sommes fatigués, voire épuisés par une journée de travail stressante ou par la fréquentation de personnes pompantes, d'un strict point de vue énergétique, la première de ces énergies se déprime automatiquement. J'ai nommé l'énergie cinétique. A priori, elle nous permet de bouger, de nous mouvoir d'un point A à un point B, le spectre de ses possibilités s'étend de l'inertie à la vitesse la plus rapide du mouvement corporel. Voilà donc une énergie toute simple à laquelle nous faisons appel en permanence, sans même en prendre conscience. Maîtresse de la masse de nos articulations et des chaînes musculaires, l'énergie cinétique préside aussi à différentes qualités et à différentes aptitudes, sans oublier l'harmonie gestuelle, que nous lui devons en grande partie. Mais ce que l'on sait moins, c'est que la capacité de mémorisation dépend également de l'énergie cinétique. Les comédiens le savent mieux que quiconque. Pour mémoriser un texte dans des conditions optimales d'efficacité, ils doivent intégrer leurs répliques en filigrane de mouvements qui les accompagnent. Le mouvement leur sert de fixateur mnésique, en quelque sorte. À l'instar de cette règle, la fixation mnésique en autohypnose procède du mouvement neuronique des jambes en lévitation. La catalepsie des jambes en suspension, lorsqu'un sujet est en position assise, comme nous le verrons dans le chapitre consacré à la lévitation des jambes, est véritablement efficace quand les chaînes musculaires réagissent sous la forme de légers tremblements ou de spasmes contractiles.

Paradoxalement, la racine du mouvement trouve sa source et ses possibilités de restructuration dans son contraire : l'inertie totale, comme vous aurez l'occasion de l'expérimenter en pratiquant la PNG.

La vitesse de réaction à une agression est fonction du niveau d'inertie que vous pouvez opposer à votre adversaire. Paradoxe. Plus je suis capable de provoquer une inertie cataleptique des bras, plus ma réaction en cas de passage à l'acte de mon adversaire sera fulgurante.

L'ÉNERGIE BIOCHIMIQUE : LE CARBURANT DE L'IMAGINATION

Sans échange chimique, toute vie serait impossible. Nous abordons là la deuxième énergie grâce à laquelle nous sommes ce que nous sommes : des êtres vivants. Toute communication intracorporelle repose sur l'échange moléculaire de substances biochimiques. La transformation de la peur ou de la honte (facteur psychique) en transpiration (facteur chimique) en est un exemple. L'action biochimique intervient à tous les niveaux de l'organisme. L'énergie en question préside aussi au bon fonctionnement de la libido, avec ses désirs charnels ou spirituels. L'énergie biochimique est re-créative. C'est grâce à elle que l'imagination s'en donne à cœur joie et nous invente à tout moment des virtualités substitutives à la réalité dans laquelle nous évoluons, virtualités qui peuvent se révéler plus vraies que la vérité, comme je l'ai évoqué dans l'introduction en rapport avec l'effet « nocebo ».

L'ÉNERGIE ÉLECTRIQUE : MERCURE, LE MESSAGER DES DIEUX

Elle parcourt le système nerveux, transmettant les ordres reçus de l'hypothalamus, le chef d'orchestre du cerveau[1]. Tout dérèglement de cette transmission entraîne immédiatement des troubles psychosomatiques, voire des perturbations des fonctions motrices, intellectuelles ou psychiques, comme c'est notamment le cas dans la sclérose en plaques.

L'ÉNERGIE THERMIQUE : L'ÉNERGIE DE LA FOI

La chaleur produite par le flux sanguin qui parcourt le soma constitue l'énergie thermique en question. Cette énergie prélude à nos affects. Selon la manière dont nous nous investissons dans nos actions, le corps produira plus ou moins d'énergie thermique. L'énergie thermique (dite aussi affective) décide en dernière instance du sort réservé à nos ambitions. C'est l'énergie qui soutient la confiance et l'estime de soi, et surtout la foi de l'Homme.

Le jour où j'ai décidé de déprogrammer un croisement de chevilles dont j'étais coutumier pour le remplacer par un enracinement des pieds dans le sol, j'ai commencé à avoir des problèmes circulatoires dans les extrémités. Mes pieds se congelaient, littéralement. Pour les réchauffer, il me suffisait de revenir à l'ancienne posture : chevilles croisées. Le réflexe des chevilles croisées était donc bien institutionnalisé dans mon subconscient (l'amygdale du cerveau). J'ai reprogrammé l'enracinement des dizaines de fois avant de pouvoir me débarrasser de cette réaction hypothermique pénalisante. On ne change pas une équipe

1. Région du diencéphale formant la partie antérieure et ventrale du troisième ventricule du cerveau ou cerveau végétatif et endocrinien. Il contrôle l'hypophyse qui, à son tour, régule l'activité de nombreuses glandes endocrines.

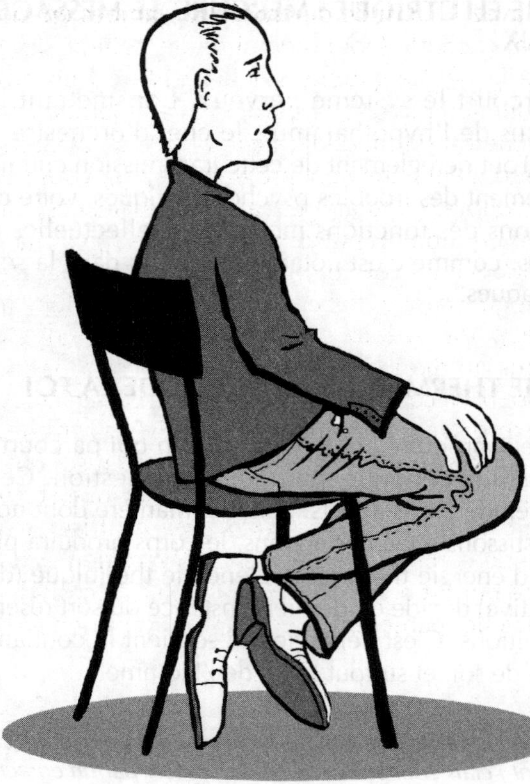

qui perd, même dans le cerveau. Ce qui vous fait du tort vous fait du bien et ce que vous voudriez changer pour vous faire du bien vous fera du tort, a priori. Il faut tenir le coup jusqu'à ce que l'ancienne programmation posturale s'efface ou soit réduite à l'impuissance. Mais il arrive souvent que les stagiaires abandonnent le combat en proie à des accès anxieux aussi soudains qu'éphémères. Il faut savoir que la modification d'un programme comportemental aussi bénin que celui qui vient d'être évoqué est une véritable déclaration de guerre de la conscience au programme institutionnalisé. Ce n'est pas anodin.

Si vous avez l'habitude de croiser les jambes en mode répulsif, par exemple (pour mémoire : un homme droitier qui croise la jambe gauche sur la droite est en mode répulsif ; une femme droitière qui croise la jambe droite sur la gauche est en mode répulsif, pour les gauchers, il faut inverser), l'enracinement programmé peut vous poser quelques troubles circulatoires sans conséquences. Or le croisement en mode répulsif réflexe est le signe majeur d'une confiance en soi fragilisée. Le reproducteur de la posture est constamment sous contrôle. Si vous lui expliquez ce que vous venez de lire, il refusera d'entendre ce que vous lui dites et prétendra qu'il se sent parfaitement à l'aise dans cette posture ; ce qui sur un plan articulo-musculaire est évidemment exact. En revanche, il n'avouera jamais son manque de confiance en soi qui est la traduction de sa posture réflexe. Je me fonde sur une multitude d'observations gestuelles pour affirmer que cette règle ne comprend qu'une seule exception : quand la personne qui est à vos côtés vous séduit, le croisement s'opère de telle manière que votre pied soit orienté dans sa direction.

L'ÉNERGIE POSITIVE EST ATEMPORELLE

L'Homme ne prend jamais conscience du temps qui passe, sinon à rebours, quand le temps est passé. S'il investissait sa conscience d'être dans l'instant de son activité, il s'éviterait nombre d'actes, de conduites ou de comportements inutiles et énergétiquement stériles ou négatifs.

Prendre le temps de s'investir sans référence à l'aboutissement de son action est la formule magique que je préconise ! Celui de savourer quand on mange, celui d'être attentif à l'autre, à son travail, à sa lecture, à faire l'amour, à ses enfants, etc. Gérer son temps sans jeter constamment un œil sur l'écran digital de sa montre ou dans le rétroviseur ; sauvegarder un texte à l'écran régulièrement pour éviter d'être victime des caprices de son ordinateur.

En un mot comme en cent, privilégier le plaisir d'agir, de faire ou d'être au détriment du désir d'avoir ou de posséder. Car la possession, c'est-à-dire la réussite, découle naturellement du plaisir de l'achèvement et de l'équilibre énergétique qu'il engendre.

On ne peut avoir ou être sans avoir été, dit la fable idéomotrice que j'ai retrouvée dans mes vieux papiers.

Tu ne peux pas être
Sans avoir été
Tu ne peux pas croire
Si tu n'as jamais douté
Tu ne peux pas tout dire
Sans y avoir pensé
Mais tu peux toujours te mentir
Si t'as peur d'affronter la vérité

La pratique quotidienne de la PNG apprend à préserver le territoire mental, énergétique et corporel de l'agressivité latente dans laquelle vous baignez en permanence. Votre climat mental, de bouteille à moitié vide, ne se remplira pas d'un millilitre de plus, mais il se naturalisera en bouteille à moitié pleine, et votre investissement énergétique changera soudain de polarité.

VINGT ET UN JOURS POUR TOUT CHANGER

Tout acte posé au premier jour est une graine que vous plantez dans votre jardin secret et qui mettra vingt et un jours à éclore. Un acte, aussi banal soit-il, est une production énergétique. Sa conséquence sera positive et constructive, ou négative et déstructurante sur la constellation de vos conduites, et surtout sur le devenir de vos motivations. La traduction de cet acte entraînera des changements bénéfiques ou maléfiques dans la structure psychique active de votre conscience, voire une réaction psychosomatique par ricochet.

Pourquoi vingt et un jours et non quinze ou trente ? Je n'ai jamais trouvé la réponse à cette question. Je me suis borné à constater que les patients qui revenaient ponctuellement toutes les trois semaines en consultation ressentaient une véritable évolution de leurs troubles alors que ceux qui me visitaient toutes les semaines finissaient par se décourager. Quant à ceux que je revoyais une fois par mois ou plus, ils disparaissaient purement et simplement du paysage, après une ou deux séances. Trois semaines ou vingt et un jours !

PRODUIRE DE L'ÉNERGIE À VOLONTÉ

Tout d'abord, qu'est-ce qu'un canal énergétique ? À l'instar d'un canal hertzien, le canal énergétique est une concentration d'énergie positive ou négative qui supporte une émotion, un sentiment, une conduite, une ambition, ou toute production psychique, psychosomatique, sexuelle ou affective.

La recherche des canaux énergétiques stimulants est l'une des procédures de base de la PNG. Pour procéder à ce type d'investigation, on utilise la double contrainte idéomotrice (DCI) – attraction de contrôle avec résistance – associée à une motivation clairement énoncée. La DCI provoque une rotation interne des épaules qui est un phénomène parfaitement naturel et involontaire parce qu'archaïque, dès que les mains sont positionnées face à face, coudes en appui, et que vous fermez les yeux. Cette rotation peut également se manifester sans objectif précis, dans la mesure où l'exercice sert avant tout à stimuler la réceptivité ou la production d'énergie vitale.

Il s'agit probablement d'une réaction épileptiforme, manifestation archaïque de défense par le mouvement. La conscience du sujet, fascinée par l'événement, est soudain incapable de prendre de la distance à son égard.

LE MOTEUR, LE VÉHICULE ET LA CIBLE

Nous investissons souvent nos réserves énergétiques sans réflexion préalable. Le simple fait de confondre un rêve ou une envie avec un besoin en est un exemple frappant. Nous visons l'objectif, ignorant totalement le moteur et le véhicule qui ont pour mission de nous y conduire. La vie humaine est synonyme de désirs au pluriel. Certains de nos désirs sont fantasmatiques, et nous savons, en principe, qu'ils sont irréalisables. Cependant, le fait d'y penser ou de les exprimer correspond à un manque que nous avons besoin de combler, à une angoisse irrationnelle ou à une peur que nous voulons absolument surmonter.

Quand je demande à un sujet de dresser la liste de ses désirs les plus chers, il reste souvent le bec dans l'eau car la plupart de ceux qui lui viennent immédiatement à l'esprit sont soit puérils ou complètement fantasmatiques, soit trop intellectualisés. Or nous savons que tout désir, quel qu'il soit, éveille les émotions de l'individu qui y songe ou le formule, fût-ce avec un sourire gêné. Et des émotions aux énergies, il n'y a qu'un pas. Pour l'inconscient, tout désir est potentiellement réalisable, même si le rationalisme de l'esprit le perçoit comme totalement farfelu.

FAITES UN VŒU !

Un désir exprimé ou non est une motivation, et à ce titre, celle-ci sollicite un apport énergétique destiné à son achèvement. Cet apport énergétique lui sera octroyé sans discussion, quel que soit l'aboutissement du désir en question. C'est le sens fondamental du vœu. Le vœu est un désir magique dont la réalisation est censée s'accomplir par des moyens fabuleux. Pour celui qui croit, Dieu l'exaucera. Pour l'agnostique, ce sont les fées, la chance ou le diable. Qu'importe celui qu'on implore du moment que le vœu trouve sa concrétisation dans les faits. Du vœu conçu, l'individu fait appel à la formule incantatoire. Prière, doigts croisés, bois touché ou signe de croix, balancement corporel, etc.

Curieusement, il ne pense jamais ou rarement à s'adresser en priorité à lui-même. Comme s'il se considérait comme le plus mauvais des magiciens.

Or nous sommes tous des magiciens, pour autant que nous détenions la baguette magique de l'homme de l'art. Les consciences marginales nous fournissent ce bâton fabuleux si vous apprenez à dialoguer avec votre corps, comme vous le découvrirez dans le chapitre consacré au questionnement idéomoteur.

UNE ENVIE N'EST PAS UN BESOIN

L... rêve de devenir chanteuse parce qu'on lui répète un peu trop souvent qu'elle a une belle voix et un look d'enfer. Sa voie semble toute tracée, mais est-ce bien là sa vocation, dans laquelle elle investit tous ses espoirs, son capital et ses intérêts ? Rêve, envie, ou besoin ?

S'il s'agit d'un objectif dit stérile, donc hors d'atteinte de ses potentiels effectifs ou de ses véritables talents, le réveil risque d'être cruel pour cette jeune femme. L'énergie d'un objectif stérile (une envie) est quasi nulle. Toute production mentale repose sur une dépense d'énergie, même celle d'un rêve impossible, car il suffit que ce rêve devienne obsessionnel pour se transformer en objectif stérile. Et l'énergie cinétique produite par ce dernier peut égaler, sinon dépasser, celle d'un besoin. Le fantasme est de fait l'une des formes du chaos énergétique que l'on nomme communément la folie. Le fantasme dispose de moyens utiles et suffisants pour absorber toute l'énergie cinétique disponible dans les différents champs de conscience. Il peut abuser le mental mais il ne peut tromper la conscience corporelle, c'est-à-dire le système neuro-végétatif, dont dépend l'énergie vitale du soma.

LE SYSTÈME NEURO-VÉGÉTATIF À L'AFFÛT

En liaison permanente avec l'inconscient, le système neuro-végétatif (SNV) utilisera la stratégie de la conversion hystérique (somatisation) pour avertir la conscience de ses dérapages. Si ces signaux ne suffisent pas, il poussera la conscience vers l'accident corporel ou vers une conduite aux conséquences relativement difficiles à supporter, par exemple, un problème financier propre à altérer la qualité de la vie de l'individu. Cette vision de nos comportements est largement décrite par Freud dans les nombreuses études qu'il a consacrées aux actes manqués. Les suicides en série qui sont enregistrés par périodes dans certaines entreprises sont favorisés par un SNV en déroute.

L'objectif stérile est facile à situer par le truchement d'une double contrainte idéomotrice (DCI), dont le mécanisme est expliqué dans le chapitre consacré aux procédures d'évaluation. Mais ce n'est pas là le seul moyen de vérifier la valeur énergétique chaotique d'un objectif stérile. Le verrou oculaire (VO) est sans conteste le meilleur outil pour l'identifier. Toute programmation du verrou oculaire fondée sur un objectif stérile n'aboutit en aucun cas. Même la fraude consciente ou non du sujet peut être facilement éventée. Généralement, le verrou oculaire obtenu est lui-même frauduleux. Les réactions motrices du corps (transes-décharges) sont absentes ou atypiques.

Le discours du sujet permet également de repérer la fraude. Il refuse clairement de perdre le contrôle ou de se laisser contrôler par son propre corps. Il abuse du conditionnel (j'aimerais) ou d'affirmations interro-négatives (ne veux-tu pas... ?). Enfin, il est impossible d'obtenir une lévitation cataleptique des jambes si un verrou oculaire n'est pas totalement intégré dans les automatismes comportementaux du sujet. Il ne faut jamais oublier que toute action humaine procède d'un investissement énergétique, du fait de sa dimension psychologique.

L'HISTOIRE CLASSIQUE DE LA RUPTURE

Prenons, par exemple, le cas d'un deuil affectif consécutif à une séparation de couple. Il peut se passer sans accroc majeur, du moins en apparence. Le sentiment amoureux qui a été à l'origine de ce couple n'existe manifestement plus. Cependant, l'investissement énergétique qui soutenait cet amour n'a pas pour autant disparu. Il a changé de polarité en passant du positif au négatif, donc du meilleur au pire. Les conjoints séparés entrent à leur insu dans une période de deuil. La faillite de leurs sentiments laissera derrière elle toute une série de troubles psychiques (pensées parasites ou psychotoxiques, nostalgie, amertume, regrets, jalousie, morbidité, rancœur, etc.), même si ceux-ci sont niés, ou non verbalisés, tout simplement. Ces troubles n'ont plus de raison d'être, et pourtant ils subsisteront encore longtemps après que la rupture soit consommée, détournant ainsi un capital énergétique que chaque partenaire pourrait investir dans des actions plus constructives. Survient souvent dans ce cas de figure une bonne âme prête à jouer les interludes, un conjoint par intérim. Il ou elle servira de poubelle aux souvenirs avant d'être rejeté(e) à son tour, comme s'il ou elle représentait l'épilogue d'une « fin de partie ». Son rôle inconscient consistera presque toujours à servir d'analgésique aux peines de cœur et, surtout, de reconstituant énergétique. Il serait nettement plus intelligent de cicatriser les séquelles de la rupture avant de repartir à la conquête d'un nouveau soupirant ou d'une naïade consentante. La densité énergétique de ce deuil affectif est mesurable en PNG.

COUPER LE SON POUR EFFACER LE SOUVENIR DE LA RUPTURE

> *« Quand je me suis séparé de ma femme, me raconte un patient, j'étais à la fois soulagé et triste. Nous avions deux enfants en bas âge dont elle obtint la garde. Je ne l'aimais plus, mais je devais me résigner à quitter la maison familiale pour refaire ma vie. L'existence n'était plus tenable entre nous. Un an après notre séparation, je n'étais pas débarrassé de mes ressentiments et d'une jalousie morbide tenace. Je lui en voulais de m'avoir volé mes enfants… »*

Que voilà un scénario archi-classique, n'est-ce pas ? Le patient en question était souvent sujet à des troubles psychosomatiques aussi divers qu'asymptomatiques. Le deuil affectif débouche toujours sur un syndrome d'abandon, voire sur une véritable névrose qui pousse l'abandonné à fuir toute relation affective stable tout en exigeant de ses partenaires successifs une fidélité à perpétuité.

La procédure d'évacuation la plus efficace pour neutraliser ce comportement consiste à induire une aphémie sélective des cordes vocales (je vous renvoie à la cinquième partie). C'est la neuro-programmation que j'ai utilisée pour aider mon patient à se défaire de son deuil affectif. Quelques séances ont suffi pour permettre de débloquer le problème et de récupérer les énergies gaspillées en pure perte.

Comme le dit le professeur Edelman – cité par Ronald Marry –, dans son ouvrage *L'Envie de guérir*, on est en train de prendre conscience du fait que toute action humaine, tout trouble ou toute pathologie se fonde sur l'énergie. Mieux vaut tard que jamais ! Cela étant, le titre de l'ouvrage du professeur Edelman est bien mal choisi. L'envie n'est jamais qu'un fantasme, un faux besoin, en somme.

CHAPITRE 3

L'AUTOSCOPIE

Les gestes ne sont pas
seulement les mots du corps,
ils sont d'abord des messages
du subconscient à la conscience.

TROP BELLE !

J'étais plongé dans un ravissement extatique. Elle était tellement lumineuse que j'étais hypnotisé par sa beauté. Elle devait se rendre compte de mon état car elle minaudait tout en buvant mes compliments. La tension libidinale entre nous était à son comble. Mes chevilles étaient croisées sous mon siège, droite sur gauche. J'avais bien remarqué l'incongruité de cette réaction corporelle, connaissant sa signification répulsive, mais je la mettais sur le compte du stress de la situation de séduction. Tous les signaux étaient au vert. Enfin, c'est ce que je croyais en toute innocence. Je tenais sa main abandonnée entre mes grosses pattes fiévreuses, mais mes chevilles étaient toujours croisées en position psychorigide. Quand je me suis penché vers elle pour déposer un chaste baiser au coin de ses lèvres, elle a esquivé mon initiative avec une moue de reproche. Et puis, elle s'est levée en prétextant un besoin pressant. Elle a emporté son sac, comme toute jolie femme qui se respecte, pour se refaire une beauté aux toilettes. C'était la fin de l'été, il faisait beau, chaud même, sur la terrasse. J'ai attendu, attendu, comme dans la chanson de Joe Dassin, elle n'est jamais revenue. Mes chevilles m'avaient alerté mais j'avais refusé le message, qui ne cadrait pas avec les plaisirs auxquels je me promettais de goûter.

MON CHIEN EST SURDOUÉ

Une motivation qui se noie dans ses désirs peut noyer l'intuition. Elle n'empêchera cependant jamais le corps de vous prévenir d'un grand écart facial entre ce que vous espérez et l'échec inéluctable que vous refusez de voir.

Je me souviens parfaitement d'une rencontre avec un dresseur d'animaux reconnu et sympathique sur un plateau de télé. Une de ces émissions stupides de talk-show qui font les délices des dépressifs. Nous avons fait connaissance et je lui ai rapidement proposé un projet de livre sur les animaux domestiques : Mon chien est surdoué *devait en être le titre. Je me souviens également que mon pied droit retenait ma cheville gauche en position psychorigide. Nous étions attablés face à une assiette en carton garnie de crudités et de charcuterie un peu faisandée. J'étais bien conscient de la position de mes chevilles, mais je refusais d'en accepter l'augure ; mon dresseur était accro au projet, vu les perspectives financières que je lui proposais de négocier avec l'éditeur. Rendez-vous fut pris sous huitaine pour élaborer le synopsis. Il m'avait même invité à déjeuner dans la propriété où il dressait ses animaux pour figurer dans toutes sortes de films ou de manifestations. Je ne fus donc pas trop étonné que sa secrétaire m'appelle la veille de notre rendez-vous pour annuler cette deuxième rencontre. « Il a dû s'absenter, prétexta-t-elle, un voyage à l'étranger. » Quand je lui demandai s'il avait prévu une autre date, elle me dit qu'il me rappellerait. Il n'a évidemment jamais donné signe de vie par la suite. Mes chevilles m'ont évité de perdre mon temps en préparant un rendez-vous virtuel. Je n'ai pas investi d'espoir, cette énergie précieuse que d'aucuns gaspillent en rêvant de victoires bien mal acquises.*

LES CHEVILLES QUI ANESTHÉSIENT LA DOULEUR CHEZ LE DENTISTE

Alan Pease rap porte les faits suivants : sur 319 patients observés chez le dentiste, 88 % verrouillaient les chevilles dès qu'ils s'installaient dans le fauteuil du dentiste. Ceux qui venaient pour un contrôle de routine adoptaient cette position à 68 %, contre 98 % pour ceux à qui le dentiste devait administrer une piqûre de produit anesthésiant. Hélas, l'auteur ne précise pas quelle était la cheville dominante.

Des enquêtes dans l'administration de la police, des douanes ou des impôts ont montré que la plupart des personnes interrogées croisent les chevilles au début de l'entretien, souvent plus par crainte que par sentiment de culpabilité. J'ai fait le même constat dans le domaine des ressources humaines, ou nombre de personnes interrogées croisent les chevilles, droite sur gauche, à un moment ou un autre de l'entretien, trahissant une émotion négative. Un phénomène qui se reproduit aussi avec le croisement des jambes en mode répulsif.

TIR GROUPÉ !

Chaque fois que je ressens une gêne ou une faiblesse musculaire dans les chevilles quand je gravis les marches d'un escalier, mon corps m'informe que ma motivation (c'est-à-dire la somme de mes désirs) est en berne ou en stand-by. Le phénomène peut se produire de manière ponctuelle, par exemple, quand je monte les escaliers du métro parisien pour me rendre à un rendez-vous démotivant chez un éditeur encore plus démotivant. Curieusement, le rendez-vous une fois terminé, je ne ressens plus le même type de difficulté à grimper les marches du métro suivant. J'ai retrouvé la pêche. Mais pourquoi êtes-vous allé à ce rendez-vous, me demanderiez-vous ? Parce que je suis parfois incrédule. Une réponse idéomotrice palpébrale m'a bien déconseillé de me rendre à ce rendez-vous. Mais je me disais que...
Est-ce que je peux, je dois, ou je dois éviter de proposer une collaboration sur un projet de livre à cette dessinatrice ?
La réponse corporelle (questionnement idéomoteur) du verrou oculaire est « non » dans les trois cas de figure, ce qui signifie que je perdrai sans doute mon temps. Je veux vérifier malgré tout car la dessinatrice en question semble tout à fait motivée par le projet, elle prétend avoir envie d'élargir son horizon professionnel en s'essayant à l'édition de livres d'enfants.
De retour dans mon village, je lui envoie par mail un texte de Caroline, ma femme, et puis j'oublie. Trois mois plus tard je n'ai toujours aucune proposition de sa part. J'ai laissé un message sur sa boîte vocale. Elle n'a jamais rappelé.

Nous avons rendez-vous avec un responsable du Pôle Emploi de notre région. La veille du rendez-vous, j'interroge mon conseiller subconscient pour savoir si cette rencontre est utile, nécessaire ou indispensable. Selon la pression oculaire du verrou oculaire (VO), elle est à peine utile. Je râle car je lui ai proposé spontanément un déjeuner dans la foulée du rendez-vous. À l'heure dite, au jour dit, pas de responsable. Le rendez-vous

était fixé à 11 heures. Une demi-heure plus tard, je l'appelle sur son portable. « J'ai sonné plusieurs fois chez vous mais je n'ai pas eu de réponse, me dit-il. J'ai laissé une carte de visite dans votre boîte aux lettres. » Je sors vérifier le bon fonctionnement de la sonnette. Pas de problème ! On l'entend dans toute la maison. Où a-t-il posé ses doigts ? On devrait envisager une formation « sonnette » à Pôle Emploi.
« On se rappelle pour fixer une nouvelle date », rajoute-t-il, avant de raccrocher. Je suis soulagé, le déjeuner n'aura pas lieu. Les « on se rappelle » ne rappellent jamais. À propos ! Il n'a jamais rappelé. Dans une prochaine vie peut-être.

En 2007, je me suis interrogé sur l'évolution des ventes de livres pour 2008 et 2009. Les réponses que j'ai reçues de ma connexion subconsciente n'étaient pas enthousiastes. J'ai donc décidé (en bon salaud de patron) de licencier les deux personnes qui travaillaient avec moi car la charge salariale risquait de peser lourd, si mes revenus diminuaient de moitié. Bien m'en a pris, car mes droits d'auteur ont diminué d'un tiers, et je me suis retrouvé face à des charges sociales personnelles colossales à payer au régime social indépendant. Je n'avais évidemment aucune idée de ce qui nous attendait en 2009, mais je savais qu'il fallait réduire la voilure jusqu'en 2010, voire plus loin. Nous sommes fin 2009 à l'heure où j'écris ces lignes. Si je n'avais pas pris ces informations en considération, je serais aujourd'hui dans l'impossibilité de faire face.

Quand je me suis lancé dans le projet d'un site Internet, j'ai fait appel à une personne que je considérais comme compétente. Elle m'a présenté un programme de développement auquel je n'ai pas adhéré. Mes marqueurs somatiques me criaient de laisser tomber. Je suis passé outre. Ce mauvais choix m'a coûté une coquette somme et un presque procès quand j'ai refusé de payer le solde de la facture pour un travail qui n'a jamais été effectué par le webmaster. Si j'avais écouté mon subconscient, j'aurais été plus riche de quelques milliers d'euros sans oublier le temps passé au téléphone à papoter comme une pipelette.

Des anecdotes de ce type, j'en ai de quoi remplir un livre entier, de la plus anodine à la plus incroyable. Si mes réactions corporelles intuitives (mes marqueurs somatiques) ne m'ont pas toujours aidé à faire les bons choix, elles m'ont permis d'éviter de m'investir dans les plus mauvais.

LES SIGNAUX INTUITIFS DITS MARQUEURS SOMATIQUES

Les signaux intuitifs qui vous guident à des moments décisifs de votre existence sont des intuitions viscérales d'origine limbique, ce que les chercheurs nomment « des marqueurs somatiques », des sentiments instinctifs. Un marqueur somatique est une sorte d'alarme automatique dont le rôle est d'attirer l'attention sur un danger potentiel. Le plus souvent, ces marqueurs vous détournent d'un certain choix contre lequel votre expérience vous met en garde, mais il arrive aussi qu'ils vous signalent une occasion à ne pas manquer ou qu'ils vous poussent littéralement dans la bonne direction. Dans ces moments-là, vous ne vous rappelez pas des expériences particulières à l'origine de votre sentiment négatif, seul importe l'avertissement qui vous est donné. Chaque fois qu'apparaît un tel sentiment, vous avez la possibilité de vous décider avec plus de confiance, et donc de réduire l'éventail de vos choix. En bref, pour rendre plus saines vos décisions personnelles, vous devez être en accord avec vos propres sentiments.

UN VIOL PRÉMÉDITÉ

David Servan-Schreiber rapporte le cas suivant :

« Jacqueline s'apprête à monter dans un ascenseur qu'elle croyait vide. Un homme inconnu est déjà dedans. Il la regarde avec un sourire trop marqué. "Vous montez ?", lui demande-t-il. Elle sent son ventre se serrer ; elle a la chair de poule.

Quelque chose n'est pas normal, mais elle ne veut pas être impolie vis-à-vis de ce monsieur qui n'a – somme toute – rien fait de répréhensible, et elle ne voit pas comment elle pourrait dire non. Elle monte dans l'ascenseur. Les portes se referment, il bloque l'ascenseur entre deux étages et la viole. En racontant l'histoire le lendemain à la police, Jacqueline se rend compte qu'elle avait détecté cette silhouette inhabituelle dans sa rue depuis plusieurs jours... »

Votre système ancestral de détection du danger vous alerte presque toujours avant qu'un acte de violence ne soit commis contre vous. Hélas, le plus souvent, vous n'écoutez pas les messages envoyés par votre corps. Vous avez appris à les réprimer au moyen de votre cerveau cognitif, celui du langage et de la pensée rationnelle. Le cerveau émotionnel – que nous partageons avec tous les animaux – est, lui, avant tout branché sur le corps, c'est donc souvent par son canal que se manifeste votre intuition. Pour être à son écoute, il suffit généralement d'être attentif à ce qui se passe physiquement en vous.

GAGNER OU PERDRE AU JEU, ÇA SE SENT !

Dans une étude remarquable, des chercheurs de l'université de l'Iowa ont confirmé l'intelligence du corps. Des étudiants jouaient à un jeu complexe dont on ne leur avait pas expliqué les règles. Des électrodes placées à la surface de leur peau détectaient simultanément les variations minimes qui accompagnaient l'anticipation d'une victoire ou d'une perte. De temps en temps, ils gagnaient de l'argent, sans comprendre ce qu'ils avaient fait pour le mériter ; à d'autres moments, ils perdaient tout ce qu'ils avaient gagné sans que cela ait davantage de sens pour eux. Lorsqu'on leur demandait ce qu'ils faisaient, ils disaient choisir « au hasard ». Pourtant, au bout de trente minutes de jeu, les électrodes captaient des signes fiables : quelques secondes avant d'obtenir un résultat, leur peau signalait déjà s'ils allaient gagner ou perdre. Tout se passait comme si leur corps avait déjà compris les règles, alors que le cerveau cognitif demeurait dans le noir.

Il y a deux bonnes raisons d'écouter votre intuition : elle est toujours déclenchée en réponse à quelque chose, et elle a toujours à cœur votre intérêt personnel. Quoi qu'il arrive, elle ne vous fait pas perdre votre temps.

L'intuition est le terreau de la création. Celui qui en est doté fonctionne de manière transversale, associant les antagonismes pour créer de nouvelles complémentarités, comme si les ennemis pouvaient devenir de vrais amis. La sensibilité est tournée vers le Moi, qui s'enrichit de son imaginaire et reste branché sur l'inconscient collectif, sa source d'inspiration.

L'AUTOSCOPIE GESTUELLE, VOIR EN SOI

Je ne gère pas la production des mouvements de mon corps, je ne fais que constater a posteriori ses réactions en fonction des événements qui me touchent ou en fonction de mes rencontres. J'observe attentivement mes propres réactions sans l'interférence de ma volonté. Quand je suis au téléphone par exemple. Je m'observe en train de réagir. En somme, je me dédouble, je deviens le spectateur de mon propre corps en mouvement et l'auditeur privilégié de mon discours, ce qui ne signifie pas que je ne suis pas attentif au discours de mon correspondant. Les personnes que je croise s'imaginent que je suis toujours aux aguets de leur gestuelle, que mon regard est comme les rayons X ; ça me fait rire intérieurement. S'ils savaient !

Bien sûr que j'écoute attentivement l'autre, les inflexions de sa voix, le degré d'enthousiasme ou de lassitude qu'il tente de me cacher. Si la conversation que j'ai au téléphone comporte un enjeu professionnel, je me programme un verrouillage oculaire afin de ressentir la variation des pressions palpébrales au fil de la conversation. Si la pression se relâche, je pose des questions pour réveiller la motivation de mon correspondant. Si mes paupières ont tendance à s'ouvrir, je perçois qu'il cherche à couper court et je lui propose de le rappeler plus tard ou un autre jour. Suivant sa manière d'acquiescer, je sais si je dois le relancer ou non. J'ai reprogrammé un verrou oculaire (VO) ; si mes paupières demeurent closes, il y aura une suite. Si elles s'ouvrent, il vaut mieux attendre qu'il me rappelle ou pas. Cette qualité d'écoute est tellement efficace que j'évite de perdre mon énergie, mon espoir et mon temps dans des entretiens téléphoniques sans intérêt.

UN MIROIR EN TROIS DIMENSIONS : PASSÉ, PRÉSENT, AVENIR

In vivo, l'autoscopie gestuelle de mon propre corps m'en apprend plus sur eux, sur ce qu'ils ressentent, que l'observation de leurs gestes ou de leurs postures, mis à part quelques refrains gestuels classiques, comme le croisement des jambes ou des bras. Ils émettent des vibrations émotionnelles en permanence et ces vibrations sont réceptionnées par l'amygdale de mon cerveau à l'insu de ma conscience. Comment pourrais-je les percevoir, sinon en analysant mes propres réactions a priori ? Car chaque individu est un miroir tridimentionnel : affectif, social, kinesthésique. Il ressent de manière un peu fruste des sentiments de sympathie, d'indifférence ou d'antipathie à l'égard des inconnus qu'il croise dans la vie. Hélas, les règles qui régissent notre société ne vous permettent pas de signaler à votre voisin qu'il a un bouton sur le nez ou de déclarer à haute voix votre aversion pour le chef de service. Il faut faire semblant. Quitte à faire semblant, autant savoir à qui vous avez affaire et quelle distance de fuite vous devez fixer entre ce personnage et vous pour vous protéger de la pollution émotionnelle qu'il vous fait subir. Car les émotions parlent un langage que seul votre corps est en mesure de comprendre et que vos gestes traduisent sous votre nez.

MON CORPS M'INFORME EN TEMPS RÉEL

Mon corps m'informe sans déformer le ressenti de l'autre. Un regard que j'ai aperçu n'a pas autant d'importance à mes yeux que ma réaction gestuelle qui s'ensuit, c'est-à-dire la traduction de ce regard. Mon corps sait directement ce que l'autre ne sait pas encore et que mon mental ignore, s'il n'est pas entraîné à décrypter les gestes de son propre corps. Mon corps me confirme ou m'infirme ce que j'ai ressenti intuitivement. Les gestes me protègent contre mon propre enthousiasme, contre la manipulation, contre l'abus dont je pourrais être victime par naïveté. Car je ne suis pas le plus malin. Je suis loin du compte ! En revanche, je suis mieux protégé que bien des demi-malins, et surtout mieux informé de ce qui risque d'arriver ou de ce qu'ils ont l'intention de me proposer pour tester mes limites. Je ne gobe pas les paroles qui travestissent trop souvent la réalité des intentions, je crois aux gestes, aux miens ou aux siens, qui me racontent une autre histoire. La vraie histoire qui brûle les yeux, celle d'une vérité dévoilée et souvent décevante.

On se croise de temps en temps et chaque fois elle m'invite à la rappeler au téléphone pour faire un point. Chaque fois que je décroche pour l'appeler, elle est aux abonnés absents. J'ai renoncé. Le courant ne passe pas. Idem pour les mails. Pas de réponse ? J'abandonne ou je biffe l'adresse. À quoi ça sert de conserver le courriel d'une personne qui ne répond jamais à mes mails ? Déperdition d'énergie.

COMMENT PRATIQUER L'AUTOSCOPIE GESTUELLE ?

La plus grosse difficulté consiste à demeurer à l'écoute de votre corps (autoscopie corporelle ou gestuelle). L'interprétation de vos propres mouvements en temps réel est évidemment le but à atteindre, sachant que tous ces mouvements ne sont pas signifiants mais que seuls ceux qui se répètent méritent qu'on s'y attache. Si je recule systématiquement ma jambe droite sous le siège, qu'est-ce que cela veut dire ? Les jambes représentent symboliquement la maîtrise de soi ou… le contrôle de soi. Plus exactement, la jambe droite correspond à la maîtrise de soi chez un homme droitier et la jambe gauche correspond au contrôle de soi. Dois-je vous rappeler qu'un individu qui se maîtrise n'éprouve pas le besoin de se contrôler et qu'un individu qui se contrôle ne maîtrise pas ses réactions ou ses compétences ? Chez la femme droitière, la maîtrise correspond à la jambe gauche et le contrôle à la jambe droite. Pour les gauchers, il faut inverser, comme d'habitude.

Ce qui nous conduit au constat universel suivant déjà évoqué : une femme qui croise la jambe gauche sur la droite se sent à l'aise dans une situation dont elle a l'impression de maîtriser les circonstances. Sa voisine (droitière) qui croise sa jambe droite sur la gauche ne fait que contrôler une situation dont les éléments lui échappent. Un homme (droitier) qui croise la jambe droite sur la gauche maîtrise la situation, ou en a l'impression du moins. Un homme droitier qui reproduit le croisement inverse, gauche sur droite, contrôle une situation qui lui échappe. Pour faire simple, le croisement attractif est un signe de sympathie, le croisement répulsif est le signe d'une antipathie, irrationnelle ou non.

J'ai récemment fait une expérience intéressante à ce propos. Je me suis frité de manière inattendue avec une jeune femme au cours d'une conférence. J'avais oublié de me protéger en enracinant mes pieds dans le sol (verrou de la botte, comme vous le verrez dans la troisième partie). J'aurais pu aussi me programmer immédiatement une aphémie de suspension (neuro-programmation, dans la cinquième partie). J'ai été pris en faute. Le ton est monté entre nous, cinglant et exponentiel. Elle a instinctivement décroisé la jambe gauche qui couvrait la droite pour passer au croisement inverse, droite sur gauche. Mon franc-parler est tombé à ce moment-là. Trop tard. Le mal était fait.

Seule exception à la règle que je viens d'énoncer : quand un homme et une femme sont assis côte à côte, l'homme est à bâbord, la femme à tribord, si l'homme croise la droite sur la gauche, il indique son manque d'intérêt pour sa compagne ; s'il croise la gauche sur la droite, il indique, au contraire, un intérêt accru pour sa voisine.

Idem en ce qui concerne la femme tribord. Si elle croise la jambe droite sur la gauche, elle exprime gestuellement son attirance pour le monsieur qui est assis à sa gauche ; si elle croise la gauche sur la droite, elle indique clairement son manque d'enthousiasme pour son voisin. Cette règle est issue d'une enquête de terrain comportant quelques milliers d'observations que je n'ai pas comptabilisées, mais dont la fréquence était suffisamment éloquente.

LE MOI MÉROU ME GONFLE

L'interprétation de ses propres mouvements en temps réel est une gymnastique mentale qui permet de neutraliser les pensées appréhensives ou spéculatives, donc parasites. La plupart des gens confondent leur ego avec une armure sociale. Dès que l'autre entre dans leur champ de vision ou d'écoute, leur Moi se dilate comme un mérou pour protéger leur territoire mental (le terreau du principe MEC, maîtrise de soi, estime de soi et confiance en soi). L'attitude peut vous sembler paradoxale. Comment peut-on être attentif à son corps et diminuer très sensiblement l'intervention de l'ego dans une relation à l'autre ? La réponse est : en pratiquant la double conscience !

LA DOUBLE CONSCIENCE

L'autoscopie corporelle détourne l'énergie investie dans le canal de la pensée oppositionnelle et la réoriente en direction du corps. Et il est impossible de produire des pensées parasites en focalisant le mental sur son corps, car l'alimentation énergétique de l'ego est purement spéculaire : l'*Homme se regarde en train de penser ou de verbaliser cette pensée dans le miroir de sa conscience.* Le Moi squatte toute la place. La neutralisation du Moi pensant ne peut s'opérer qu'en focalisant la pensée sur le soma. Cette prise de conscience particulière consomme beaucoup moins d'énergie mentale que la pensée passive et polluante satellisée autour du Moi. Le bénéfice énergétique disponible qui en résulte peut dès lors être investi dans une ouverture relationnelle à l'autre. La conscience se dédouble puisqu'elle est à la fois à l'écoute du corps et du discours de l'autre, sans interférence possible de l'ego. C'est ce que je nomme la double conscience. Conscient de l'enveloppe qui vous contient et de l'existence d'autrui. Le verrouillage de la pensée consciente crée un espace de réceptivité, doublé d'un filtre de protection sociale.

UN CORPS SOUS SURVEILLANCE

En somme, l'autoscopie gestuelle est un auto-examen réflexe des mouvements de votre corps en temps réel. Il est primordial de surveiller son propre corps. Il vous renseigne sur ce qui vous attend au coin de la rue, et il me semble plus important de savoir comment votre subconscient réagit à la situation pour deviner ce qui se trame dans l'esprit de votre interlocuteur. Apprendre à distraire une partie de votre attention pour automatiser cette autoscopie n'est pas d'une simplicité désarmante. La programmation de ce type d'attitude mentale exige une prise de conscience impossible sans un solide entraînement idéomoteur. Il faut reprogrammer le mental en direction du corps et évacuer le besoin de se regarder penser dans le miroir d'une conscience, narcissique par définition. Votre mental s'échappe constamment. Il est happé par l'interprétation de la situation à laquelle vous êtes confronté. Le corps est une caisse de résonance fabuleuse dont tout le monde ou presque ignore le vocabulaire prémonitoire. Paradoxalement, la lecture autoscopique de soi est la racine d'une observation objective de l'autre. Je peux cerner l'autre si je prends conscience des limites de mon propre territoire corporel. Telle est la règle. Nul besoin de savoir lire les gestes, l'autoscopie corporelle développe une réceptivité intuitive qui s'exprime à la surface de la peau de l'initié. Il ressent l'autre bien plus qu'il ne le devine. C'est la définition basique de l'empathie.

MENTEUR COMME UN ARRACHEUR DE DENTS

Je suis allé chez un spécialiste des implants dentaires pour évaluer la possibilité de « clipser » mon dentier au lieu de le coller « n fois » par jour. Une radio et cinq minutes après, le spécialiste me déclarait tout de go que j'étais bon pour une opération avec anesthésie locale à la clef. Il m'avait été recommandé par un ami. J'ai ressenti une impression bizarre et j'ai suivi mon intuition en allant rendre visite à un autre dentiste pour refaire des radios de ma gencive inférieure. Il lui sembla qu'une opération pour creuser des implants dans cette gencive était un peu risquée dans mon cas de figure, vu mon (grand) âge. L'ossature de ma mâchoire inférieure est inégale et peu tonique. Je me suis évité des ennuis de santé, voire pire, en ne souscrivant pas comme un seul homme au conseil du premier dentiste. Merci mon corps !

LE MOI SÉDUCTEUR OU LE MOI RÉDUCTEUR

Le Moi dynamique est une enveloppe séductrice, a contrario du Moi psychique, qui est un outil de communication intellectuel et surtout spéculatif, donc réducteur. Le Moi qui séduit n'est pas le Moi qui cherche à s'affirmer. Il faut choisir entre séduire ou s'affirmer d'emblée. Le Moi qui s'affirme ne dispose pas du recul nécessaire pour s'investir dans une autoscopie corporelle. Il se réduit à une image immatérielle totalement investie dans la préoccupation mentale de son existence. Dans ces conditions, l'autre est perçu comme un intrus et non reçu comme un hôte. Votre interlocuteur vous expose son point de vue sans prendre en compte la matérialité de votre présence. Il communique sur le mode du Moi psychique et réducteur. La surenchère verbale est la norme de ce mode de communication. Il se sert de vous pour donner un sens à sa réflexion ou à ses affirmations. La place que vous tenez à ses yeux est subordonnée à son ego. L'espace qui vous englobe tous deux lui appartient. Votre présence est virtuelle. La seule réalité qu'il perçoit, c'est lui, soi-même et en personne.

Comment savoir si vous avez affaire à un interlocuteur qui fonde sa communication sur le Moi dynamique ou sur le Moi psychique ? Facile ! Le premier, celui qui est investi dans son Moi dynamique, a pour habitude de poser ses coudes en appui sur la table et de reproduire les mains en tenailles ou les avant-bras en parallèle et en appui ; le second, celui qui privilégie son Moi psychique, aura tendance à croiser les doigts, coudes en appui sur la table. Le Moi dynamique vous écoute, le Moi psychique vous entend mais ne vous écoute pas. Quant à celui qui a pour habitude de poser ses mains en couverture, gauche sur droite ou droite sur gauche, il vous évalue ou calcule l'intérêt qu'il retirera de votre incommensurable naïveté.

LA PORTE S'OUVRE SUR UN AUTRE MONDE

Si vous êtes assis devant un clavier d'ordinateur et que vous vous mettez soudain à observer votre position corporelle, vous constaterez que vous reproduisez des attitudes contraignantes : dos rond, chevilles croisées sous votre siège, lèvres serrées, par exemple. Redressez votre dos, décroisez les chevilles et desserrez vos lèvres ! Cette modification consciente de votre attitude corporelle libérera votre créativité. Vous serez à la fois présent dans vos actes ou dans votre réflexion et attentif à votre attitude corporelle. Or, cette attitude du corps est la traduction littérale de votre attitude mentale dans l'instant T de votre prise de conscience. Tout geste ou toute posture contraignante sur le plan articulo-musculaire est la conséquence d'une contrainte et provoque fatalement une inhibition de votre inspiration. C'est le b.a.-ba de cette théorie.

Utilisez vos coudes en appui pour redresser votre dos ! Respirez de temps en temps par la bouche au lieu de respirer par le nez pour desserrer vos lèvres ! Surveillez vos jambes pour éviter les croisements réflexes de vos chevilles sous le siège ! Ces opérations vous sembleront fastidieuses. Elles peuvent pourtant modifier très rapidement vos automatismes corporels contraignants, tout en convertissant votre image sociale en image dynamique. Hélas, pour y parvenir, il est indispensable de programmer de nouveaux automatismes en PNG. La volonté ne suffit pas à régler le problème. Il faut remodeler l'image sociale que vous offrez en passant par les consciences dites marginales (les fameuses poupées gigognes).

QU'EST-CE QU'UNE CONSCIENCE MARGINALE ?

Une conscience marginale est le résultat d'une dissociation de la conscience de veille. Quand vous vous passionnez pour un roman, un téléfilm ou une toile au cinéma, quand vous réfléchissez en marchant dans la rue, quand vous vous focalisez sur un défi sportif, quand vous faites l'amour, etc., vous créez une dissociation de votre conscience et vous passez en mode mental marginal. Vous êtes présent physiquement et mentalement focalisé en tunnel sur l'objet ou l'action qui captive votre attention. Plus votre focalisation sera concentrée, plus le temps semblera se contracter. En mode marginal, l'individu ne perçoit pas le déroulement du temps de la même manière qu'en mode de veille.

LA RENTABILITÉ IMMÉDIATE DE L'AUTOSCOPIE ?

Apprendre à évaluer immédiatement le degré de compatibilité sociale, affective ou professionnelle entre votre interlocuteur et vous-même dans différentes situations (rencontre informelle, négociation, situation de séduction, vente, médiation, etc.) en vous fondant sur les refrains gestuels invariables et sur la double conscience automatisée en PNG.

LE STRESS, ÇA POLLUE LE MENTAL !

Un des grands problèmes auxquels vous êtes confrontés à notre époque s'intitule « le stress », c'est-à-dire ***un trouble du rythme de vie*** qui perturbe votre mental aussi bien que votre équilibre psychosomatique ; un trouble sociétal qui limite l'efficacité de vos actions et leur rentabilité. Pour redevenir efficace, vous devrez fréquenter les postures idéomotrices largement décrites dans cet ouvrage. Elles vous protégeront contre le stress entretenu par les pensées parasites et spéculatives bien plus que par la pollution que vous fait subir votre environnement ou votre entourage. Ce raisonnement se résume ainsi :

> *« Si ma pensée précède mon corps, le stress s'installe et mon corps ne parvient plus à rattraper mon esprit. »*

Réapprendre à prendre conscience de l'existence de ce corps, de l'espace et du volume qu'il occupe, de ses mouvements, de ses postures, de vos actes et de vos paroles au présent de l'indicatif, sans référence constante aux relents du passé et sans appréhension du devenir à court terme, tel est le but de l'autoscopie. Occuper l'instant sans trépigner, sans piétiner le présent qui ne colle pas au futur dont vous rêvez ou sans vous enfermer dans un passé dépassé !

Car l'ennemi, le virus de l'efficacité de vos actions, c'est le stress, et le stress, ce sont d'abord les pensées parasites qui en sont les vecteurs privilégiés. Ensuite viennent les autres ! Et comme on ne peut pas vivre sans les autres, autant apprendre à se protéger du stress qu'ils tentent de vous refiler à longueur de journée. C'est ce que j'ai nommé dans un de mes livres : ***la stratégie du miroir***[1]

RÉFLÉCHIR LA LUMIÈRE, NON L'ABSORBER

Vous devez devenir le miroir de votre environnement et, pour y parvenir, il est indispensable d'apprendre à retrouver le chemin mental du corps en mouvement. Apprendre à écouter vos propres gestes, postures et mimiques (GPM) en réaction à l'environnement et au stress qui vous agresse en permanence, c'est retrouver le chemin de l'efficacité qui débouche sur la voie royale de la rentabilité de chacune de vos actions. La démarche suivante consiste à maîtriser l'arme fatale qui protégera votre intelligence émotionnelle et votre esprit : l'aphémie spontanée des cordes vocales en situation d'examen ou d'exception. Cette posture vous permettra de réfléchir la lumière qui tombe sur vous et non de l'absorber.

1. *Les gestes qui manipulent, les mots qui influencent* (First éditions).

CHAPITRE 4

INTUITION CONTRE SURMOI !

LE GRAND ÉCART DE L'INTUITION À L'EMPATHIE

On peut comparer l'intuition à la vitesse-lumière de l'intelligence. Elle court-circuite l'analyse et débouche directement sur la synthèse. En somme, elle connaît la bonne réponse d'instinct. On l'appelle aussi « inspiration » dans les métiers d'art ou de création, « empathie » dans les métiers de communication ou chez les psy. Elle peut devenir délirante quand le sujet croit qu'il est initié à l'occulte ou béni des dieux. Rappelez-vous Paco Rabane, un couturier célèbre, qui prédisait la destruction de Paris par une comète pour l'an 2000. Il a même écrit un livre qui a été un beau succès de librairie avant de jouer profil bas quand l'événement prédit ne s'est, hélas, pas produit. Heureusement pour lui ! Il a quand même touché ses droits d'auteur, vu qu'il n'était pas mort. Les intuitions dites fulgurantes n'ont pas toujours la même infortune. L'intuition de certains financiers ou hommes d'affaires repose sur une connaissance approfondie du marché et sur un talent certain pour en tirer profit. Éditeurs, producteurs de disques, de spectacles ou de films, chasseurs de têtes ou de talents, tous comptent largement sur leur intuition pour décrocher le mouton à cinq pattes. Une intuition géniale peut effacer dix échecs. C'est d'ailleurs la proportion logique des grandes réussites de l'intuition. Un succès pour dix fiascos ! Si cela vous paraît maigre, sachez que les échecs ne sont négatifs qu'en apparence. L'intuition fonctionne sur le mode « essai-erreur ». Chaque initiative inaboutie, chaque démarche stérile, chaque refus est un galop d'essai qui renforce la valeur de votre projet, votre résistance à la frustration et votre capacité à réagir. Le bénéfice que vous en retirez ne tient pas en cas d'abandon, évidemment. Votre intuition ne vous a pas mené sur une voie de garage, quoi que vous en pensiez, elle se réserve pour votre victoire quand vous serez en face de la fenêtre de tir idéale. Or, pour y parvenir, il faut un nombre suffisant d'essais non transformés. Neuf échecs, au moins, jalonnent la route d'un seul succès, rappelez-vous ! Tout dépend de la manière dont vous accepterez d'échouer. Les vrais perdants sont ceux qui renoncent avant d'avoir combattu. La vie est une bataille avec ses nombreuses défaites et ses quelques victoires inattendues. L'intuition est l'une des armes fatales dont vous disposez pour aller au feu. Ne la confondez pas avec une boule de cristal ! Elle ne sert pas à réussir mais à vous éviter les pièges que vous tend le destin.

L'arme fatale s'appelle la foi. On dit qu'elle peut déplacer des montagnes. Vous devez y croire, surtout envers et contre tout, c'est-à-dire quand toutes les portes se ferment sous votre nez. Rien n'est jamais perdu. Tant que la foi tient la barre dans votre mental, votre corps vous suivra jusqu'en enfer. Mais si votre foi se transforme en doute, que vous perdez la foi en chemin, l'échec de vos actions sera inéluctable et votre intuition se transformera en délire mystique et sectaire. C'est cette inversion naturelle qui me fait penser que les mouvements fondamentalistes sont voués à disparaître quand ils se seront autodétruits. Le sacrifice suprême en tant qu'arme fatale est une conduite essentiellement suicidaire et téléguidée par le désespoir d'une absence de foi.

LE CRÉATIVITÉ EST LE CARBURANT DE L'INSPIRATION

L'intuition ou l'inspiration, sa cousine, prennent leur source dans la capacité créative de l'Homme, capacité à se remettre en question, à découvrir d'autres voies, d'autres chemins, d'autres mélodies. Elles en sont des déclinaisons sublimées de l'émotion qui court-circuite la démarche intellectuelle. L'intuition est la vitesse-lumière de l'intelligence humaine... mais c'est aussi le sens de ce qui va arriver, du futur, cette projection du présent qui n'est lui-même qu'un esquif du passé.

L'intuition est androgyne par définition puisqu'on la rebaptise flair quand elle s'investit dans la spéculation ou dans les affaires. Empathie, voyance, sixième sens, feeling, instinct du chasseur ou flair ? Quelle différence ? Il est possible d'éduquer ou de développer votre intuition comme on y parvient en privilégiant des exercices mnémotechniques pour stimuler la mémoire. La programmation idéomotrice qui vous permet d'élargir le champ de vos automatismes peut aussi vous offrir une approche de l'intuition qui est « infraudable ». La tricherie est une attitude que le corps ne connaît pas.

Je participais à un tour de table dans une librairie parisienne. Une dizaine de personnes étaient présentes. J'expliquais justement pourquoi l'utilisation du verrou oculaire en questionnement idéomoteur était infraudable quand l'une des personnes présentes me posa une question insolite à brûle-pourpoint. Je précise que j'avais programmé un verrou oculaire pour faire une démonstration. « Êtes-vous fidèle ? » Mes yeux se sont ouverts spontanément avant que je n'aie eu le temps de refuser la question. Réponse corporelle : non !

J'étais de fait relativement infidèle à mon amie du moment, qui n'était heureusement pas présente. Celle qui m'a posé la question était belle comme le jour mais elle n'a pas voulu confirmer mon infidélité.

Fille de l'écoute et de l'observation globale, l'intuition est aussi associée à une faculté d'absorption non consciente de l'information. Pour comprendre les ressorts de l'intuition, il faut passer par les infralangages, tels ceux des gestes, des odeurs, des couleurs, des sensations, etc.

LES ODEURS SUBLIMINALES DE VOS SENTIMENTS

L'intuition humaine puise ses informations aux multiples canaux sensoriels qui sont à sa disposition. De l'indice d'écoute à l'enregistrement visuel réflexe d'un kaléidoscope d'images, en passant par les différences thermiques enregistrées par le toucher à distance ou au contact, les odeurs subliminales emprisonnées par les capteurs olfactifs ou les saveurs subtiles triées par les papilles gustatives de la langue, les cinq sens assurent bien plus que le service qu'ils se doivent d'assumer biologiquement à l'égard de la conscience.

Ainsi, pourriez-vous imaginer que chaque conflit psychologique est précédé de sa fragrance particulière, que chaque sentiment qui s'exprime sous le manteau d'une formule élégante n'est pas nécessairement un madrigal, que le goût d'un baiser peut en apprendre bien plus à l'amoureux dont les sens sont aiguisés qu'une démonstration d'affection passionnellement frauduleuse ?

Elle est pendue à son cou et l'embrasse à bouche que veux-tu ! Il conserve la main gauche dans la poche de son jean et soutient sa fiancée de la main droite plaquée au bas de ses reins. Ils sont sur le quai de la gare. Elle le dévore des yeux, il regarde ailleurs. Chatte, elle se frotte contre lui tandis que la voix dans le haut-parleur annonce déjà le départ imminent du train. Il se recule tandis qu'elle se détache de lui, comme à regret. Elle monte dans le wagon en se retournant une dernière fois pour lui envoyer un baiser aérien. Il a déjà tourné les talons en direction de la sortie de la gare. Une larme coule de son œil droit, une larme qu'elle écrase avec une grimace de dépit. Elle sait au fond d'elle-même qu'il ne l'aime pas mais elle refuse sans doute d'en accepter l'augure. Il faut faire semblant pour survivre. La vie est tellement difficile quand on est à peine sortie de l'enfance.

DES IDÉES, ÇA SE FABRIQUE À L'USINE DES RÊVES

Mais les cinq sens ne sont pas les seuls canaux d'information de l'intuition, tant s'en faut. Il existe dans le cerveau une zone subconsciente qui trie, compare, associe, dissocie, imagine, crée, détruit et recombine toutes les observations enregistrées par nos sens. Cette zone pourrait s'intituler : *Bureau de l'intelligence analogique*, c'est-à-dire non logique. En fait, il s'agit tout bêtement d'une sorte de fabrique des idées au sens imaginaire du terme. Il est un fait que les intuitions font partie de notre vie de tous les jours. Il ne viendrait à l'idée d'aucun scientifique d'en nier l'existence ou les bienfaits qu'il en attend. Or, cette intuition s'élabore bien quelque part. Est-il essentiel d'en découvrir le dernier refuge ou est-il, en revanche, indispensable de comprendre comment elle se manifeste et pourquoi ?

Et dans la foulée d'une telle quête de savoir, est-il possible de la développer, de l'embrigader et de la mettre au service de l'esprit logique ? Le développement des nouvelles méthodes intuitives fait florès. « Les années 2000 seront celles de l'intuition ou ne seront pas », m'a affirmé un grand patron que j'ai coaché gestuellement en son temps. La sienne, d'intuition, a mené toute sa carrière jusqu'au cénacle de ses ambitions : le dernier fauteuil, celui de la présidence de son groupe multinational.

C'EST QUOI L'EMPATHIE ? EST-CE QUE ÇA FAIT GROSSIR ?

Le terme « empathie » provient du grec *empatheia*, qui signifie « sentir intérieurement », terme à l'origine utilisé par les théoriciens de l'esthétique pour désigner la capacité de percevoir l'expérience subjective d'une autre personne. L'enfant qui dispose de ce type d'intelligence sera le seul à remarquer la chute d'un camarade et à essayer de le réconforter, même si c'est seulement en lui frottant le genou. Ce geste anodin révèle une aptitude psychologique essentielle pour entretenir des rapports étroits, que ce soit dans le mariage, l'amitié ou les affaires. L'intelligence émotionnelle dont Daniel Goleman[1] s'est fait le défenseur avec beaucoup de talent.

L'empathie… ou la capacité de ressentir ce que ressent l'autre qui est en face de vous est une qualité typiquement féminine. Certains hommes en sont également dotés, mais ils ne courent pas les rues. Les femmes expriment plus facilement ce qu'elles éprouvent et perçoivent davantage ce que l'autre ressent. Elles ne sont pas plus émotives mais communiquent mieux leurs émotions. Les femmes sont plus réceptives que les messieurs à la dimension non verbale du langage. Elles interprètent naturellement les mimiques du visage et toutes leurs nuances sans même s'en rendre compte. Ce qui nous amène à découvrir l'incontestable différence : les filles sont de plus grandes lectrices que les garçons. Sept lecteurs de romans sur dix sont des lectrices. En classe de troisième, 82 % des filles interrogées projettent de passer un baccalauréat littéraire.

1. *L'Intelligence émotionnelle* (Robert Laffont).

Cette aptitude est étroitement liée à la supériorité langagière des filles sur les garçons. Le sens de la communication *largo sensu* est une aptitude plus féminine que masculine. C'est une question de dosage entre la production de testostérone et celle de progestérone. Moins d'agressivité signifie plus de communication.

Les sentiments de sympathie ou d'antipathie dépendent essentiellement de l'amygdale du cerveau. Le néocortex, qui n'est qu'un outil cérébral non affectif de reconnaissance, est court-circuité lorsque naît le sentiment d'antipathie ou de sympathie. Nous sommes en présence de pulsions attractives ou répulsives purement animales.

ET SI L'INTELLIGENCE ÉTAIT UNE FEMME ?

Avant de faire quelque chose, une petite fille regarde le visage de sa mère et elle voit dans l'expression de celle-ci si la chose est permise ou défendue. Par la suite, on dira que les femmes sont intuitives et lisent merveilleusement sur le visage des autres... pas étonnant, elles n'ont fait que cela dans les premières années de formation inconsciente.

J'ai pu évaluer l'*intelligence sociale ou émotionnelle* de la population féminine dans une étude gestuelle de terrain. Elle se monte à 34 % de la population féminine globale, contre 27 % pour la population masculine. Une différence considérable. Ce type d'intelligence est l'un des fondements de l'empathie. Les personnes douées de ce type d'intelligence sont aussi très attirées par la culture et/ou les domaines socioculturels. Selon Daniel Goleman, l'expression *intelligence émotionnelle* recouvre la maîtrise de soi, l'ardeur et la persévérance, et la faculté de s'inciter soi-même à l'action. La capacité d'analyse sociale consiste à savoir percevoir les sentiments, les motivations et les préoccupations d'autrui. Cette compréhension permet une plus grande intimité et procure un sentiment de sympathie. Dans sa forme supérieure, cette aptitude fait de bons conseillers ou de bons psychothérapeutes – et, associée à un talent littéraire, les bons romanciers ou auteurs dramatiques.

Conjointement, ces aptitudes forment l'étoffe même du raffinement dans les relations humaines, les ingrédients indispensables du charme, de la réussite sociale, et même du charisme. Cette forme d'intelligence permet de nouer des relations harmonieuses, de déchiffrer avec finesse les sentiments et les réactions d'autrui, de diriger et d'organiser avec habileté, de prévenir et de surmonter les conflits. Ceux qui la possèdent sont des leaders-nés, capables d'exprimer le sentiment collectif et de le formuler de manière à guider un groupe vers la concrétisation de ses buts. Ce sont des gens avec qui on se plaît, car ils sont émotionnellement stimulants.

Dans la série animale, comme l'a montré Conrad Lorenz, c'est la proportion entre automatisme et disponibilité qui fait l'intelligence : plus la proportion du cerveau spécialisé est grande, plus l'animal se comporte mécaniquement, sans grande possibilité d'adaptation au milieu, comme c'est le cas de l'oiseau nommé grèbe huppé ; au contraire, le grand corbeau peut se sortir de difficultés imprévues et, plus encore, le rat, qui s'adapte aux navires, aux égouts, aux famines, aux cataclysmes, à la misère, à la présence de l'homme comme à son absence. Mais de l'anémone de mer à l'homme, en passant par le grèbe huppé et le rat, les êtres vivants possèdent un système conservatoire plus ou moins complexe, fiable et capable de répondre à un plus ou moins grand nombre de situations pour sauver l'individu. Ce système, thermodynamiquement stable, est une mécanique spécialisée, indispensable à la conservation et peu ou pas adaptable.

Et puis, au-dessus, il y a une sorte de superstructure, une frange fluctuante, non spécialisée et disponible, que le milieu postnatal va ordonner au hasard des rencontres : l'intelligence.

LE SURMOI A PEUR DE LA PNG

Venons-en maintenant à l'ennemi indispensable, ennemi de toujours de l'intuition : j'ai nommé le Surmoi. Il préside à toutes nos conduites. Il censure ou autorise les comportements, les pensées, les réactions spontanées ou non, dans la mesure où il détient le commandement des opérations. C'est en quelque sorte le chef d'état-major de la conscience. Les mécanismes de défense, de pénalisation ou de refus dépendent de sa sphère d'influence. Le Surmoi chaperonne le Moi et les niveaux d'organisation des différentes zones de la conscience humaine (les fameuses poupées gigognes ou consciences marginales).

À l'origine, le Surmoi a été marqué au fer rouge, notamment par les interdits parentaux de la petite enfance. Des messages incontournables qui sont susceptibles de punir l'audace ou de refouler la motivation, mais aussi d'encourager la révolte contre les murs qui se dressent devant nos ambitions. Car cette partie essentielle de notre psychisme est le seul moule dans lequel la constitution de la personnalité s'est préformée.

LE MIEUX EST TOUJOURS L'ENNEMI DU « BIEN ASSEZ BON »

Quand la foi ou la motivation tentent de s'investir dans une démarche de transformation du type qu'on nomme de nos jours « développement personnel », le Surmoi veille et surveille. Il instille le doute, goutte à goutte, le sentiment d'échec ou le scepticisme, pour contrebalancer l'impact émotionnel (l'enthousiasme) qui submerge le Moi. S'il juge que la démarche en question est susceptible de déstabiliser l'organisation institutionnelle de la personnalité, il utilisera la peur du changement brutal pour provoquer une réaction de fuite ou de refus massif. « *Je veux m'en sortir,* dit le patient, *mais j'ai peur de ce qui adviendra, si je réussis à régler mon problème. Donc je choisis la fuite ! »*, ce que le patient évoqué ne dit pas expressément. Il se soumet au diktat du Surmoi, qui lui refuse le droit de se remettre en question ou d'évoluer vers un mieux qui n'est pas nécessairement le meilleur du point de vue du Surmoi. Car le souci permanent du Surmoi consiste à protéger le bien contre le mieux, car le meilleur reste encore ce qui était ou est, et non ce qui sera. Les conflits entre la motivation et le Surmoi sont une source de tension permanente. La négociation avec les mécanismes de refus ou de défense est l'unique stratégie possible, l'arme étant l'évacuation psycho-dynamique par le truchement des postures idéomotrices ou des transes-décharges, dès que le conflit est circonscrit, c'est-à-dire nommé, et que le corps y a réagi par le truchement des attractions de contrôle (voir la deuxième partie).

UNE CRISE D'ANGOISSE AIGUË SUR L'ÉCHELLE DE RICHTER

Marie-Noëlle a 58 ans. Elle est très motivée à en finir avec un état anxieux qui l'empêche de vivre sa préretraite en paix, selon ses propres dires. Des crises d'angoisse aiguës qui la rendent folle furieuse contre le monde entier. Le psy qu'elle a consulté n'a pas pu la soulager, ni tracer l'origine de ses accès d'angoisse.

La crise d'angoisse aiguë se déroule selon un registre qui n'atteint pas un niveau profond de déstructuration de la conscience, comme c'est le cas d'une réaction névrotique aiguë. Elle vit sa crise comme un désarroi intérieur, un conflit lié à la culpabilité ou à l'insécurité. La crise anxieuse, en tant que paroxysme émotionnel, peut aussi être la conséquence d'une idée fixe ou d'une maladie invalidante. À ce titre, elle s'accompagne souvent d'un aspect somatique (pâleur, crispation, sueurs, strictions thoraciques ou abdominales, dyspnées, tachycardie, tendances lipothymiques – alias syndrome vasovagal etc.). En cas de crise, il faut immédiatement avoir recours à une transe-décharge d'évacuation, dite décharge d'urgence. L'outil idéomoteur exerce un effet d'apaisement progressif remarquable de la tension. Cette solution procède du même principe que l'effet apaisant des cauchemars nocturnes sur le conflit intérieur qui provoque des insomnies.

Marie-Noëlle a assisté à un stage collectif et a obtenu un verrou oculaire partiel, condition sine qua non pour pouvoir programmer les transes-décharges idéomotrices en solitaire. Et puis, elle a disparu du paysage sans plus jamais donner de nouvelles. Le pendant d'une culpabilité est un système de pénalisation avec interdiction absolue de débrancher la punition symptomatique : les crises d'angoisse. Les bénéfices négatifs de son trouble ont été jugés plus importants que l'évacuation de la racine de son problème : un abus sexuel paternel.

MAIS COMMENT STOPPER LES MACHINES ?

L'automatisation des comportements constructifs est la règle d'or de la fonction psychique. Rien ne peut évoluer sans un apprentissage structuré débouchant sur de nouveaux automatismes. L'étudiant qui mémorise ses cours, multiplie les exercices, crée des rituels d'acquisition ne fait rien d'autre qu'automatiser ses potentiels intellectuels. Le sujet qui intègre progressivement les postures idéomotrices de la PNG opère de la même manière. Seuls le temps et le cumul des rituels d'acquisition viendront à bout de l'ignorance confortable ou du refus du changement.

Or, le Surmoi ne possède aucune parade contre le rituel d'acquisition car ce dernier dépend étroitement de la volonté d'aboutir. Il va donc intégrer le comportement naissant dans l'organisation psychique existante pour autant que ce dernier n'entre pas en conflit avec les conduites déjà adoptées. Si c'était le cas, le Surmoi a le pouvoir de chasser le nouveau comportement vers les couches inconscientes du cortex pour le rendre pathogène.

Par exemple, l'anorexie, la boulimie, l'assuétude aux drogues, l'alcoolisme, etc., sont des comportements pervers que le Surmoi dévie vers le subconscient. Ils contreviennent à la règle d'or, parce que déstructurants pour l'équilibre psychique, mais restent évidemment dommageables pour la santé, ce dont le Surmoi ne se soucie guère. Ce dernier préfère punir que prévenir, à l'instar des images parentales qui recourent à la punition pour remettre le garnement dans le droit chemin.

MOI, JE SUIS RÉFRACTAIRE À TOUT ET N'IMPORTE QUOI

La non-réceptivité à la PNG s'explique de la même manière. L'hypnose traditionnelle est une agression typique de l'environnement contre l'organisation surmoïque de la conscience. Elle oblige le sujet à une soumission massive et à une dépendance absolue à l'hypnotiseur. À moins que cette conduite ne fasse partie d'une attitude d'obéissance passive intégrée dans la personnalité du sujet, l'induction hypnotique sera refusée en bloc par le Surmoi. L'hypnotisation sera considérée comme une pollution, contre laquelle les mécanismes de défense et de rejet seront mis en alerte.

Cela peut parfois se reproduire pour l'acquisition du verrou oculaire en PNG. Le verrou oculaire réflexe, la posture d'ouverture, se révélera impossible. Il suffit d'écouter les discours de certains stagiaires pour s'en rendre compte. *« Et si je n'arrive plus à ouvrir les yeux ? », « Cette gymnastique oculaire me prend la tête ! ».* Il arrive aussi que la révulsion oculaire volontaire soit un échec. Les yeux s'ouvrent systématiquement, dès que le sujet relâche la tension musculaire qu'il exerce sur ses globes. Le degré de motivation s'étiole parfois après l'acquisition du verrou oculaire (VO). Soudain, l'automatisme fraîchement installé se défait et le sujet s'enfuit.

Elle avait acquis son verrou oculaire et confirmé celui-ci par une activation cataleptique des jambes en position assise. Jolie, 40 ans, journaliste dans un quotidien de province. Douze heures de boulot par jour (soixante heures par semaine) pour un salaire de mille cinq cents euros net en CDD. Du surmenage garanti et pas de vie privée, juste des amants de passage.
Elle me rappelle trois jours plus tard. « J'ai tout perdu », me dit-elle. Le verrou ne fonctionne plus et l'activation des jambes non plus. Je lui réponds « surmenage ». En vérité, la perte du bénéfice engrangé au cours de son stage est tout autre. Hyperémotive, la demoiselle a la larme facile et le cœur sec, d'où son incapacité à s'attacher à un compagnon. Il faut bien qu'elle se protège contre sa sensibilité exacerbée. Or, l'acquisition du VO fragilise les émotions avant de les remettre d'équerre. Si on y ajoute sa motivation frauduleuse par rapport au stage de PNG, une curiosité de journaliste !

L'incapacité de résister à la frustration et un terrain hystéroïde entraînent toujours le refus des contraintes sans bénéfices immédiats. Comme beaucoup de personnes, elle voulait le beurre, l'argent du beurre et le sourire de la crémière sans effort pour les mériter.

La victoire du VO n'est plus considérée comme une gratification mais comme une invasion susceptible de déstabiliser les conduites acquises, fussent-elles déstructurantes pour l'équilibre psychologique. Cette attitude touche beaucoup de personnes auxquelles la PNG ne convient pas, car elle entre en conflit avec le besoin de contrôle constant qui les caractérise et un rythme de vie qui repose sur le stress de l'action. C'est ce qui explique que les travailleurs généralement surmenés du secteur des médias évitent d'avoir recours à ce type de technique car ils n'y sont pas réceptifs. Le stress est la règle dans leur milieu et le seul moyen de réagir au quart de tour. Ils sont toujours sur le qui-vive.

LES CHOCS TRAUMATIQUES À ÉVACUER

Les chocs traumatiques (agression physique, viol, accident) court-circuitent les rituels d'acquisition comme un bombardement détruit tout sur son passage. Même les barrières de défense du Surmoi sont submergées par la violence de leur invasion. La période de prostration ou d'état de choc qui suit tout traumatisme psychique est mise à profit par le Surmoi pour refouler le souvenir de l'événement vers les couches inconscientes du cerveau et provoquer une amnésie rétrograde. Ce faisant, il provoque une déformation future de la personnalité, contre laquelle il créera des comportements compensatoires de défense. L'anarchie brève et violente suscitée par le traumatisme sera donc oblitérée par un modèle de réorganisation, modèle qui sera entériné avec le temps, le temps qui soigne bien des blessures, comme on dit. Le temps soigne mais ne guérit pas. Il entretient la flamme du souvenir en perturbant largement les conduites de l'individu.

Que l'angoisse irrationnelle survienne, le surmoi la combat en ouvrant les vannes de la dépression pour inhiber ses effets. L'économie de la personnalité entre en inflation jusqu'à ce que le Surmoi soit débordé par une inflation galopante dont la racine demeure inéluctablement la blessure traumatique refoulée et non résolue. Certains individus décompenseront dans un conflit psychologique insoluble, les autres somatiseront, souffriront de troubles neuro-végétatifs. Le Surmoi se servira du corps pour évacuer le trauma, depuis longtemps oublié par la mémoire vive (mémoire à court terme). La maladie psychosomatique pourra, dans certains cas, constituer un exutoire suffisant permettant à l'individu de survivre dans des conditions acceptables. Mais que survienne une situation d'exception, entrant en résonance avec le trauma initial, et les régulateurs de crise mis en place ne parviendront plus à maintenir l'équilibre précaire sur lequel repose la « drôle de guerre » entre le trauma et la conscience.

LA PNG, UNE TECHNIQUE DE COMBAT MENTAL

La programmation neuro-gestuelle s'inscrit dans ce schéma comme une technique de combat. Elle apporte une aide pragmatique à l'organisme et, en conséquence, elle permet au Surmoi de réorganiser ses défenses contre l'agression traumatique subconsciente. Les postures quotidiennes sont susceptibles de circonscrire l'incendie qui couve, là où la réaction de stress associée au conflit non résolu ne fait qu'attiser les flammes.

Le recours quotidien aux postures idéomotrices de la PNG est une arme défensive naturelle dont les potentiels renforcent le système immunitaire du soma, régulent la circulation de l'information nerveuse et réorganisent l'équilibre homéostatique, qui dépend du système nerveux végétatif et des glandes endocrines. Son action prioritaire touche les trois niveaux d'organisation essentiels de l'ensemble énergie, corps et esprit.

DEUXIÈME PARTIE

CHAPITRE 5
L'INTUITION À FLEUR DE PEAU

CHAPITRE 6
L'HYPNODRAME GESTUEL

CHAPITRE 7
LE QUESTIONNEMENT IDÉOMOTEUR ET L'INTUITION

CHAPITRE 5

L'INTUITION À FLEUR DE PEAU

Je vous propose tout d'abord un petit jeu créatif !
Entretenez-vous une bonne relation avec votre corps ?
Neuf lettres E dans une courte phrase ! Cinq lettres O ! Deux lettres A ! Deux U ! Un I ! Les voyelles donnent du corps aux consonnes. Sans elles, la phrase ne serait pas compréhensible, n'est-ce pas ?

NTRTNZ VS N BNN RLTN VC VTR CRPS ?

Épelez ces consonnes à haute voix ! Imaginez que cette phrase tronquée est votre mental. Je gage que vous commencez à comprendre à quoi vous sert votre corps. Et de toutes les voyelles, la lettre E est la plus présente dans toutes les phrases écrites ou parlées. La lettre E comme ÉNERGIES !

Sans les énergies qui animent votre corps et votre esprit, la vie n'existerait pas. Une bonne relation avec votre corps correspond à un équilibre entre production et dépense d'énergie. Quelles sont les voyelles les plus fréquentes dans les autres langues ? Trouvez-les et vous comprendrez quel genre de relation chaque habitant de la Terre entretient avec son corps.

LES POLARITÉS MAGNÉTIQUES DU CORPS

L'ATTRACTION DE CONTRÔLE, UN RÉFLEXE CONDITIONNÉ UNIVERSEL

Je vous invite à faire débuter votre initiation à la programmation neuro-gestuelle par un exercice tout à fait original. Il vous prouvera à quel point le corps est capable de se prendre en charge, quand votre conscience accepte de jouer le rôle du spectateur, donc un rôle neutre d'observateur.

Si vous posez vos coudes en appui sur une table, mains face à face, doigts écartés et tendus, largeur d'épaules, les pieds bien à plat sur le sol et qu'enfin vous fermez les yeux, vous aurez la surprise de ressentir un effet d'attraction entre vos mains, après quelques instants de patience. Comme si elles s'étaient transformées soudainement en aimants de polarité contraire.

Utilisez un minuteur culinaire que vous branchez sur un temps limite de sept minutes ! Adoptez la position qui est illustrée ci-dessus et focalisez-vous sur le ressenti de vos mains et de vos avant-bras, ce qu'on nomme les sensations proprioceptives qui font intervenir deux neurones : un neurone moteur et un neurone sensitif.

Si vous n'avez pas ressenti ou perçu une attraction entre vos paumes avant la sonnerie du minuteur, cela signifie que vous êtes incapable (temporairement) de lâcher prise en solitaire. Ce qui ne signifie pas que vous soyez réfractaire à la méthode idéomotrice, vous ne vous autorisez pas à vous laisser aller. Vous vous contrôlez en permanence au lieu de vous maîtriser. Or, la maîtrise provient de la capacité de vous neutraliser et de vous mettre à l'écoute de votre corps sans l'intervention de votre volonté consciente.

UN ÉPISODE LAMENTABLE

*Jules est en position d'attraction, mains en opposition depuis plus d'une demi-heure, les yeux fermés. Il affiche un sourire ironique. Il est très satisfait de me prouver que ma sorcellerie ne marche pas sur lui. Nous sommes à ***, service d'oncologie, les cancéreux en fin de vie y sont parqués comme tous les malades « longue durée » dans les hôpitaux. Six ou huit par chambre pour gagner de la place. Un ami médecin m'a proposé de tester le phénomène idéomoteur sur des cancéreux en stade final de la maladie. C'est le cas de Jules. Il me dit qu'il n'en a plus pour longtemps. Trois mois tout au plus. Le fatalisme l'a emporté sur l'envie de se (dé) battre. Il a peur de mourir mais il a encore plus peur de vivre car toute sa brève existence n'a été qu'une suite de déchéances et d'échecs. Il vient d'avoir 28 ans. Inutile ! Il se sent inutile sur cette planète. Je décide de l'interroger sur ses rêves nocturnes. Il s'anime soudain* *et me parle d'un cauchemar qui hante ses nuits. « Il est dans un parc public. Pas une âme à l'horizon, mais il entend une voix de femme qui lui dit que s'il n'est pas gentil avec le gros lapin, il sera puni très fort. Peut-être même qu'il sera enfermé dans une caisse en bois pour toujours. » J'ignore le sens de ce rêve récurrent mais je subodore une sombre histoire de pédophilie. Je lui propose de se répéter mentalement une autorisation sur le mode de la prépa mentale. « Je m'autorise à être méchant avec le gros lapin », tout en rééditant une nouvelle attraction de contrôle.*

La prépa mentale est un système fondé sur le rythme respiratoire et l'addition de pourcentages en rapport avec une autorisation mentale (je vous renvoie aux postures).

Il s'exécute et perd vite son sourire ironique. Une légère sudation apparaît sur son front et sur sa lèvre supérieure. Les bras inertes se sont mis à bouger, comme par magie. Ses iris voyagent furieusement sous ses paupières, comme s'il était en train de rêver... Je tiens mon bonhomme. Si l'attraction de contrôle se résout, je pourrai l'accrocher à la phase hyperkinétique et tester sur lui l'évacuation d'un mental morbide par le biais des transes-décharges.

Personne n'ignore plus que seule une association entre le corps et l'esprit peut repousser les frontières de la mort. Hélas, le chef du service de cancérologie intervient et me demande ce que je fais avec son patient. Je tente de lui expliquer ma démarche. Il ne veut rien entendre. Je dois abandonner Jules à son sort, son triste sort : chronique d'une mort annoncée. Les cancérologues doivent bien vivre pour que leurs patients meurent en paix. Il est possible que je ne serais arrivé à rien de probant avec Jules, mais ça valait le coup d'essayer au moins pour lui remonter le moral.

UN INSTRUMENT DE MESURE FABULEUX

J'ai testé ce phénomène sur des milliers d'individus dans les endroits les plus divers et les circonstances les moins propices à une focalisation de la concentration. Quatre-vingt-dix pour cent des sujets étaient réceptifs.

Les temps d'attraction varient de quelques dizaines de secondes à plus de douze minutes pour les plus réfractaires. Cet exercice bizarre sert à mesurer, par le truchement de sa durée chronométrique, le taux d'énergie positive moyen (la motivation *largo sensu*) dont vous disposez au jour le jour. C'est aussi un excellent procédé pour stimuler la motivation ou situer les objectifs prioritaires.

L'ORIGINE ARCHAÏQUE DE L'ATTRACTION

D'où provient cette conduite spontanée du corps ? Probablement d'un réflexe social conditionné ! Tout individu est amené à entrecroiser les doigts plusieurs fois par jour. Il fait ce geste sans réfléchir à sa portée physiologique ou à sa signification symbolique. Il est naturel que les mains se rejoignent en un geste de supplication, chaque fois que l'esprit se retrouve en situation d'insécurité. Ce n'est pas sans raison que beaucoup de croyants prient de cette manière. L'insécurité stressante dans laquelle nous évoluons, et qui ne date pas d'hier, entraîne un besoin de rééquilibrage des énergies plusieurs fois par jour. Ce simple geste est un des dizaines de réflexes spontanés qui émaillent la gestuelle de la conscience corporelle. Il sert aussi à réguler le taux d'angoisse tout en régénérant l'énergie positive. Hélas, comme toujours, un recours trop fréquent à cette posture va aussi stimuler le sentiment d'insécurité. Dans certains cas de figure, il sera indispensable de procéder à une déprogrammation neuro-gestuelle, donc d'empêcher le geste de se produire.

Que l'on croise les jambes ostensiblement ou les pieds sous sa chaise, que l'on pose son menton dans sa paume, qu'on se gratte la tête ou que l'on entrecroise ses doigts sur l'occiput, chaque geste dénote un besoin de restaurer l'énergie. Ne faut-il pas rééquilibrer la machine psychosomatique en permanence pour sauvegarder l'homéostasie des systèmes ?

L'IMPORTANCE DE LA LATÉRALITÉ : ÊTES-VOUS DROITIER OU GAUCHER ?

Chaque main appartient nécessairement à l'un des pôles du corps, droit ou gauche. J'ai pu constater, à la faveur de l'expérience, que la partie droite du corps est identifiée à l'image paternelle, la partie gauche étant, quant à elle, reliée à l'image maternelle. Cette dernière remarque concerne les droitiers. Si vous êtes gaucher, il suffit d'inverser les rapports.

Si vous êtes ambidextre, il existe un moyen tout simple de savoir à quel camp vous appartenez en vérité. Quelle est votre main la plus habile ? Vous aurez beau écrire de la main droite, si votre main gauche est la plus habile, il faut croire que vous êtes tout simplement un gaucher (ou une gauchère) contrarié(e). Dans le cadre d'une attraction, cette notion est essentielle pour comprendre les raisons qui poussent la main droite à se déplacer vers la gauche, et non le contraire. Si vous êtes droitier, cela signifie que votre image paternelle – plus souple – est mieux intégrée à votre personnalité de base que votre image maternelle, plus rigide, voire mal incorporée. Si vous êtes gaucher, inversez les rapports !

LA LIBIDO AU PREMIER RANG

Un déficit énergétique global est souvent imputable à d'innombrables raisons, raisons qui ne sont pas toujours associées à des troubles d'ordre psychologique, organique ou psychosomatique. Mais quand on parle d'énergie concernant un être humain, de quoi parle-t-on exactement ? De son système nerveux ? Du métabolisme ? Ni l'un, ni l'autre ! Le quota énergétique d'un être humain dépend-il de son équilibre psychique, dans ce cas ? Certainement pas ! Le déficit énergétique d'un individu dépend essentiellement de la manière dont il use et abuse de sa libido. Je ne fais pas référence à la force avec laquelle se manifeste l'instinct sexuel mais à l'énergie psychique du désir, au sens le plus large du terme, définie par Carl Gustav Jung comme étant une valeur énergétique qui peut se communiquer à tous les domaines de l'activité humaine, sans exception.

Réservoir d'énergie positive, la libido est à la fois épuisable et inépuisable. Elle est la source, le ruisseau, la rivière et le fleuve. L'homme peut y trouver les ressources qui lui manquent pour autant qu'il sache comment y faire appel, hors sexualité bien évidemment.

Le but premier du protocole d'attraction consiste à rééquilibrer votre taux d'énergie positive et à vous apprendre à demeurer à l'écoute de votre corps. Vous constaterez très rapidement que la gestion de l'attraction est parfaitement spontanée. Le ressenti est parfois étonnant, comme si vos mains étaient reliées par un élastique invisible qui se rétracte, pour certains. Pour d'autres, c'est l'impression d'un ballon en train de se dégonfler qui prévaut.

TÉMOIGNAGE CORPOREL !

Jean-Louis se demande s'il est vraiment motivé par le poste qu'on lui propose dans un secteur d'activité différent de celui dans lequel il exerce. Il n'arrive pas à se déterminer. Ayant appris à se servir de l'attraction de contrôle, il se concentre sur cette proposition et enclenche son chronomètre, après s'être mis en position d'attraction, coudes en appui, mains face à face. Ses doigts se rejoignent après 7 minutes 45 secondes de patience. Soit, 465 secondes. Le temps d'attraction obtenu est plutôt faible. Cependant, Jean-Louis ne parvient toujours pas à se décider. Une attraction unique et isolée peut-elle décider du sort d'une carrière ? Bien sûr que non ! Elle apporte ou enlève de l'eau au moulin de la spéculation. Elle renforce la méfiance là où la confiance a tendance à basculer dans l'euphorie. Jean-Louis ne croit pas à l'avertissement de son préconscient. Un salaire nettement plus avantageux et un poste hiérarchiquement gratifiant plaident en faveur du changement de situation. Il se bouche symboliquement les oreilles et finit par plonger sur l'occasion. Trois ou quatre mois plus tard, il se retrouve sans emploi.

Aucun rapport avec l'attraction de contrôle ! Le sujet n'avait pas tenu compte d'un paramètre objectif : le type de service proposé par l'entreprise qui désirait s'adjoindre ses compétences était l'intérim ! Rien à voir avec la publicité par l'objet, secteur dans lequel Jean-Louis exerçait ses talents de commercial. On ne vend pas des pin's comme on vend du travail temporaire ! Pourtant, son instinct l'avait averti par le truchement de l'attraction de contrôle. Mais comment faire confiance à son corps quand on se méfie déjà de soi-même ?

Il est évident que l'attraction des mains peut être fraudée par le désir d'aboutir. Ce qui ne fut, du reste, pas le cas de Jean-Louis.

Dans le contexte d'une réceptivité à la PNG, une ou plusieurs évaluations dont le temps moyen est inférieur à deux cent quarante secondes indiqueront clairement un niveau suffisant à l'induction de la première des postures : le verrouillage oculaire. L'attraction de contrôle représente, à ce jour, le moyen idéal de mesurer le degré de réceptivité d'un sujet aux techniques idéomotrices, mais aussi d'évaluer le degré d'investissement d'un stagiaire à l'égard d'un projet ou d'un objectif prérequis.

COMMENT PROCÉDER POUR ÉVALUER VOS ENVIES ET VOS MOTIVATIONS ?

Dans le cadre des stages d'initiation à la PNG, je demande aux stagiaires de choisir cinq objectifs ou motivations qui leur paraissent essentiels et de les inscrire sur une feuille de comptage que je leur distribue. Ensuite, nous procédons à l'évaluation successive de ces cinq objectifs tandis que je leur récite une fable inductrice[1]. Ils inscrivent leurs temps d'attraction respectifs en regard des motivations ou des objectifs qu'ils ont choisi d'évaluer. Les temps d'attraction inférieurs à deux cent quarante secondes sont ceux qui concernent les motivations et les objectifs les plus intéressants. Il faut alors construire une formule qui va servir de substrat mental (mantra) à un premier exercice de respiration lente en deux temps.

LE MODE OPÉRATOIRE

La motivation de J..., pour laquelle il a obtenu un temps d'attraction inférieur à deux cent quarante secondes, concerne son besoin d'exercer un métier passion au lieu du job qu'il occupe pour des raisons alimentaires. Le message mental que je lui propose d'utiliser est le suivant : « Je m'interdis d'exercer un métier alimentaire », phrase qu'il devra se répéter mentalement sur chaque inspiration. En expirant, il répétera la clef d'induction dont il aura besoin lors de la programmation du verrou oculaire : 1-2-3 et ajoutera 1 % pour la première inspiration-expiration. À l'issue de la deuxième respiration : 1-2-3 + 2 % ; la troisième : 1-2-3 + 3 %, et ainsi de suite jusqu'à ce que les mains se rejoignent. L'objectif est de répéter cet exercice à dix reprises pour neutraliser les résistances du Surmoi et augmenter le niveau de suggestibilité, utile et nécessaire à la programmation du verrou oculaire, le code d'accès à la méthode.

---

1. Il s'agit d'un texte en vers destiné à modifier leur attitude mentale et à faire émerger les émotions.

En occupant le champ mental parallèlement à un rythme respiratoire régulateur, les résistances perdent systématiquement de leur intensité, ce qui est assez logique, dans la mesure où les moyens de contrôle dépendent du mental.

LA MAGIE DES VERBES MOTEURS

En fondant son autorisation sur le verbe « interdire », le sujet va neutraliser son propre Surmoi, qui adhère évidemment à ce verbe. Le Surmoi réagit essentiellement aux verbes moteurs à forte charge émotionnelle (interdire, punir, autoriser, vouloir, pouvoir, croire, aimer, etc.), il ne réagit pas aux substantifs, et encore moins aux qualificatifs ou aux adverbes. Je pose l'hypothèse suivante : les verbes véhiculent une neuro-transmission de type électrochimique qui s'échappe de la conscience individuelle quand elle est le vecteur de la foi. Foi en soi, en Dieu ou en n'importe qui ou quoi ! Or le Surmoi est le gardien de la conscience, il autorise ou interdit les croyances, sanctionne les pensées, les tabous, gère l'ordre moral individuel. Par exemple, le Surmoi peut autoriser la croyance en la réincarnation pour atténuer l'angoisse de la mort dans un environnement où la valeur de la vie est amoindrie par la pauvreté ou la précarité des populations. Mais cette croyance peut aussi se fonder sur une précarité affective et atteindre les adeptes d'une secte. Dans ce cas particulier, c'est le gourou qui prend la place du Surmoi.

EN RÉSUMÉ

L'attraction de contrôle peut être utilisée pour :

Mesurer votre balance énergétique quotidienne.

Évaluer une motivation, une proposition, un besoin, une envie, etc.

Mesurer votre réceptivité à la PNG.

Évacuer le stress ou l'angoisse d'une situation de conflit.

CHAPITRE 6

L'HYPNODRAME GESTUEL

Il faut du temps pour délivrer une idée du moule qui l'emprisonne, comme la gangue de roche protège jalousement son diamant.

J'ai consacré plus de dix ans à libérer cette forme hybride de l'hypnose (que j'ai intitulée idéomotrice) de l'influence psychologique classique et de cette vision freudiennement « casher » de l'individu qui alimente tout psy digne de son église. Dix ans aussi pour imaginer l'embryon d'une autre approche de la conscience, en courtisant assidûment l'énergie cinétique du corps après ma découverte des potentiels de la transe-décharge idéomotrice. Si le corps bouge, c'est que l'esprit bouge aussi. Si l'esprit bouge, c'est que la conscience n'est pas figée dans ses sacro-saintes habitudes et que les mouvements incessants des molécules spirituelles dépendent de l'évolution du climat mental, et non seulement d'une structure psychique toute-puissante. Ce terrain vierge négligé par le *tout-psy* – les coupeurs de corps – et ignoré par le *tout-soma* – les coupeurs de tête – est un no man's land encore inconnu du grand public.

Depuis que l'on a découvert les vertus magiques de la médecine énergétique, c'est la ruée vers l'or. Les méridiens qui mènent au nouvel eldorado psychosomatique sont devenus les boulevards des thérapies alternatives. Et comme pour comprendre la théorie, rien ne vaut un peu de pratique, pratiquons donc !

HAUT LES MAINS !

Je vais vous demander d'imaginer que vos mains sont des marionnettes et votre corps le décor d'une scène de théâtre ! Mettez-vous en position de départ, les paupières closes, assis en tailleur à même le sol, à califourchon sur une chaise, les coudes en appui sur le dossier ou face à une table. Chacune de ces deux marionnettes endossera un rôle précis dans la situation d'un hypnodrame corporel que nous allons mettre en scène.

Par exemple, vous souhaiteriez savoir de quelle manière vous avez incorporé vos images parentales et si vous avez réussi à vous en affranchir, ou non. L'incorporation de ces images essentielles doit être suivie d'une intégration à votre personnalité adulte.

Si l'une de ces images ou les deux sont conflictuelles au sein de l'organisation de votre Moi, vous assisterez à une suite de torsions et de contorsions atypiques des doigts empêchant les mains de se rejoindre pour effectuer un contact digital. Il est indispensable de demeurer parfaitement neutre et d'accepter les dissensions parentales qui subsistent au sein de souvenirs subconscients, et qui s'expriment par le truchement de vos mains et de vos avant-bras.

DEUX MOITIÉS QUI FONT UN ENTIER

A priori, vous êtes une reproduction fidèle des deux parents qui vous ont engendrés, que vous le vouliez ou non. Le nier en bloc équivaut à renforcer l'emprise qu'ils sont susceptibles d'exercer sur votre évolution, en tant qu'adulte. La main droite représente toujours l'image paternelle chez les droitiers et l'image maternelle chez les gauchers.

La durée de la scène de ménage qui va se produire, littéralement sous votre nez, est une donnée importante, mais c'est surtout l'activité cinétique et mimique des mains et des doigts qui importe le plus.

Il est possible qu'une partie complémentaire du corps participe au débat contradictoire : le visage, la tête, les bras, ou même les jambes. Soyez attentif à ce qui va se produire, car il sera indispensable ensuite d'interpréter les jeux de rôle de chacune de vos images parentales. Pour que le résultat de cet hypnodrame gestuel soit reconstructif, vous devrez préalablement enregistrer sur cassette la fable idéomotrice qui suit, afin de pouvoir l'écouter en toute tranquillité par la suite. Les coupures indiquent les soupirs nécessaires pour imprimer un rythme énergétiquement favorable.

Vous vous postez en position « haut les mains », coudes en appui sur un support, et vous écoutez la fable inductrice que vous aurez enregistrée préalablement, ou que vous entendrez de la bouche d'un animateur dans un stage collectif.

LA FABLE DU DERNIER MAILLON

« Vous êtes issu(e) de deux lignées de grands ancêtres
qui se rejoignent en vous pour renaître.
Cependant,
les deux derniers maillons de cette chaîne de verbes « être »
qui ont été et ne sont plus
sont vos propres parents encore vivants, peut être.
Images fortement intériorisées,
images essentielles qui supportent les fondations
de votre morphologie et de votre individuation.
Les images parentales,
celles qui ont été ou celles qui sont,
vous appartiennent autant que vous leur appartenez…
c'est-à-dire corps, âme et identité.

Mais surtout,
elles sont imprimées dans la masse musculaire
qui articule votre corps et l'âge de ses artères.

Chaque muscle,
chaque ligament,
chaque articulation
chaque aponévrose
en porte les traces bénéfiques
des souvenirs d'un autre temps
qui ont laissé en vous
des messages néoténiques
mais aussi peut-être maléfiques.

Mais comment savoir ?
Et si l'on sait quel sort,
Quelle malédiction
Dont on souffre encore
bien des années plus tard.
Comment guérir le mal incrusté dans la chair
dont nous sommes constitués ?
Comment défaire les nœuds
qui bloquent le passage des énergies messagères ?
C'est ce que votre corps va exprimer sous peu !

Vous avez les paupières closes
tandis que vous vous apprêtez à écouter,
de toutes vos oreilles,
le message d'éveil
que votre corps va vous transmettre
par le truchement de vos mains.

Vos avant-bras, vos mains et vos doigts
sont donc les principaux acteurs
de la pièce de théâtre qui anime votre Moi.
Votre corps en est le décor et le facteur.

Pour l'instant,
vos mains semblent repousser
un ennemi ou un danger invisible.
Leurs paumes sont tournées vers l'extérieur,
comme si le rideau rouge était encore fermé
à l'insatiable curiosité de vos pensées.

Mettez-vous à l'écoute sensorielle de votre corps
De vos mains et de vos avant-bras
En appui sur vos coudes.
Vos mains sont-elles tendues ou détendues ?
Vos doigts sont-ils écartés spontanément
ou se pressent-ils frileusement
les uns contre les autres ?
Mais peut-être que les petits doigts
s'écartent de leurs frères siamois ?

Celui de gauche représente la mémoire et le passé,
celui de droite l'ambition de l'adulte que vous êtes ou que vous serez.
Comment ressentez-vous leur position
par rapport aux autres doigts de vos deux mains ?

Et vos pouces ?
Comment vont-ils ?
Que font-ils ?
Le pouce droit est identifié à votre motivation
tandis que le gauche représente le plaisir et l'imagination.
Sont-ils écartés de vos mains

ou collés contre la tranche de la paume ?
Chacun de vos doigts a un rôle à jouer
dans la pièce à laquelle vous allez assister
en toute intériorité.
Ils vont se mouvoir involontairement
dès que le rideau sera levé.

Cependant, nous allons d'abord distribuer
les deux rôles principaux,
celui de la main droite
et celui de la main gauche.
Nous allons imaginer ensemble
que votre main droite représente le père
et que votre main gauche représente la mère.
Si cette attribution vous dérange,
libre à vous d'intervertir les rôles
et d'attribuer le rôle paternel à la main gauche
et le rôle maternel à la main droite

Je frappe les trois coups et le rideau se lève.
Les mains vont se mettre en place
jusqu'à se faire face,
si elles le souhaitent.

Votre conscience ne prend pas la relève
Elle s'engage à ne pas intervenir dans le jeu corporel
dont elle est déjà ou sera le témoin sensoriel.
Ce ne sont pas les réincarnations de vos père et mère
qui tiennent les rôles attribués
mais les images virtuelles
qui les représentent au sein de votre personnalité.

Laissez vos mains libres d'agir
et de s'exprimer selon leur bon plaisir !
Ce que vous allez découvrir
dépasse largement les limites de votre imagination.
Nous allons entrer dans la "quatrième dimension" :
celle du jeu cinétique qui conditionne votre avenir. »

La scène corporelle dont vous serez le siège peut durer très longtemps. C'est la raison pour laquelle je vous propose de limiter ce temps à quinze minutes. Utilisez un minuteur culinaire pour fixer la durée de l'hypnodrame ! L'objectif énergétique de l'hypnodrame est le suivant : après avoir hésité, tournoyé, après s'être contorsionnées ou s'être spasmées, vos mains devront en principe retrouver le chemin qui les conduira l'une vers l'autre, le chemin de l'attraction. Si cela se produit, vous aurez accompli une première recharge idéomotrice positive, tout en évacuant naturellement la charge conflictuelle négative subconsciente rattachée, éventuellement, à vos images parentales.

ON DIVORCE DE SES PARENTS

En rééditant cet exercice à plusieurs reprises, par la suite, vous constaterez une amélioration très nette des relations qu'entretiennent vos images parentales au sein de votre Moi. Vous sortirez de cette posture idéomotrice un peu plus léger ou un peu moins coupable, à chaque reprise, notamment d'une séparation ou d'un divorce parental dont vous avez souffert enfant ou dont vous subissez encore les conséquences ici et maintenant. L'hypnodrame gestuel a l'avantage de neutraliser les mécanismes de pénalisation dont nous sommes tous amplement victimes.

Demeurez à l'écoute des mouvements involontaires de vos mains ou de vos doigts jusqu'à l'issue de cet exercice. Quand les quinze minutes seront écoulées, le minuteur vous avertira afin que vous puissiez à nouveau ouvrir les yeux. Cependant, si vos mains se rejoignent avant l'issue du temps imposé, vous pouvez ouvrir les yeux et noter la durée de l'hypnodrame afin de la comparer à celle des séances suivantes, le cas échéant.

Le temps d'équilibre est toujours autour de 180 secondes. Si vous atteignez cette plage horaire, cela signifie que vous êtes affranchi de vos images parentales, c'est-à-dire que vous êtes adulte, en somme. Bienvenue au club !

CHAPITRE 7

LE QUESTIONNEMENT IDÉOMOTEUR ET L'INTUITION

DE LA POINTE DES DOIGTS JUSQU'AU BORD DES PAUPIÈRES

Je suis dans une situation à la limite de la précarité. Il faut dire que je suis retourné à la fac à l'âge de 31 ans tout en travaillant comme vendeur de prêt-à-porter dans une petite structure : un grossiste. Il faut équilibrer entre la poire et le fromage et ce n'est pas toujours simple. Et là, ça l'est encore moins. La patronne du magasin de gros est retournée dans son pays en me laissant tout sur le dos. Plus d'argent en caisse, un stock de vêtements démodés sans valeur marchande et deux loyers qui sont impayés depuis deux mois. L'ennui c'est qu'il s'agit de mon appartement et du magasin pour lequel la fugueuse m'avait demandé de me porter caution quand elle a fait ses débuts dans la partie. Autant vous dire que j'ai les co(q)uilles croisées de Playtex, comme le disait fort justement Coluche à l'époque. Quand tout va mal, rien ne va plus ! Je me vois déjà à la rue, en train de mendier ma pitance. Adieu, veaux, vaches, cochons, couvées ! Pour couronner le tout, ma vieille Volkswagen a rendu l'âme et je n'ai pas le premier sou vaillant pour en racheter une d'occasion. Je me confie à un pote que je considère comme un ami mais qui lui me considère comme un loser. Il me promet de m'aider sans me préciser comment il compte tenir sa promesse. Je suis sans le sou ou presque et j'attendais qu'il me prête de quoi tenir une semaine ou deux de plus en attendant... Quoi ? Le miracle.

Ce soir-là, je rentre chez moi avec des pieds de plomb. Quelques messages sur ma boîte vocale : le proprio de l'appart' qui réclame son dû et une copine de fac qui me propose de m'héberger, si je la paye en nature. Je frissonne. Elle est moche, grosse et elle cocotte le patchouli à 3 balles. Qui plus est, elle crèche sous les toits dans un minuscule deux pièces cuisine au quatrième sans ascenseur.

Je me souviens soudain que je peux encore consulter mon questionnement idéomoteur digital, une technique de liaison entre mon subconscient et ma conscience que j'ai apprise tout récemment et qui avait excité mes neurones quand tout allait bien. Je ne maîtrise pas encore bien la procédure mais pour des questions simples, ça a l'air de fonctionner.

Je me couche sur le matelas de ma chambre à même le sol et je ferme les yeux pour installer une sorte de verrou oculaire qui n'en est pas encore un. Mes paupières sont closes et je laisse faire mes doigts. Je pratique le questionnement digital autohypnotique bien connu des initiés.

Question : *y a-t-il une solution à ma situation ?*
Réponse : *index droit = oui.*

Il est vrai que je n'ai pas envie d'une réponse négative.

Question : *cette solution interviendra-t-elle avant l'issue fatale ?*
Réponse : *mon index droit a failli se déboîter tellement la réponse digitale a été brutale. Là, je suis sûr de ne pas avoir influencé la réponse. J'ai même ressenti une pression oculaire concomitante.*

Question : *est-ce que je dois aller m'installer chez la grosse Esther... ?*
Réponse : *index gauche = non.*

Question : *est-ce que je dois retourner chez mes parents ?*
Réponse : *index gauche = non.*

Question : *y a-t-il un moyen de me débarrasser de cet appartement sans me retrouver à la rue ?*
Réponse : *index gauche et droit ? Oui ou non ?*

Question : *est-ce que Dieu peut m'aider ?*
Réponse : *index droit = oui.*

Il faut dire qu'on fait appel à Lui en dernier ressort, surtout quand on est incroyant comme je le suis.

Je ne me souviens plus très bien des autres questions que je me suis posées à cette époque, mais j'ai terminé ma séance de questionnement idéomoteur en priant Dieu avec toute la ferveur du désespoir.

Le lendemain matin…

Le réveil qui traîne dans un coin de la chambre en désordre marque 9 heures ! La sonnerie du téléphone me réveille en sursaut. Je décroche en bâillant. Je viens de me taper une nuit de cauchemars plus atroces que ma réalité. Une voix inconnue me demande si le magasin de gros de ma patronne est disponible à la reprise. Quel magasin ? Il me faut trois secondes pour réaliser que la personne que j'ai au bout du fil m'appelle pour reprendre le bail du magasin où je travaille, et dont je suis aussi le garant pour le règlement des loyers impayés. Je confirme un peu vite, à bout de souffle. D'où tient-il cette information ? Il me dit que Jean-Pierre, mon pote, que je prends pour un ami, lui en a touché un mot mais du bout des lèvres. En fait, il lui faut d'urgence un local de gros bien placé dans le Triangle (le quartier des affaires de prêt-à-porter de l'époque à Bruxelles) pour installer son stock de tricots qui pourrit en province. Le mot « urgence » résonne à mon oreille gauche comme la première envolée d'une symphonie. Rendez-vous pris pour 10 h 30 ! Je me précipite sous le filet d'eau de la douche en rêvant déjà d'une conclusion heureuse. Je sens que je vais pouvoir me débarrasser de ce local, vite fait, bien fait. Il me suffira de lui faire accepter de régler les deux mois de loyer en retard pour ne plus être responsable de cette épine dans mon pied. J'en oublie presque qu'il me reste toujours un loyer en retard : mon appart. Une chose à la fois, me dis-je, mon moral a repris des couleurs.

Stéphane G. tourne en rond dans le magasin. Il était là avant l'heure. J'ai ouvert la porte et je l'ai fait entrer après avoir avalé un bon petit café au bistro du coin. Il relit le contrat de bail pour la deuxième fois. Le loyer est modéré pour le lieu : neuf mille francs mensuels et un dépôt de garantie bancaire de trois mois de loyer que je compte bien récupérer pour me tirer d'affaire avec mon appartement. « Je refais encore un tour », me dit-il en grimaçant. J'ai peur qu'il ne change d'avis. Je suis dans mes petits souliers. Il revient après avoir passé du temps à mesurer les locaux du sous-sol et du rez-de-chaussée. Je n'attends qu'une seule chose de sa part, qu'il me reprenne ce fichu bail et qu'il me libère la garantie en repayant les deux mois d'arriérés dont je ne lui ai pas encore parlé de peur de le décourager.
« Et la reprise, commence-t-il, elle se monte à combien ?
— Deux cent cinquante mille francs ! »

La somme a jailli de ma bouche à mon insu. Je n'ai pas réfléchi. J'ai été comme poussé dans le dos. Quel con, je fais ! Je vais tout faire capoter.
« Je refais un tour », rétorque-t il, en tirant une tête de six pieds de long.

Je me donnerais bien des baffes. Qu'est-ce qui m'a pris de lui jeter cette somme à la figure. Comme s'il y avait une reprise. Tout ce que j'espérais, c'était de me débarrasser de ce loyer. Et maintenant, c'est fichu. Je ne peux tout de même pas lui avouer que ma langue a fourché. Descendre le prix à cent mille francs ou même à cinquante mille. Merde ! Il faut que je trouve une idée, un truc à lui dire, une excuse qui tienne la route avant qu'il ne claque la porte. Il revient dans le bureau en mezzanine. Je suis debout devant le comptoir. Tétanisé. Stéphane ne se rend compte de rien. Il sort son chéquier et me signe un chèque d'acompte de cent mille francs pour lequel il me demande un

reçu et un justificatif. Je reste sans voix durant au moins dix secondes.
« Le solde quand nous aurons signé le bail avec le proprio », me dit-il en me serrant la main. Il vient de quitter les lieux et je relis le chèque pour la première fois en me remémorant mon index droit de la veille. Je lui ai demandé de libeller le chèque au nom de la société, sur le compte de laquelle j'ai une procuration en bonne et due forme.

Cet épisode de ma vie est resté marqué au fer rouge dans ma mémoire. Je crois qu'il a été la pierre angulaire de mon intérêt accru pour l'hypnose et ses possibilités idéomotrices.

L'INTUITION, MOTEUR DE L'INTELLIGENCE ÉMOTIONNELLE

L'intuition est le moteur de l'intelligence pratique, dite aussi malicieuse. La plupart des hommes d'affaires, qui réussissent dans leur secteur d'activité, en sont amplement pourvus sans pour autant le crier sur les toits. Ils parlent de feeling, sans doute parce que le vocable « intuition » est connoté à l'intelligence féminine. Leur intuition s'est développée au contact de l'urgence des décisions à prendre, souvent sans analyse préalable, des données de leur marché. Il en va de même des cadres supérieurs qui s'adaptent intuitivement à la politique d'entreprise et misent sur les chevaux gagnants dans la course au fauteuil présidentiel de la société. Même si certains critères logiques prévalent, ils sont parfois obligés de compter sur l'intelligence prélogique de leurs émotions pour faire leurs choix de carrière. Dans ces cas particuliers, l'émergence naturelle de l'intuition est donc fonction de la situation vécue. L'instinct néoténique du chasseur refait surface.

Empathie, voyance, sixième sens, feeling, instinct du chasseur ou flair ? Quelle différence ? Est-il possible d'éduquer ou de développer son intuition comme s'il s'agissait de la mémoire ?

LES INFRA-LANGAGES DU CORPS

Fille de l'écoute et de l'observation globale, l'intuition est aussi associée à la faculté d'absorption non consciente de l'information. Son pire ennemi ou son meilleur allié est le royaume des émotions, qui gouverne nos affects en permanence. Pour comprendre les ressorts de l'intuition, il faut passer par les infra-langages, comme celui des gestes ou celui des odeurs. L'intuition humaine puise ses informations aux multiples canaux sensoriels qui sont ses antennes. De l'indice d'écoute à l'enregistrement visuel réflexe d'un kaléidoscope d'images, en passant par les différences thermiques enregistrées par le toucher à distance ou au contact, les odeurs subliminales emprisonnées par les capteurs olfactifs ou les saveurs subtiles triées par les papilles gustatives de la langue, les cinq sens assurent bien plus que le service qu'ils se doivent d'assumer biologiquement à l'égard de la conscience.

LA BOÎTE À PANDORE

La première fois que j'ai commencé à jouer avec mon intuition, je roulais sur une autoroute à une vitesse largement supérieure aux normes permises. Il faisait nuit. Je rentrais chez moi. J'utilisais le signal digital pour répondre aux multiples questions que je me posais mentalement. Une question hors de propos s'insinua dans mon esprit. Devais-je ralentir sous la barre des 120 km/heure (je vivais en Belgique à l'époque) ? La réponse digitale fut positive. Sans même réfléchir, je levai le pied, comme mû par une force involontaire. Je me traitai d'idiot mais je conservai sagement ma vitesse d'escargot. Quelques kilomètres à peine après que j'eusse ralenti, une voiture de la gendarmerie photographiait les voitures qui me dépassaient.

Coïncidence ? J'étais épaté. Je venais de m'éviter un excès de vitesse à la carte.

À une autre occasion, je passai le volant à un ami et m'assis à la place du mort pour me reposer. L'aiguille du compteur flirtait avec le maximum. Je lui demandai de ralentir. Il avait emporté son détecteur de radar. Parfaitement illégal. Il le brancha et me rassura sur les performances de son mouchard. Je n'étais pas tranquille. Mon intuition me signalait la présence de contrôles radar par le truchement du questionnement idéomoteur palpébral. Je l'adjurai de ralentir. Il se mit à rire. Il fut photographié quelques minutes plus tard. Quand je lui remis la transaction à payer, je lui rappelai que mon questionnement idéomoteur était plus fiable que son gadget électronique.

J'insiste auprès d'une copine pour rentrer dans la capitale le plus rapidement possible. Nous sommes en visite chez des amis communs, sur la côte belge. Elle refuse, prétextant que nous sommes en semaine et qu'il nous faut à peine une heure pour rentrer à Bruxelles. J'ai rendez-vous à 20 heures avec un nouveau patient. Ma secrétaire est en congé. Nous prenons la route à 18 heures 30 et nous atteignons Bruxelles à 22 heures. Un accident grave entre deux camions et plusieurs voitures nous a bloqués pendant trois bonnes heures sur l'autoroute. Si nous avions quitté nos amis aux environs de 17 heures, comme je l'en avais priée, nous n'aurions pas été pris dans le bouchon provoqué par l'accident.

Ces trois exemples sont élémentaires. Ils font partie d'une multitude d'anecdotes identiques dans lesquelles j'ai utilisé le questionnement idéomoteur pour éviter d'avoir à subir des ennuis, somme toute, mineurs.

LA RADIESTHÉSIE CORPORELLE

Mais s'agit-il d'un dialogue entre ma conscience et mon intuition par le truchement d'un conditionnement autohypnotique bien connu des spécialistes de l'hypnose ? On dirait de la voyance pratique ou de la radiesthésie ! Ce n'est pourtant ni l'un ni l'autre. Il ne s'agit pas d'une intuition, car la dépense énergétique qui la supporte ne peut être suscitée délibérément. L'intuition appartient au champ créatif du préconscient, elle est cousine de l'inspiration, c'est-à-dire parfaitement aléatoire et indépendante de toute production intellectuelle.

Chaque doigt des deux mains représente une zone spécifique de la conscience. Ainsi, l'auriculaire de la main droite s'associe aux perspectives de l'adulte tandis que celui de la main gauche cerne les désirs refoulés de l'enfance. Or, les doigts sont susceptibles de mouvements involontaires et se métamorphosent facilement en moyens de communication avec les dix zones d'influence de la conscience, symbolisées par les dix doigts de la main[1]. Le principe est relativement simple : le sujet initié à la méthode *mentalise* une question et ses doigts se mettent spontanément en mouvement pour lui répondre.

VOIR EN SOI AVEC LES PAUPIÈRES OU AVEC LES DOIGTS

Mais l'ouverture d'un dialogue entre la conscience et le corps peut également passer par d'autres voies que les doigts, comme nous le verrons plus loin. Ce mode d'interrogation s'appelle l'autoscopie, ce qui signifie : voir en soi. La plupart des spécialistes de l'hypnose parlent également de *signaling ou questionnement idéomoteur.*

---

1. Auriculaire gauche : champ de la mémoire et du passé.
Annulaire gauche : champ des affects et des talents.
Majeur gauche : champ de l'estime de soi.
Index gauche : champ de l'image maternelle et de la vocation.
Pouce gauche : champ du plaisir.
Pouce droit : champ du désir.
Index droit : image paternelle et de l'affirmation.
Majeur droit : confiance en soi.
Annulaire droit : schémas volontaires.
Auriculaire droit : avenir et ambition.

Le questionnement idéomoteur est une procédure de communication qui entraîne un dialogue entre le conscient et le préconscient prôné par Carl Gustav Jung. Il est évidemment impossible d'affirmer que le correspondant final est bien une conscience dite marginale comme le préconscient, mais nous y reviendrons.

Le déclenchement de réactions digitales involontaires exige bien sûr un entraînement que je vais vous décrire.

AU NOM DU CORPS, DU GESTE ET DE L'ESPRIT...

Vous commencez par vous installer confortablement dans un fauteuil ou vous vous couchez sur votre lit. Isolez-vous pour favoriser votre concentration mentale ! Ensuite, posez-vous mentalement la question suivante :

Quel est le doigt qui correspond à la réponse positive de mon corps ?

Répétez cette question à plusieurs reprises jusqu'à ce que vous ressentiez une réaction contractile dans l'un de vos doigts. Il est possible que vous influenciez la réponse digitale sans le vouloir expressément. Dès que l'un de vos doigts aura bougé, répétez encore la même question, afin d'acquérir la conviction d'une dissociation entre votre conscience et le phénomène qui interagit sur la réponse idéomotrice digitale. Ensuite, passez à la question suivante :

Quel est le doigt qui correspond à la réponse négative de mon corps ?

Agissez de la même façon pour renforcer le mouvement idéomoteur du doigt qui correspond à la réponse négative. Dès que vous estimerez maîtriser le phénomène, posez-vous des questions élémentaires dont vous connaissez parfaitement les réponses : « *Suis-je un homme ?* », « *Ai-je des enfants ?* », « *Suis-je marié ?* », *etc.*

Attention aux solutions alternatives et aux interrogations à tiroirs multiples ou encore aux questions interro-négatives ! Contentez-vous d'une question à la fois et sur un sujet bien délimité. Il s'agit d'un questionnement à réponses binaires. Ce faisant, vous provoquerez une dissociation de plus en plus prononcée entre votre conscience qui formule la question et le doigt dont se servirait le subconscient pour répondre à celle-ci. Dès que vous estimerez avoir atteint un niveau réflexe suffisant, vous pourrez vous attaquer à des questions comportant une implication affective du type : *« Suis-je capable de passer cet examen ? », « Ai-je fait tout ce qu'il fallait pour réussir mon bac ? », « Suis-je amoureuse de Jean-Pierre ? », etc.*

LA FOLIE AU BOUT DE LA ROUTE

Cela paraît magique, ça ne l'est pas ! Car rien ne prouve que ce soit le subconscient qui vous réponde. J'insiste, de plus, sur le concept de conscience corporelle dans la formulation des questions de base. Un psychiatre aurait beau jeu de vous démontrer que vous êtes en train de verser dans le délire d'interprétation et, sans avoir entièrement raison, il pourrait bien ne pas avoir tout à fait tort.

Ce que les psychologues nomment le subconscient est une notion difficilement identifiable. Le subconscient est censé représenter tout ce qui siège sous la conscience. N'étant pas partisan des abstractions invérifiables, je vous propose une vision un brin plus concrète sans avoir pour autant la prétention de refaire le schéma des interrelations psychiques.

En faisant appel au dialogue digital, le sujet éclate sa conscience d'être et les réponses qu'il obtient ne seraient que l'écho de ses désirs ou de ses convictions latentes, voire une transgression des interdits parentaux institutionnalisés dans le Surmoi. Ce qui ne signifie aucunement que le questionnement ne soit qu'un jeu puéril autant qu'inutile. Au contraire, il suscite un dialogue polémique, voire un processus dialectique, au sein de la conscience et permet au sujet d'envisager un problème sous des angles différents, donc créatifs, au lieu de se contenter d'un angle de perception univoque, donc qui ne repose que sur une seule et unique interprétation. En un mot comme en cent, ce jeu bonifie la créativité de celui qui y fait appel. J'utilise personnellement le dialogue digital pour choisir un restaurant ou pour me faire une toile. Et je me trompe rarement. Satisfaction sur toute la ligne !

LES DOIGTS QUI PARLENT LE LANGAGE DE L'INCONSCIENT

Sachez que le Moi est le noyau central de votre conscience et qu'il est entouré de dix zones essentielles correspondant aux dix doigts des mains. Rappelez-vous également qu'il est entièrement dominé par les interdits parentaux (pour le Surmoi, ce qui n'est pas spécifiquement interdit est automatiquement permis) intériorisés depuis l'enfance. Il est en quelque sorte la synthèse du couple dont vous êtes issu et/ou qui a assumé votre éducation.

Les doigts des deux mains qui correspondent à ce Moi, dominé par le Surmoi, sont représentés symboliquement par les index. Suivant votre latéralité, l'index droit représente l'image paternelle et l'index gauche l'image maternelle. Si vous êtes gaucher vous devez inverser les rapports ! Chacune des zones est influencée à la base par les deux images mais s'identifiera aux huit doigts restant à désigner, dont les pouces ne sont pas les moins importants.

La *zone affective* correspond à l'annulaire gauche, *la zone volitive* paternelle étant reliée à l'annulaire droit si vous êtes droitier, et gauche dans le cas contraire.

La zone de l'équilibre psychique correspond aux majeurs des deux mains : la confiance en soi étant identifiée au majeur droit, elle correspond aussi à l'intellect ; l'image maternelle (majeur gauche), correspond à l'estime de soi ou image narcissique.

La *zone de l'intuition* est associée aux auriculaires ; le passé se situant à gauche, l'avenir à droite. L'intuition repose toujours sur une interaction entre le passé et l'avenir.

La zone libidinale (la libido ou la motivation) correspond aux pouces. Le plaisir se situe à gauche et les désirs, à droite. C'est aussi celle de l'instinct de survie.

Concernant cette théorie, je désire vous conter une anecdote édifiante bien que son issue me reste encore sur l'estomac, à quelque trente ans de distance.

LE SACRIFICE

L'un de mes patients souffrait d'impuissance sexuelle. Il était âgé d'à peine 30 ans et le fait de ne plus avoir d'érection l'avait plongé dans une déprime profonde. Au cours de l'anamnèse (interrogation) qui introduit tout processus thérapeutique, il m'apprit qu'il était passionné de bricolage et que c'était là le seul hobby qui lui procurait un semblant de plaisir. Il était réfractaire à toute forme de suggestion et nous décidâmes, d'un commun accord, d'entamer un questionnement idéomoteur. Je lui proposai le modèle dont il est question dans ce chapitre ainsi que les correspondances digitales, avant de procéder à l'induction. Ses réactions digitales étaient tellement faibles qu'il ne parvenait pas à les percevoir. Nous reprîmes rendez-vous pour un deuxième entretien mais il ne vint pas. Pris d'un pressentiment, j'appelai son domicile dans la soirée pour me renseigner sur son intention de poursuivre ou non le processus thérapeutique entamé la semaine précédente. Son épouse m'informa qu'il avait dû se rendre d'urgence à l'hôpital, il s'était entaillé profondément le pouce droit en bricolant.

« Un stupide accident, me dit-elle. Le chirurgien l'a recousu sur-le-champ. »

Quand je raccrochai, j'étais plutôt confus. J'avais immédiatement fait le rapprochement entre mon exposé du modèle digital et l'acte manqué de mon patient. Il revint trois semaines plus tard pour m'annoncer que depuis l'accident sa virilité s'était réveillée, quasi du jour au lendemain. Il avait inconsciemment voulu sacrifier son pouce droit pour retrouver le chemin du plaisir sexuel. J'avais, sans le vouloir, été à l'origine de son acte manqué.

Je vous déconseille vivement d'imiter cet exemple, si vous êtes victime d'une impuissance sexuelle chronique. Il s'agit d'un cas d'espèce et je ne peux en aucun cas vous garantir le résultat thérapeutique de ce genre de mutilation, fût-elle involontaire. Car il existe une autre explication à la résolution de l'impuissance de ce patient. J'ai pu lui suggérer, sans intention maligne, que la perte de ce pouce droit (doigt du désir) serait la solution énergique à son problème (effet nocebo). Le message non dit a été intégré par la zone qui correspond au majeur droit : la foi, associée à la zone du plaisir représentée par le pouce gauche, et qui est aussi celle de la souffrance, et réinterprétée en fonction du conflit sexuel (blessure narcissique profonde) enfoui dans le Moi du patient.

Ce stagiaire venait du Luxembourg. Nous avions fait un test par téléphone pour évaluer sa réceptivité. Elle était plus que nulle. Un rapide questionnement idéomoteur (QUID) me conseillait de refuser le stage individuel qu'il me réclamait. Il a tellement insisté que j'ai tout de même accepté de le recevoir. J'avais tort, mais comment aurais-je pu imaginer ce qui allait de passer ?

Il se disait vigile. Quand il est arrivé, je me suis retrouvé en face d'un gorille un peu bourru et pas très sympathique. Il devait peser dans les 100 kg de masse musculaire. Il m'avait réglé son stage par transfert bancaire huit jours plus tôt. Je n'avais plus le choix. La journée s'est déroulée comme une sorte de mauvais rêve. J'avais affaire à un personnage quérulent, totalement psychopathe et délirant. Un délire de revendication ! Il était venu me mettre en examen face à son impossibilité de lâcher prise. Ce genre de consultant est souvent dangereux car il peut se montrer violent. À la fin de la journée, il m'a réclamé le remboursement de son stage ainsi qu'un défraiement pour son billet de train. Ma secrétaire s'est approchée, craignant que cette altercation ne se termine mal pour moi. Je ne pesais pas 100 kg mais un petit 75, soit 25 de moins que mon stagiaire. Il m'a attrapé par le col de ma chemise en me jurant qu'il allait me casser la figure. Hélas, ce qu'il ne savait pas, c'est que je ne suis pas manchot en matière de bagarre de rue. C'est toujours le plus vicieux qui l'emporte et non le plus fort ou le plus lourd qui fait le poids. J'étais un petit voyou très querelleur quand j'étais ado. J'ai été maintes fois renvoyé du lycée pour avoir provoqué des bagarres dans la cour de récré avec l'un ou l'autre de mes camarades. Une autre vie.

Il était dos à la porte-fenêtre qui donnait sur la cour intérieure où se trouvait mon cabinet. Je l'ai attrapé à mon tour en plantant ma pince pouce index autour de sa trachée comme si j'allais l'étrangler et je l'ai poussé violemment contre la vitre qui a explosé sous son poids. Il est tombé assis dans la cour au milieu d'un amas de verre brisé. Ahuri, pour le coup ! Il faut dire qu'il ne s'attendait pas à une réaction aussi violente de la part d'un psy. Et vous savez ce qu'il a fait ? Il a crié « au secours » quand je me suis avancé vers lui avec l'intention de l'assommer pour le compte. Les voisins sont sortis en l'espace de quelques secondes pour assister au spectacle. Ma secrétaire a appelé la police, qui s'est pointée en deux minutes. Le panier à salade nous a emmenés toutes sirènes hurlantes au commissariat du XIIIe arrondissement, où j'ai déposé plainte contre ce stagiaire que j'aurais mieux fait de refuser. La vitre m'a été remboursée par l'assurance, mais que de tracas superflus m'auraient été épargnés si j'avais eu la sagesse de suivre le conseil de mon questionnement idéomoteur. Or ce n'était pas la première fois que j'avais transgressé la réponse négative pour voir. Cela m'avait souvent coûté des ennuis inutiles, bien que sans aller jusqu'à une altercation aussi violente avec un patient. Il m'a fallu plusieurs leçons de ce style avant de me soumettre au jugement de ce conseiller intime.

Exit les doigts qui parlent ! Je préfère faire appel à une technique moins hasardeuse : le dialogue palpébral, dont je vais brièvement vous décrire les avantages. Ce type de questionnement est en effet impossible à solliciter si vous n'avez pas, auparavant, maîtrisé le verrouillage oculaire réflexe, qui est la pierre angulaire de la programmation idéomotrice.

En quelques mots, et en attendant que vous parveniez à maîtriser la première posture idéomotrice, sachez que le verrou oculaire réflexe entraîne une impossibilité biomécanique d'ouvrir les yeux, sauf si vous utilisez la clef de déprogrammation mentale prévue à cet effet. Les globes oculaires sont révulsés à plus de 45 degrés d'angle et les abaisseurs de paupières verrouillés en sens contraire, comme c'est le cas dans le sommeil.

À l'instar du questionnement digital, il vous est possible de conditionner vos paupières à répondre aux mêmes interrogations que pour les doigts. Il n'existe évidemment que deux positions possibles : les paupières fermées ou les paupières ouvertes. En règle générale, la réponse positive correspond aux paupières closes et la réponse négative aux yeux ouverts. Mais avec l'expérience, on s'aperçoit que la pression palpébrale de la fermeture varie en fonction des questions. Il existe en fait quatre types de pressions subtilement différentes qui correspondent à la réponse positive. L'ouverture des paupières est un « non » franc et massif.

Le **oui inconditionnel** correspond à une pression paroxystique franchement douloureuse, comme si les globes oculaires se révulsaient à plus de 90 degrés d'angle. Ce type de réaction est assez rare pour être remarquable.

Le **oui formel** est moins prononcé, mais l'impression d'un verrouillage ferme se ressent au niveau de la fermeture sous la forme d'un poids sur les paupières.

Le **oui classique** est léger mais les paupières demeurent closes.

Le **oui peut-être** entraîne un battement ou un tremblotement des paupières mais sans ouverture.

Les paupières qui s'ouvrent indiquent une réponse négative.

UN EXEMPLE BIEN VÉCU !

Question : *est-ce que cela vaut la peine que je m'investisse dans ce projet ?*
Réponse : *oui ! C'est indispensable ! (Il faut savoir que l'indispensable n'est jamais rentable à court ou moyen terme mais à long terme. C'est un passage obligé).*

J'accepte de jouer le jeu alors que les premiers résultats sont franchement décevants. La réponse était un oui formel. Je poursuis une collaboration qui ne me motive pas outre mesure jusqu'au jour où... Six mois plus tard, les bénéfices de mon investissement pointent le bout de leur nez. Un an plus tard, je me félicite d'avoir eu l'intuition juste.

UN EXEMPLE MAL VÉCU !

Je suis invité à un forum de l'emploi auquel je souscris. Malade comme un chien, je m'y rends quand même pour satisfaire un libraire fan de mes livres. Le questionnement avait répondu sous la forme d'un oui de niveau 4 (une sorte de oui, oui, non,

non), donc une intervention dont j'aurais pu me passer en me faisant excuser. D'autant que le gros rhume que je me tapais était apparu soudainement. Un signe ? Hélas, j'ai passé outre. Je me suis rendu sur place et j'ai rencontré une personne charmante qui m'a convaincu de me lancer dans la re-motivation des chômeurs par la PNG dans un cadre associatif L'opération n'a pas abouti, évidemment, et m'a occasionné des dépenses de frais de bouche, trains et hôtels dont je me serais bien passé. J'ai fini par renoncer quand j'ai réalisé que toutes les promesses de ma partenaire ne seraient jamais honorées puisqu'elles émanaient de politiciens locaux. Comment ? Vous ne saviez pas que les politiciens sont des prometteurs de beaux jours ? Je le savais, mais il faut croire que j'étais hypnotisé par la motivation de ma partenaire de jeu, comme on dit.

Selon mon expérience, le dialogue palpébral est largement plus fiable que le digital. Il a en outre l'avantage d'être plus nuancé. En effet, suivant les questions que vous vous poserez, vous ressentirez plusieurs types de pressions oculaires. Vous apprendrez très vite à ressentir ces variations et à en traduire le sens.

LA RÈGLE DU JEU

Reste le principal : la manière de formuler vos questions. Il y a certaines règles élémentaires à respecter. Je vous les livre car elles vous éviteront bien des déboires. Aucune question concernant votre avenir ne vous apportera de réponse satisfaisante. Le questionnement idéomoteur n'est pas une boule de cristal. Évidemment, si vous avez un don de divination ou un flair de canidé, il vous aidera à éviter les écueils. Les questions à forte implication affective (amour ou haine) débouchent rarement sur des réponses fiables. Il est difficile d'être neutre quand le désir s'emballe.

Pas de question comportant une alternative !

Vous pouvez formuler vos questions par écrit en vue de clarifier votre pensée !

N'utilisez jamais le dialogue palpébral devant témoin, sauf en situation thérapeutique, si vous êtes psy. L'écoute du patient avec un verrou oculaire installé permet de situer les points importants qui percent dans son discours. Les mots qu'il utilise ne sont pas anodins, les maux dont il se plaint ont moins d'importance que ce qu'il ne dit pas. La posture d'écoute en verrouillage est une écoute massive qui laisse tout le loisir au patient de s'étaler sur ses troubles. Il est parfois nécessaire de doubler le verrou oculaire d'une aphémie des cordes vocales, comme vous le verrez dans la partie consacrée à la neuro-programmation. Il arrive toujours un moment où il dérape sur un sujet sans rapport avec le contenu du discours, quelques mots entre parenthèses, et c'est à ce niveau que la vérité commence à voir le jour.

Isolez-vous si vous souhaitez vous entretenir avec votre conscience sans témoin !

Considérez les réponses reçues comme les conseils d'un ami et non comme parole d'évangile ! Votre questionnement n'est pas une autorité insondable. Même votre conscience peut s'égarer dans les fantasmes de votre imagination.

LA BOUSSOLE VITALE

La maîtrise de cette méthode de questionnement s'acquiert dans le cadre d'un atelier de perfectionnement dirigé par un animateur certifié. Il est en effet plutôt ardu de faire comprendre certains ressentis avec des mots. La théorie a ses limites. Il n'en reste pas moins que le questionnement idéomoteur est une formidable boussole pour retrouver son chemin dans la vie.

Je l'utilise personnellement depuis plus de trente ans, et ce procédé m'a permis d'éviter les mauvaises idées qui se présentaient à moi sous des atours tellement attractifs. Ne dit-on pas que la beauté est un cadeau du diable ? Le questionnement idéomoteur ne permet pas de gagner le trophée. Il sert à éviter les écueils qui se mettent souvent en travers de votre chemin, ce qui est déjà un atout considérable. Le nombre d'ennuis que le questionnement idéomoteur (QUID) m'a évité est aussi considérable qu'incalculable.

UNE ASSURANCE-VIE SUR LA MORT

Je voulais prendre une assurance-vie sur la mort prématurée pour couvrir mon épouse et mes enfants. Le QUID me déconseillait de signer le contrat. J'ai donc reporté ma décision, au grand dam du formidable courtier qui me pressait afin d'encaisser les premières primes. Il prétendait que la visite médicale était une simple formalité. Je ne savais pas à ce moment-là que je couvais un sérieux problème de santé. Un scanner et une IRM m'ont appris la mauvaise nouvelle. Rien de bien grave en soi mais une affection que les assurances détestent. Un petit cancer très localisé. J'ai appelé mon courtier pour lui annoncer la « bonne » nouvelle. Un message sur la boîte vocale. Il n'a même pas daigné me rappeler. Si j'avais suivi son conseil, j'aurais payé trois mensualités avant d'être rejeté par l'assurance. Vous avez déjà essayé, vous, de récupérer des primes payées indûment à une assurance-vie ?

Et si nous passions maintenant au premier niveau de maîtrise de la programmation neuro-gestuelle ? Le domaine postural !

TROISIÈME PARTIE

CHAPITRE 8
LE VERROU OCULAIRE RÉFLEXE

CHAPITRE 9
PROGRAMMER LE VERROU DE LA BOTTE

CHAPITRE 10
LA DÉCONNEXION IDÉOMOTRICE DES BRAS

CHAPITRE 11
LE VERROU DE LA NUQUE

CHAPITRE 12
LES ATOUTS DE LA LÉVITATION DES JAMBES

CHAPITRE 13
LA POSTURE D'APPEL : L'ANTIDOTE DU DÉSESPOIR

CHAPITRE 14
LE NIVEAU POSTURAL
OU COMMENT REPROGRAMMER SES GESTES ?

CHAPITRE 8

LE VERROU OCULAIRE RÉFLEXE

Il y a quelques années de cela, j'avais organisé un cycle de conférences pour exposer les principes de base de l'autohypnose à un public que j'espérais le plus large possible. Le terme générique que j'avais imaginé pour désigner la technique n'alluma pas, hélas, la curiosité des chalands, et je fus bien obligé de me rabattre sur un intitulé plus excitant : « autohypnose », un mot qui a de tout temps excité l'imaginaire populaire.

Bingo ! On se poussait au portillon. L'effet qu'a le terme « hypnose » sur le public m'a toujours sidéré. Si l'on pouvait mesurer et comparer la portée balistique de mots tels que sexe, bonheur, tendresse, etc., je suis sûr que l'hypnose ferait partie de ce club très fermé : celui des termes stimulateurs de la libido.

Une vingtaine d'amateurs avaient réservé leur place autour de la grande table de conférence. Quand j'en vins au chapitre du verrou ovulaire, je leur proposai de faire un essai sans façon. Tous acceptèrent de jouer les cobayes tandis qu'un frisson parcourait l'assemblée. Je leur demandai de fermer les yeux et de révulser les globes oculaires sous leurs paupières closes, et je me mis à compter de 1 à 10, pendant un laps de temps relativement court. Ils relâchèrent la pression musculaire au commandement. Deux d'entre eux m'avertirent d'une voix effrayée qu'ils ne parvenaient plus à ouvrir les yeux. Le verrouillage s'était installé spontanément. Ils durent attendre quelques minutes de plus que les autres participants avant l'ouverture spontanée des paupières. Sachant pertinemment qu'ils ne risquaient absolument rien, je leur confirmai leur aptitude à la pratique de l'autohypnose.

La peur irrationnelle d'une paralysie des globes oculaires avait bloqué leurs yeux à plus de 45 degrés d'angle par rapport à la vision normale. Les réactions des autres personnes présentes, à la suite de cet incident, furent inattendues. Chacun révéla le fond de sa peur sans se gêner. Comme si l'idée d'avoir participé à cette séance d'information faisait d'eux les complices d'un acte de sorcellerie. Les deux individus réceptifs n'étaient pas jugés comme des héros chanceux mais comme les victimes d'une manipulation diabolique. Les commentaires allaient bon train et l'agressivité du groupe à mon endroit n'était pas le phénomène le moins virulent. A priori, ils n'étaient pas contre l'idée de se soumettre à une expérience hypnotique, mais le résultat trop concret, dont ils venaient d'être les témoins, les dérangeait au plus haut point car il leur prouvait, de facto, que le corps était en mesure de réagir sans que l'esprit ne puisse s'y opposer.

J'ai répété ce type de séance à plusieurs reprises, en gérant mieux la surprise d'un verrou spontané chez l'un des participants. Cela m'a permis d'écarter l'attitude mentale réfractaire de la majorité des individus réceptifs. Car il faut bien convenir qu'il est plus simple de simuler un état de grâce que de le vivre à l'insu de son plein gré.

UNE DOULEUR SPORTIVE TRÈS PÉNALISANTE

P... a pris rendez-vous chez un hypnothérapeute qui pratique la méthode dite d'Erickson. Il est motivé à trouver une solution à un trouble qui le gêne depuis des lunes et pour lequel il a consulté des dizaines de spécialistes différents : une douleur musculaire permanente à la fesse. La séance d'hypnose à laquelle il s'est soumis chez ce spécialiste n'a pas servi à grand-chose, selon ses dires. Quand je lui demande de me détailler cette séance, je suis stupéfait d'entendre qu'il a tout au plus vécu une relaxation de type classique sans état altéré de la conscience et sans réaction concrète sur le plan corporel. Il s'est inscrit à l'un de mes stages d'initiation à la programmation neuro-gestuelle (PNG) au cours duquel il a acquis un verrou oculaire partiel, mais non réflexe. Il est reparti dans sa province avant que j'aie eu le temps de lui dire ce que je pensais de l'origine de cette gêne musculaire. J'ai tenté de reprendre contact par mail mais il n'a pas daigné me répondre. On ne fraie pas avec les sorciers. Dommage pour lui car il apprendra le pourquoi de ce trouble, s'il achète ce livre : P... souffre tout bêtement d'un problème d'anisme non diagnostiqué par les médecins qu'il a consultés, un stress anal qui provoque toujours une contracture musculaire douloureuse intermittente ou rémanente. Ce genre de trouble fonctionnel se soulage parfaitement au moyen de myorelaxants ou si l'on se soumet à une série de transes-décharges en PNG. Hélas, la transe-décharge et le verrou oculaire sont des réactions biomécaniques involontaires. Il faut en accepter le principe, on ne peut pas faire semblant d'être soumis à un état modifié de conscience. Et puis, il y a aussi la réaction bien connue en psychologie, qui concerne les bénéfices négatifs que le malade retire d'une affection chronique, une notion sur laquelle je reviendrai.

LA PORTE DU PARADIS

La maîtrise du verrou oculaire est incontournable car la vision est le fer de lance du sens critique et de la vigilance. En coupant ce sens qui est aussi un moyen de défense du territoire, la conscience est évidemment fragilisée et les quatre sens restants deviennent hyperesthésiques (hypersensibles) aux sons, aux mots, aux odeurs, au goût et au toucher. Mais le verrou oculaire est plus qu'un simple code d'accès à la programmation neuro-gestuelle (PNG) que j'ai élaborée en étudiant différentes disciplines et en les amalgamant. La pratique quotidienne du VO stimule la créativité de manière étonnante. Je ne sais pas si je serais devenu écrivain sans cette pratique. J'écrivais tellement mal que si on m'avait dit qu'un jour je pourrais remplir une bibliothèque de tous mes titres, j'aurais rigolé à m'éclater la panse. J'étais capable de torcher le dossier de l'un de mes patients en quelques phrases mal construites, voire même de pondre un doctorat illisible sur la prostitution, ce que j'ai effectivement fait. Mais de là à envisager une carrière d'écrivain prospère ? Fallait pas rêver ! Et puis j'ai eu mon cancer vers mes 42 ans et tout s'est précipité. Une affection pénalisante pour me débarrasser d'un syndrome d'échec dont j'étais fortement imprégné depuis mon enfance. Après ma guérison un peu trop miraculeuse, je me suis mis à écrire, comme ça, comme poussé dans le dos par une force qui dépassait ma volonté, mes envies et mes rêves. Une sorte de besoin irrépressible alimenté par une créativité toute neuve. En verrouillant mes paupières, je voyais enfin la vie d'une multitude de points de vue différents (la véritable définition de la créativité, qu'il ne faut pas confondre avec la création). Et puis, j'avais appris à dialoguer avec mes consciences marginales par le truchement de mes paupières. Le questionnement idéomoteur palpébral était né, remplaçant le questionnement digital, sujet à caution.

C'EST QUOI LE CODE D'ACCÈS ?

Comme vous le savez déjà, la PNG repose sur une série de postures. Chaque posture entraîne la mobilisation cataleptique d'une partie du corps. La clef du système repose sur la première de toutes les postures et la plus importante, **le verrou oculaire réflexe,** qui est le code d'accès à la méthode. Sans l'induction confirmée de ce dernier, il est impossible d'accéder aux différentes postures et autres programmations idéomotrices de l'autohypnose. Mais avant d'aborder la technique proprement dite, je souhaite ouvrir une parenthèse pour fixer les esprits.

CELUI QUI SE CONTRÔLE NE SE MAÎTRISE PAS

La maîtrise du verrou oculaire pose souvent beaucoup plus de problèmes que celle des expressions posturales qui le suivent. En effet, le VO étant acquis, le doute qui prévaut généralement, durant son travail d'acquisition, disparaît ou s'atténue fortement.

L'action du doute gangrène inévitablement le succès de la programmation posturale. Il agit sur la conscience comme le cynisme se moque de la peur qui étreint nos tripes. D'autre part, il est difficile au non-initié de comprendre l'intérêt du verrou oculaire tant qu'il n'a pas expérimenté personnellement toute l'étendue de ses possibilités. Ainsi, l'aboutissement du VO réflexe conforte la conviction et chasse le scepticisme, instillant goutte à goutte un sentiment de victoire qu'il faut avoir vécu pour en saisir la portée. Il faut aussi tenir compte de plusieurs facteurs défavorisants que nous combattons au cours des journées d'initiation :

a) Le stress
b) Le contrôle de soi
c) La double contrainte

a) Un état de stress important ou un surmenage déconnecte automatiquement le verrou oculaire réflexe. Pour évacuer cette situation, il est indispensable d'avoir recours à des respirations rythmées. En théorie gestuelle, les gens stressés sont ceux qui passent d'une oreille à l'autre indifféremment pour écouter leurs correspondants au téléphone.
b) Le contrôle de soi est une forme de psychorigidité qui protège le stagiaire contre un lâcher prise indispensable. Il faut tout contrôler pour ne pas perdre pied. Certains stagiaires font un malaise vagal ou ressentent

les prémices d'une syncope avant de basculer dans la maîtrise de soi de manière brutale et inattendue. Le sentiment de bonheur vient ensuite. D'autres renoncent par peur de ces sensations prétendument délétères, d'où l'inconfort réel mais passager. Les hypercontrôlants sont généralement réfractaires à la PNG ou à toute forme de relaxation.

c) *« Je voudrais mais non, je ne veux pas ou je ne peux pas. J'aimerais réussir le stage mais... »* Les personnes qui fonctionnent sur le mode de la double contrainte sont des saboteurs émérites. Ils viennent se prouver qu'ils n'y parviendront jamais. Et devant témoins, s'il vous plaît.

Il est aussi ardu de maîtriser le VO que de remporter un défi contre soi-même. La volonté d'aboutir ne suffit pas. La motivation mène le bal. Si elle n'est pas soutenue par une situation d'urgence, vous devrez vous accrocher bec et ongles pour atteindre l'objectif. C'est dire que le VO n'est pas à la portée de tous les caprices. Ce n'est pas sans raison que j'ai souvent déploré des échecs dans le cadre des préparations antérieures à l'immersion linguistique. La plupart des candidats venaient à l'autohypnose croyant avoir affaire à la magie de l'hypnopédie. Il s'agit d'une méthode pseudo-hypnotique (dont certains auteurs prétendent qu'elle permet de mémoriser des données pendant le sommeil). Je me souviens de quelques étudiants qui y ont cru naïvement. Ils ont été recalés à leurs examens de fin d'année. À ma connaissance, la zone mémorielle de la conscience n'est pas en mesure d'intégrer un contenu pendant la phase de sommeil profond. Ils repartaient souvent déçus à l'issue de la préparation autohypnotique. Le verrou oculaire réflexe leur était inaccessible. Ils n'obtenaient en général qu'une pression oculaire hystérique. Le goût de l'exploit mnésique oblitérait totalement la réalité de leur motivation. Ils ne venaient pas pour réussir à mémoriser une matière d'examen mais pour se prouver qu'ils en étaient incapables.

Même si vous êtes poussé dans le dos par une motivation vitale, exemplaire, voire féroce, il vous faudra du temps pour accéder au premier sommet que représente le verrou oculaire réflexe par vos propres moyens. Généralement, il faut compter une journée d'initiation pour y accéder. Un travail personnel de confirmation du programme doit être effectué par l'initié, jusqu'à ce que ce dernier soit confirmé par une lévitation cataleptique des jambes ou par un verrou de la botte de vingt et une minutes au minimum (voir chapitre 2, La salsa des énergies).

L'illusion de la facilité n'existe pas en PNG, la facilité non plus. Mais quand vous atteindrez le sommet en question, s'ouvrira la porte d'un autre paradigme. Insensiblement, votre vision de la vie se métamorphosera. Vous franchirez le miroir qui masque la vérité qui règne sur les pouvoirs de la galaxie corps et esprit. Car nous sommes tous dotés de pouvoirs extraordinaires dont nous ignorons totalement les limites.

Naturellement immunisés contre les maladies virales ou bactériennes, vous faites appel à des substances chimiques ou antibiotiques pour remplacer les virtualités adaptatives de vos propres anticorps. Votre mémoire est un outil magique que vous négligez par ignorance des mécanismes qui la régissent. Votre intuition est en mesure de vous protéger contre les catastrophes qui s'annoncent mais vous êtes comme sourd à ce ressenti. Et ainsi de suite…

ÉVACUER LES FACTEURS D'ÉCHEC

Le stress de votre environnement vous empêche de dormir, vous coupe du plaisir de manger, vous éloigne de vos besoins fondamentaux. Tout cela n'est pas nouveau mais au lieu de cultiver la sinistrose écologique, vous seriez mieux avisés de vous poser certaines questions en utilisant le questionnement idéomoteur. Pourquoi pas ? Qui mieux que votre conscience corporelle est en mesure de savoir ce qui est bon ou ce qui ne l'est pas pour votre équilibre ?

Un médecin me prescrit un remède pour me soulager d'un prolapsus. Des ovules antibiotiques ! Je ne ressens pas bien cette indication mais j'obéis au docteur, le petit doigt sur la couture du pantalon, discipliné comme un petit soldat de plomb. Mon questionnement idéomoteur n'est pas formel sans être contre. Je tente le coup un premier soir… et je me réveille le lendemain matin avec un érythème douloureux sur le dos de la main droite. J'ai abandonné le traitement illico. Dommage pour le trou de la sécu !

En règle générale, quand un médecin me prescrit un médicament, je me pose toujours la question de savoir si ce remède m'est utile, nécessaire, indispensable ou inutile, voire inutile et dangereux pour ma santé. Le questionnement idéomoteur statue après l'ingestion de ces médicaments, et non sur la posologie. L'organisme qui a ingurgité la potion sait si celle-ci favorisera la guérison ou n'aura aucun effet sur ma pathologie. Effet stérile ! J'ai souvent éliminé des médicaments incompatibles entre eux sans le savoir expressément, n'étant pas médecin. Les conséquences nosocomiales ne se limitent pas aux établissements hospitaliers.

Est-il vraiment indispensable de vieillir. Sans doute ! Mais pourquoi l'accepter comme une fatalité sans tenter d'enrayer le processus, alors que des moyens naturels existent au sein de la conscience pour entretenir l'élasticité tonique de votre peau ?

Faut-il envier le talent du voisin ? Sommes-nous aveugles au point de refouler la palette de ceux dont les marqueurs sommeillent dans notre propre patrimoine génétique ?

Faut-il être riche, beau et intelligent pour avoir de la chance dans la vie ? Si c'est là votre croyance, la PNG ne peut rien pour vous. L'échec devient pathologique quand sa fréquence répétitive s'incruste dans les comportements ou dans les conduites. Devez-vous courber l'échine et vous frapper la poitrine en vous accusant de tous les péchés de la civilisation, voire vous référer à une vie antérieure expiatoire pour vous libérer de vos responsabilités dans cette vie-ci ? L'échec ne peut persister que si vous lui cédez un droit d'existence au sein même de votre conscience. Or, c'est dans le noyau central de votre conscience que le verrou oculaire vous introduit. Là où se trouve le tableau de commande du vaisseau humain, de la galaxie corporelle dont vous devez reconquérir la confiance.

La réussite vitale vous intéresse ?

Il existe sept programmes distincts qui la régissent :

a) *L'obligation d'échouer,* fondée sur le principe suivant : *« Si je réussis, j'ai échoué et si j'échoue, j'ai réussi mon coup. »*

b) *La probabilité d'échec :* elle « éventualise » l'échec une fois sur deux mais n'offre pas non plus la réussite.

c) *L'interdiction d'échouer :* l'échec est impossible sans pour autant ouvrir l'accès au succès de vos entreprises.

d) *L'interdiction de réussir :* c'est un cheveu au-dessus de l'interdiction d'échec, mais c'est tout aussi frustrant.

e) *La probabilité de réussite :* la réussite est possible mais pas toujours certaine car pénalisée par les interdits du Surmoi.

f) *L'autorisation de réussir :* la réussite n'est plus pénalisée par le Surmoi. Vous avez le choix.

g) *L'obligation de réussir :* la programmation héréditaire dominante, associée à une ambition forcenée, est un gage de réussite obligée. Ce n'est hélas pas donné à tout le monde.

La préparation mentale idéomotrice est une méthode qui permet d'évacuer ou de stimuler le programme qui vous est accessible. Détailler cette théorie ici ne fait pas l'objet de ce livre. Elle est enseignée concrètement dans les stages idéomoteurs et dépend étroitement du verrou oculaire réflexe et de la pratique quotidienne de postures spécifiques.

On peut déprogrammer une obligation d'échec, mais il faudra passer par l'étape suivante de la probabilité d'échec avant d'atteindre l'interdiction d'échouer. Évidemment, cette troisième étape ne signifie pas que vous avez le droit de réussir. Et ainsi de suite ! Si les choses étaient si simples, nous ne serions pas des êtres humains mais des virus. Cela étant dit, on peut parfois se poser la question, au regard de la pollution humaine...

Pour toutes ces raisons-là, et bien d'autres encore, l'acquisition du verrou oculaire réclame autant d'autodiscipline quotidienne que de patience, autant de motivation que de volonté d'aboutir. Mais quand vous aurez atteint le premier palier de la maîtrise, le verrou oculaire réflexe, cela m'étonnerait que vous retourniez à la case départ de ce jeu de l'oie qu'est la vie. Ou alors, je devrai croire que vous aimez jouer les victimes, vous savez bien, les adeptes du verbe « falloir » conjugué à toutes les sauces.

À ce propos, « il faut » que je vous en raconte une ! J'ai voulu éliminer le verbe « falloir » de mon discours commun. Aussitôt fait, aussitôt dit ! Je me suis fait programmer une aphémie sélective de contenu (voir le troisième niveau de maîtrise) par mon épouse, une incapacité de me servir du verbe « falloir ». J'ai immédiatement ressenti un malaise physique au début de la programmation aphémique, malaise doublé d'une céphalée très légère. Comme si cette posture m'ôtait toute capacité de réfléchir. Elle a duré une dizaine de minutes avant de se résorber spontanément. Depuis cette opération, j'ai pris conscience de mon usage répétitif du verbe « falloir », que je remplace souvent par le verbe devoir ou d'autres locutions verbales avant de l'exprimer. J'ai évacué la contrainte (falloir) au profit de l'obligation (devoir).

Première étape d'un véritable conditionnement opérant de type pavlovien, le VO s'induit par le truchement d'un protocole strict et invariable, quelle que soit la sensibilité des individus qui y sont soumis. Obtenir un VO sans participation extérieure de la part d'un animateur formé à la méthode est parfaitement possible mais demande patience et longueur de temps. Si vous souhaitez y parvenir par vos propres moyens, vous devrez suivre à la lettre les instructions reprises dans ce présent chapitre.

Grâce aux recherches de Pavlov sur les réflexes conditionnés, nous savons aujourd'hui que la stimulation répétitive crée une inhibition corticale qui s'étend de zone en zone. Cette inhibition corticale ouvre un espace de liberté dans la conscience ordinaire, un espace que nous nommerons « conscience marginale ». Le verrou oculaire procède du principe de la stimulation biomécanique répétitive et s'inscrit donc dans la perspective des théories pavloviennes.

« Donne la papatte », répétez-vous inlassablement à votre toutou tout neuf en lui soulevant la patte ! Il vous regarde incrédule car il ne comprend pas où vous voulez en venir. Faire de lui un chien civilisé ? Mais si, en lui demandant de donner la papatte, vous lui passez sous la truffe un bon bout de saucisson sans le lui donner, il associera votre geste à la phrase qu'il entend et au saucisson récompense. Vous boosterez sa motivation. Bientôt, il salivera au son de votre voix et comprendra, miracle de l'intelligence animale, que s'il lève la patte pour vous la tendre, vous lui donnerez à dévorer ce délicieux morceau de saucisson. Une fois, deux fois, trois fois ! Le conditionnement deviendra opérant. Cela vous aura coûté trois tranches de saucisson. Bientôt, il lèvera la patte pour vous accueillir sans qu'il y ait besoin d'y associer un morceau de barbaque.

Un humain fonctionne peu ou prou de la même manière. La patte étant remplacée par l'aboutissement du verrou oculaire et le saucisson par la motivation qui lui tient à cœur.

La focalisation de l'esprit sur la programmation du verrou oculaire entraîne une diminution sensible de l'activité corticale, libérant une énergie disponible pour activer les chaînes neuro-musculaires qui commandent les globes oculaires. Cette dernière affirmation est une hypothèse de travail. Elle tend à expliquer les raisons de la réaction de pression palpébrale à laquelle on assiste chez la plupart des sujets soumis à l'induction du verrou oculaire.

À la lueur de ce que nous venons de voir, un état de conscience marginale se conditionne au moyen d'un exercice de type verrou oculaire. Partant du principe qu'il n'est pas de solution alternative à l'état de conscience marginale qui tienne sans preuve concrète, je considère l'exercice du verrou oculaire comme la première de ces preuves.

Dans le sens de cette affirmation, tout le monde peut constater qu'il est impossible de dormir les yeux ouverts[1]. La recherche d'un état altéré de conscience à travers des moyens naturels, c'est-à-dire non consécutifs à l'utilisation de substances végétales ou chimiques, exige toujours une réaction similaire à l'endormissement. Il faut tout d'abord que les paupières se ferment pour couper le sens de la vision. Il est, en effet, le seul des cinq sens qui confirme l'état de veille en opposition avec l'état de sommeil. Vous pouvez évidemment fermer les yeux sans pour autant ressentir le besoin de dormir, mais vous constaterez que la notion de temps est pervertie, dès que vous fermez les paupières. Peu d'individus sont capables d'évaluer avec précision le temps qui s'est écoulé, lors d'un exercice d'estimation chronométrique.

TEST : QUE VAUT VOTRE RÉCEPTIVITÉ À LA PNG ?

La plupart des sujets réceptifs à la production d'un état de conscience marginale émettent des estimations subjectives largement inférieures ou supérieures au temps réel de l'exercice. Cela signifie que, pour eux, le temps se contracte ou se dilate dès que les yeux se ferment. Si l'exercice dure dix minutes, le sujet réceptif estimera invariablement cette durée à 50 % ou moins de sa valeur. Ce qui nous amène tout droit au premier test de réceptivité préalable à l'induction de VO.

1. Certaines faiblesses des muscles palpébraux donnent l'impression d'une ouverture des yeux sur la sclérotique ou le bas de l'iris.

Couchez-vous sur un lit ou asseyez-vous confortablement dans un fauteuil, la nuque en appui. Ensuite, enclenchez votre chronomètre avant de fermer les yeux ! Concentrez-vous sur les différentes parties de votre corps jusqu'à ce que vous ressentiez une détente générale de ce dernier ! Enfin, estimez le temps passé à vous détendre avant d'ouvrir les paupières et de consulter votre chronomètre ! Il faut en général cinq bonnes minutes pour faire cet exercice, selon les individus.

Votre estimation est inférieure au temps réel

Vous êtes disponible et réceptif à une technique de détente quelle qu'elle soit. La contraction du temps est un signe de déconnexion et de concentration mentale efficace.

Votre estimation est plus ou moins égale au temps réel

Le but de l'opération n'était pas de vérifier votre sens du temps. Si vous avez obtenu ce résultat, il me paraît évident que vous n'avez pas consacré le temps nécessaire à la détente de tous vos muscles. Refaites donc cet exercice en vous préoccupant un peu moins du temps qui passe et un peu plus de votre corps !

Votre estimation est supérieure au temps réel

Si votre estimation est supérieure de 25 % ou plus au temps réel, l'induction de verrouillage oculaire exigera l'assistance d'un animateur en version individuelle. Si votre estimation est supérieure de 50 % au temps réel, vous êtes stressé et potentiellement réfractaire à une induction autogène. La dilatation du temps est un signe de stress et de mauvaise concentration mentale.

ON FERME LA BOUTIQUE : LE VERROU OCULAIRE

Tout commence avec une gymnastique oculaire élémentaire.

Installez-vous confortablement dans un fauteuil, les pieds à plat sur le sol, ou couchez-vous sur un lit ! Ensuite, fermez les yeux et révulsez vos globes oculaires vers le haut à l'abri de vos paupières closes, en comptant lentement de 1 à 30. Arrivé à 30, relâchez doucement la pression musculaire que vous exercez sur vos globes et laissez faire vos paupières !

Deux cas de figure sont possibles :

Vos paupières s'ouvrent spontanément à la fin de l'exercice.

Vos paupières restent closes, bien que vous soyez parfaitement en mesure d'ouvrir les yeux volontairement, si nécessaire.

Premier cas de figure

Dans ce cas, recommencez l'exercice en suivant les mêmes instructions ! Si vos paupières se décollent de nouveau à l'issue de second exercice, vous devez le répéter de la même manière jusqu'à ce que vos paupières restent enfin closes.

Il se peut que la répétition de ces exercices fatigue vos muscles oculaires ou provoque une légère douleur. Ne vous inquiétez pas ! Ni vous, ni vos yeux ne risquez quoi que ce soit. Reposez-vous quelques minutes et reprenez vos exercices en suivant les mêmes règles.

Si, après une vingtaine d'essais, vous en êtes toujours au même point, cela ne signifie pas que vous n'êtes pas réceptif ponctuellement à la méthode (nous le sommes tous) mais que le refus concret que vous enregistrez provient tout simplement d'une crainte non consciente. Son origine peut découler de vos peurs irrationnelles, du doute ou du refus d'y croire, ce qui revient au même. Dans ce cas précis, vous avez le choix entre faire appel à un animateur en PNG, rejoindre un stage collectif ou passer votre chemin.

Second cas de figure

Dans cet autre cas, vous avez évidemment dépassé le premier cas de figure. Votre conditionnement peut démarrer immédiatement.

Pour entamer cette deuxième étape, il vous faut un chronomètre facile à manipuler. Compteur à zéro, le pouce sur le poussoir. Conservez, tout d'abord, les paupières closes ! Avant d'introduire la dimension chronométrique dans le présent exercice, vous allez répéter mentalement la formule suivante, que je vous demande d'apprendre par cœur :

Pour le verrouillage oculaire,
je compte un.
Je compte deux.
Je compte trois.

Comme vous pouvez le constater, rien de bien compliqué dans cette formule ! Le principe est simple et très pavlovien, il suffit de répéter cette formule en continu sur un rythme respiratoire en deux temps (inspiration-expiration). Dès que vous avez compté la troisième fois, vous enclenchez votre chrono. Vous attendez plus ou moins une minute en révulsant les globes oculaires sous vos paupières. Ensuite, vous laissez faire vos paupières. Bien sûr, vous parviendrez à ouvrir les yeux sans difficulté, la première fois. Mais si vous associez cet exercice à la motivation pour laquelle vous avez obtenu la plus forte attraction de contrôle, vous sentirez bientôt une lourdeur sur les paupières. N'oubliez pas l'exemple du saucisson !

Progressivement, vous *mentaliserez* cette clef de conditionnement, en la répétant comme un préalable obligé avant laisser faire vos paupières. Stoppez votre chronomètre dès l'ouverture spontanée des paupières et notez le temps. Au fil des exercices, les temps de fermeture spontanée augmenteront. L'objectif consiste à atteindre cent quatre-vingts secondes pour pouvoir se passer de révulsion oculaire volontaire en tant que préliminaire.

Résumé de l'exercice

Révulsez les globes oculaires volontairement durant une minute environ.

Relâchez la tension ! Vous avez dépassé le premier cas de figure et vos paupières restent closes spontanément.

Répétez votre formule en continu de manière à renforcer la clef de conditionnement du verrouillage oculaire.

Appuyez sur le bouton-poussoir du chrono et laissez faire vos paupières. Si elles demeurent closes, ne cassez pas votre verrou précaire. Continuez à réciter votre formule jusqu'à ce que les yeux s'ouvrent spontanément.

Notez le temps qu'il vous aura fallu pour ouvrir les yeux.

Progressivement, ces temps s'allongeront et vous ressentirez une lourdeur palpébrale. Dès que le temps nécessaire à l'ouverture dépassera trois minutes, vous pourrez vous passer de la révulsion oculaire volontaire. Il vous suffira, alors, de fermer les yeux tout simplement, de formuler mentalement votre clef de conditionnement (1-2-3) et d'appuyer sur le chrono en laissant faire vos paupières.

Attendez qu'elles s'ouvrent spontanément et notez le temps que vos paupières auront mis à s'ouvrir.

Deuxième étape

Vous avez dépassé les cent quatre-vingts secondes de verrouillage précaire. Il faut maintenant renforcer votre acquis. L'objectif final se situe à vingt et une minutes de verrouillage spontané. Pourquoi vingt et une et pas vingt ou dix-neuf ? Car la multiplication des expériences m'a permis de situer empiriquement l'acquisition du verrouillage oculaire inconditionnel à vingt et une minutes, c'est-à-dire trois unités d'énergie psychotonique. Une unité d'énergie psychotonique correspond à sept minutes de posture.

Comment, dès lors, être sûr de l'efficacité de votre conditionnement ?

Quelle que soit la pression musculaire que vous exercez pour ouvrir les yeux, ceux-ci resteront clos en toutes circonstances, sauf une : si un intrus entre dans votre territoire. L'intrus peut être une sonnerie du téléphone, une personne pénétrant sans vous avertir dans la pièce où vous vous entraînez, quelqu'un qui vous touche sans vous prévenir, une situation de danger, etc.

D'autre part, dès que vous aurez acquis la conviction intime qu'il vous est impossible d'ouvrir les yeux, quels que soient les efforts que vous pourriez faire pour y parvenir, votre verrouillage oculaire sera devenu réflexe.

Mais alors, comment opérer pour se dégager du verrouillage oculaire réflexe ?

De la même manière que vous l'avez induit mais dans le sens contraire ! Si vous souhaitez que vos paupières se décollent, il vous suffit de décompter mentalement de trois à zéro pour que vos yeux s'ouvrent spontanément.

ET LES YEUX LAISSENT ENTRER LA LUMIÈRE

À l'instar de la formule qui vous permet de verrouiller les paupières, il est indispensable d'introduire une formule antagoniste afin de pouvoir déverrouiller. Cette formule consiste en un décompte des chiffres 3, 2, 1, 0, associés à l'idée de l'ouverture spontanée des yeux. S'ils ne s'ouvrent pas lors du premier décompte, ne vous affolez pas, il suffit de recommencer le décompte plusieurs fois d'affilée pour obtenir l'effet escompté, sans le moindre effort de volonté. Attention à la loi du résultat inversé ! Plus vous essayerez d'ouvrir volontairement vos yeux, plus vous renforcerez paradoxalement l'effet contraire : c'est-à-dire la fermeture inconditionnelle des paupières.

La formule : DÉVERROUILLAGE 3-2-1-0 !

SORTIES DE SECOURS : LES TESTS IDÉOMOTEURS

LE SUPPORT CORPOREL

Si le support suggestif de la formule simple ne suffit pas à obtenir un verrou palpébral précaire, il existe un autre moyen emprunté aux techniques hypnotiques. Nous entretenons des rapports différents avec nos membres moteurs, qu'il s'agisse de nos jambes ou de nos pieds, d'une part, de nos bras ou de nos mains, de l'autre. La technique idéomotrice consiste à mettre en parallèle le croisement des chevilles et l'entrelacement des doigts pour établir laquelle de ces parties corporelles est la moins investie affectivement.

LE TEST DE L'ENGRENAGE DIGITAL

Ce test est aussi un exercice de déprogrammation gestuelle d'une trop grande sensibilité aux « malheurs de Sophie ». Non pas que la compassion puisse être considérée comme une faiblesse, mais certaines personnes doivent aussi se protéger d'une crédulité excessive qui va de pair avec une hypersensibilité affective.

Si vous agissez seul, isolez-vous dans un endroit calme et commencez par croiser vos doigts sur votre abdomen en position assise ou couchée.

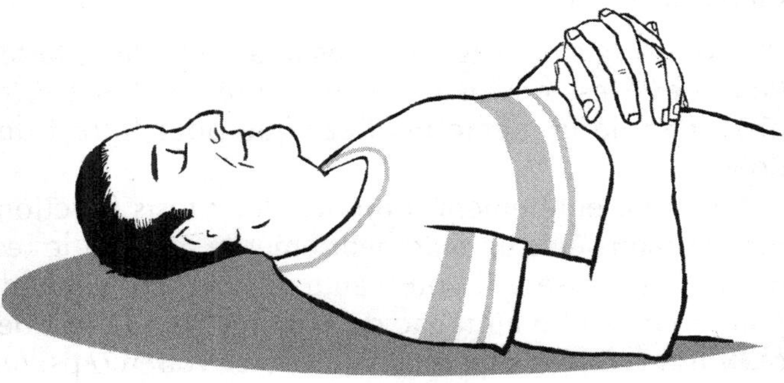

Fermez les yeux et comptez de un à trois, à plusieurs reprises, en concentrant votre pensée sur la position enchevêtrée de vos doigts. Ensuite, essayez de les décroiser doucement ! Si vous ressentez une résistance, recomptez mentalement de un à trois avant de tenter de nouveau de les détacher. Vos paupières doivent demeurer closes pendant toute la durée de l'exercice. La résistance augmentera au fur et à mesure de vos essais.

Dès que vous réalisez qu'il est impossible de décroiser les doigts sans faire un effort particulièrement important, reportez votre attention sur vos paupières ! Vos globes seront révulsés. Comptez à nouveau jusqu'à trois et répétez-vous mentalement la phrase-clef : *« Plus j'essaie, moins j'y arrive ! »*

Testez enfin le degré de fermeture de vos paupières ! Vous constaterez que, dès leur ouverture, vos mains se sépareront sans la moindre difficulté. Le croisement des doigts renforcera parallèlement votre verrou oculaire. Dès que vous atteindrez plus de trois minutes de verrouillage oculaire, vous pourrez abandonner le support corporel (les doigts croisés) et poursuivre le renforcement de votre VO sans son apport.

CROISEZ LES CHEVILLES !

Si vos doigts ne réagissent pas à la suggestion, testez vos chevilles, en les croisant l'une sur l'autre, et procédez de la même manière que pour le test des doigts.

À force d'entêtement, l'un des deux tests fonctionnera. Si vous êtes un marcheur émérite, ce sera le test des doigts croisés. Si vous sautez dans votre véhicule pour vous rendre au tabac du coin, ce sera le test des chevilles croisées. Apprenez à écouter votre corps, à y investir votre concentration mentale. Chassez les sujets de distraction de votre esprit quand vous procéderez à ces exercices !

LA PROGRAMMATION DU CONFLIT

Malgré vos efforts, vous n'avez obtenu aucun succès par le biais des deux tests proposés. Il reste un moyen plus élaboré mais dont la réussite exige une implication plus grande de votre part. Vous allez vous munir d'une feuille de papier et d'un crayon afin de décrire, en quelques mots, les griefs que vous avez à vous reprocher, les problèmes dont vous souffrez, ou les comportements qui vous font tort. Inscrivez-les clairement sur votre feuille de papier au moment où ils vous viennent à l'esprit. Dès que vous aurez épuisé la somme de vos conflits personnels, concentrez-vous quelques instants sur le premier d'entre eux et fermez les yeux. Comptez de un à trois et testez doucement le degré de fermeture palpébrale. Si vous n'enregistrez aucune résistance à l'ouverture volontaire de vos paupières, passez au conflit suivant et recourez au même rituel.

L'objectif de cet exercice consiste à cerner les conflits dont vous avez conscience et qui sont susceptibles de renforcer votre verrouillage. L'effet idéomoteur découle de la résonance affective et émotionnelle associée à ces conflits. L'énergie libidinale intervient alors pour renforcer votre volonté de réussir l'exercice. Le succès du verrouillage palpébral est assuré, dès que vous serez convaincu d'avoir mis le doigt sur un conflit majeur. L'effet idéomoteur aura, dès lors, rempli son rôle.

VICTOIRE !

Vous avez remporté la victoire après une longue course en solitaire. Le verrou oculaire fait maintenant partie du menu de vos automatismes. Loin d'être aussi spectaculaire que le grand écart, le VO est à la fois objectif et subjectif. Vous ne pourrez prouver à personne que vos paupières sont irrémédiablement closes, par contre, vous le savez pertinemment. Curieusement, l'état de conscience marginale dans lequel vous vous situez grâce au VO ne vous semblera pas différent d'un état de conscience ordinaire. Vous n'avez pas tort en ce qui concerne le vécu de la chose. Cependant, le verrou provoquera de subtils changements, aussi bien dans votre conscience que dans votre sensori-motricité (en d'autre termes : la sensation de vos mouvements). Pour qui sait écouter son schéma corporel, il ressentira un effet de décontraction immédiat aux environs du plexus solaire et des muscles abdominaux, lors de chaque verrou oculaire. Une sorte de soulagement du stress musculaire. Cependant, ce n'est pas là le seul effet remarquable du VO, comme nous le verrons par la suite.

VO PARTIEL, AUTOSUGGÉRÉ OU BIOMÉCANIQUE ?

Il existe trois types de verrous oculaires dont je vais vous décrire brièvement les prodromes.

a) Le verrou oculaire partiel

Le VO partiel est précaire. Il s'agit d'une fermeture instable des paupières. Un effort volontaire sur les muscles releveurs de vos paupières vous permet facilement d'ouvrir les yeux.

b) Le verrou oculaire autosuggéré

Il s'agit d'un VO hyperesthésique qu'il est relativement facile à induire dans le cadre d'un stage de PNG. Un effort volontaire ne suffit pas à le résoudre mais vous ne ressentirez pas la conviction d'une force supérieure à celle de votre volonté consciente. Seule la volonté du praticien pourrait surpasser la vôtre. Si vous avez acquis ce verrouillage lors d'un entretien avec un animateur, il lui est aisé de vérifier votre niveau d'acquisition en vous suggérant une lévitation des jambes en position assise. Vos jambes sont censées se soulever sans effort et les articulations de vos genoux se verrouiller de telle façon qu'il vous soit impossible de récupérer le contrôle de vos jambes. Elles conserveront leur suspension réflexe dans le vide, même si le praticien résout votre VO, afin que vous constatiez le phénomène de visu. Nous étudierons ce phénomène dans le cadre des postures suivantes.

c) Le verrou oculaire biomécanique réflexe (conditionnement opérant)

Il s'accompagne toujours d'une incapacité totale d'ouverture des yeux. Vous vous sentirez incapable d'agir volontairement sur l'ouverture des paupières. Le contrôle effectué par le truchement de la lévitation des jambes, dont il est question ci-dessus, sera toujours positif.

EN RÉSUMÉ...

1. Le VO est le code d'accès entre la conscience ordinaire et la production d'un état de conscience marginale.
2. Le VO ouvre la voie au mécanisme de libération neurogestuelle que représentent les transes-décharges.
3. Enfin, je vous rappelle que, sans cette première étape, la maîtrise des autres postures est impossible.

LE CORPS N'EST PAS LE GOLEM DE L'ESPRIT

Nous sommes réunis dans la petite salle de conférence attenante à mon cabinet. Huit personnes se sont inscrites pour effectuer une préparation à un stage d'autohypnose que je pratiquais alors. L'atmosphère est tendue pour une raison que j'ignore. Après un laïus d'entrée, je propose au groupe de se soumettre à un essai de verrou oculaire. Je leur lis mon texte d'induction (une fable idéomotrice) pour les mettre en condition. Dix minutes plus tard, je leur propose de tester la pression palpébrale qu'ils ont obtenue. Six d'entre eux ouvrent les yeux assez rapidement. Ils ont ressenti un léger frein à l'ouverture mais guère plus. Ils sont déçus. Les deux derniers ne disent rien. Je les interpelle. Ils ne répondent pas immédiatement. Une jeune femme me déclare, avec une anxiété manifeste dans le ton de la voix, qu'elle ne parvient plus à ouvrir les yeux. Le jeune homme qui est assis à côté d'elle finit par ouvrir les yeux après des efforts musculaires qui le laissent songeur. Je demande à sa voisine ce qu'elle ressent. « Je ne peux plus ouvrir les yeux, répète-t-elle, mais je dois avouer que ce phénomène est à la fois étonnant et très confortable. La migraine qui ne me lâche pas d'une semelle, avec laquelle je suis entrée chez vous, a disparu... enfin je veux dire que je ne ressens plus la douleur habituelle et... j'ai peur, si je parviens à ouvrir les yeux, d'en souffrir de nouveau. » Elle finit par expliquer que cette migraine dure depuis plusieurs années et est consécutive à un accident de voiture dans lequel elle a été victime du coup du lapin. Je lui suggère la clef de déverrouillage à plusieurs reprises pour qu'elle puisse se libérer du VO. Ses yeux s'ouvrent enfin sur un visage renfrogné et un front torturé de rides exprimant la douleur des migraineux. Sa migraine est revenue, fidèle au poste.

Sept des huit personnes présentes se sont inscrites à un stage d'initiation, mais pas cette jeune femme. Je ne l'ai jamais revue. Il faut croire que sa migraine était un prix à payer pour une faute (irrationnelle ?) qu'elle devait avoir commise, c'est ce qu'on définit comme un bénéfice négatif. Tous les migraineux ne réagissent pas ainsi, heureusement. J'ai pu malgré tout en aider un certain nombre à se débarrasser de cette souffrance inutile quand j'exerçais encore la psychothérapie.

Pour la majorité des gens, le corps n'existe que dans la douleur.

Il est bien plus facile d'admettre la réalité d'une douleur passagère ou chronique que la réaction incontrôlée du soma. Hors de cette composante, le corps se réduit à une image mentale le plus souvent erronée mais rassurante. Le corps est perçu comme le golem de l'esprit.

Je vais peut-être vous étonner en vous disant que le corps est le prolongement naturel de la conscience, le tabernacle du subconscient et l'hypermarché à rayons multiples de la mémoire. Le corps dispose de sa propre conscience, n'en déplaise à tous les compulsifs qui se délectent de leurs obligations et jouissent des contraintes qu'ils appellent de leurs vœux. Et si, soudain, ils réalisent que leur cerveau est sous-employé, colonisé par leurs idées préconçues, paralysé par leurs préjugés, c'est à leur corps qu'ils devront faire appel pour décoincer le bouton de col qui les étrangle.

INSTRUCTIONS TRÈS PRATIQUES

Comme vous le savez déjà, l'acquisition du verrou oculaire est quasi impossible sans une investigation idéomotrice des diverses motivations et des divers objectifs du stagiaire. C'est la phase transitionnelle de l'attraction de contrôle. Elle permet de trier et d'évaluer le potentiel énergétique de chaque motivation exprimée ou listée par le stagiaire. L'induction du verrou oculaire se pratique après l'ATCON (attraction de contrôle) et en ayant situé la motivation essentielle ou l'objectif principal qui servira de facilitateur à l'acquisition de l'automatisme oculaire (VO).

Certains néophytes qui arrivent dans un stage d'initiation s'installent bardés de leurs certitudes et du sentiment que leur volonté est l'énergie la plus essentielle et la plus puissante dont ils disposent.

Faux ! Il existe une énergie volitive largement supérieure à la volonté, une énergie instinctive et réflexe qui repose sur l'acquisition des automatismes comportementaux : ce qu'on nomme la maîtrise de soi et de ses potentiels innés ou acquis. La volonté est un outil de contrôle et non de maîtrise. Le vrai pouvoir est détenu par les automatismes inscrits dans leurs constellations neuronales respectives, jusqu'à ce que « mort s'ensuive ». Si vous avez pour habitude de croiser le bras gauche sur le droit (croisement défensif), il vous sera difficile d'adopter le sens inverse sauf exception (croisement offensif).

La carapace musculaire se formate et s'installe dans des postures institutionnelles, quelle que soit au demeurant la signification sémantique de la posture. Les automatismes ont force de loi. L'induction d'un verrou oculaire est tout simplement la résultante d'un automatisme récupéré dans la phase du sommeil.

Dans cette optique, il y a de fortes chances que les insomniaques éprouvent des difficultés à trouver le sommeil justement parce que leur verrou oculaire naturel est perturbé. Ce sont souvent les stagiaires qui ont le plus de difficultés à obtenir le verrou en PNG. Ils veulent y arriver mais ne peuvent y parvenir. Car comme le dit le proverbe, *ce n'est pas quand on veut, qu'on peut mais quand on peut qu'on veut, le cas échéant.*

La volonté a besoin de la passion pour gérer son énergie en bonne mère de famille, car sans la passion, la volonté n'est que rigidité, et elle ne peut qu'aboutir à un résultat mitigé. La passion lui donne du relief et lui ouvre la porte de la maîtrise de soi. Donc, pour vouloir, il faut en avoir besoin, et quand on a besoin, le vouloir devient le pouvoir.

« Pouvoir pour vouloir ou vouloir pour pouvoir ? » Telle est la question qui se regarde dans le miroir et dont la réponse vous sera donnée quand votre verrou oculaire sera maîtrisé. *« Celui qui se contrôle veut pouvoir, celui qui se maîtrise peut vouloir. »* Tel est le secret du vrai pouvoir !

Le problème de l'insomniaque tient à ce qu'on nomme une double contrainte. Il veut mais il ne peut pas, donc il exprime souvent sa motivation au conditionnel : j'aimerais, je voudrais… mais en réalité il ne veut pas et/ou ne peut pas. Les insomniaques ne sont évidemment pas les seuls éléments réfractaires à la méthode, les personnes qui fonctionnent sur le mode de la double contrainte, « Je veux bien mais je ne peux pas », représentent une population réfractaire et souvent revendicatrice. Ce sont aussi ceux qui s'inscrivaient dans mes stages d'autohypnose sur un coup de tête et qui ne récoltaient en général qu'une désillusion de plus.

Venons-en maintenant à la technique qui permet de s'approprier cet automatisme sacro-saint. Il existe plusieurs voies et plusieurs moyens :

a) Le passage obligé par l'attraction de contrôle

C'est la technique que je privilégie car elle présente l'avantage d'augmenter rapidement l'hyperesthésie des stagiaires, et donc d'élargir leur seuil de réceptivité. L'identification de leurs motivations essentielles les concerne au premier chef. Vous pouvez aussi utiliser la fermeture des paupières comme outil d'évaluation, si vous constatez une tendance immédiate au verrouillage précaire, dès les premiers exercices.

b) La promenade en aveugle

La plus excitante ! Elle démarre au départ d'un verrou partiel acquis. Un couple de stagiaires se constitue dont l'un marchera aux côtés du second en jouant à l'aveugle, verrou oculaire partiel induit. Cette version se pratique dans la rue ou dans un jardin public. Elle permet de renforcer le VO jusqu'à ce qu'il soit confirmé par le fait que le stagiaire aveugle ne parvient plus à ouvrir volontairement les yeux malgré l'environnement, hostile par définition, ou la peur de faire une chute.

c) Le *bis repetita ad nauseaum*

Technique hyper-efficace qui convient à tout le monde. Le seul ennui est justement qu'elle est très ennuyeuse pour l'animateur, qui doit répéter le même texte inducteur jusqu'à ce qu'un verrou partiel s'installe chez ses stagiaires.

d) La fable de programmation

Ce texte inducteur ne convient pas à tout le monde. Il est nécessaire d'avoir un certain degré de compréhension intellectuelle pour en apprécier les finesses et les références philosophiques. La lecture de ce texte exige aussi un timbre de voix agréable à l'oreille. Il fait partie des outils de travail de tout animateur. Il est versifié pour des raisons de scansion (rythme émotionnel).

e) Les fables inductrices fondées sur les topographies corporelles : visage, nez, bouche, yeux, joues, etc.

Même prévention que pour le château esprit, avec un iota de différence : ces textes servent aussi d'inducteurs pour les transes-décharges neuro toniques.

Comme on peut le constater, la maîtrise des techniques d'induction exige une attention spécifique de la part des animateurs. Ces modes inducteurs sont d'excellents supports enregistrés sur CD ou sur une clef USB, à condition de servir de renforcement des procédures de transes-décharges. La présence humaine est toujours indispensable pour atteindre l'objectif initial. Il ne faut pas oublier que chaque stagiaire vient à la PNG pour maîtriser le principe MEC (maîtrise de soi, estime de soi, confiance en soi). Mais il y apporte aussi ses contradictions, ses désirs frauduleux ou inexprimables, ses aspirations fantasmatiques. La PNG est la solution du miracle dont il attend la rémission de tous ses péchés. Hélas ! Trois fois hélas ! Pour arriver à susciter un miracle, il faut du temps et de la patience, deux denrées qui manquent souvent aux stagiaires qui viennent « tester » les postures neuro-gestuelles avec des attentes magiques. Et quand ils acquièrent ce fameux verrou oculaire confirmé par une lévitation cataleptique des jambes, ils sont inoculés par le virus du principe MEC. Comment ne pas l'être quand vos jambes demeurent en l'air sans effort musculaire durant plus de vingt et une minutes, voire pendant plus de deux heures en regardant un bon film à la télé, pour les plus entraînés ?

CHAPITRE 9

PROGRAMMER LE VERROU DE LA BOTTE

LE VERROU DE LA BOTTE : UN ANXIOLYTIQUE MAJEUR

J'ai les chevilles croisées, la droite sur la gauche. Je connais la signification de ce croisement qui indique que mon entretien avec ce responsable d'un service de recrutement tourne au vinaigre. Nous ne sommes manifestement pas sur la même longueur d'ondes. Je défais mon croisement et j'ancre mes pieds dans le sol, ancrage additionné d'un enracinement cataleptique des jambes. L'angle de mes jambes au sol est de 90 degrés. Il tient le crachoir. Je me garde bien de l'interrompre. Progressivement, l'atmosphère se modifie. Mon interlocuteur retrouve des couleurs. Il sourit même de temps en temps.

> *« Bon ! conclut-il. Je ne rejette pas votre procédure d'analyse en bloc. Je vous propose de la tester* in vivo *sur quelques-uns de nos candidats. Qu'en pensez-vous ? »*

Que s'est-il passé dans son esprit ? A priori, il était farouchement opposé à l'idée d'employer le langage des couleurs pour évaluer les composantes psycho-émotionnelles de ses candidats. Pourquoi ce revirement aussi soudain qu'imprévu ?

Deuxième posture de la grille posturale en autohypnose idéomotrice, ***l'enracinement des jambes*** – ou verrou de la botte – est une catalepsie musculaire additionnée d'un verrouillage rotulien des genoux. Le sujet qui la maîtrise peut empêcher tout mouvement volontaire des jambes. Les pieds sont ancrés dans le sol. Cette posture s'induit à la suite du verrouillage oculaire dans le cadre de la grille posturale de base et représente, à mon avis, le meilleur antistress connu à ce jour. Et je parle d'expérience.

Le verrou de la botte est très utile dans des circonstances qui n'ont évidemment rien à voir avec le travail idéomoteur classique.

Dans les circonstances d'un entretien commercial, de recrutement, d'une situation d'examen en face à face, etc., l'enracinement abaisse notablement le taux d'angoisse/stress du reproducteur de la posture. Or ce taux interagit négativement sur son interlocuteur, on s'en doute. Si vous avez l'occasion de programmer cette posture en face à face, vous constaterez très vite que l'attitude de votre vis-à-vis sera moins agressive ou moins figée que si vous conservez les jambes ou les chevilles croisées.

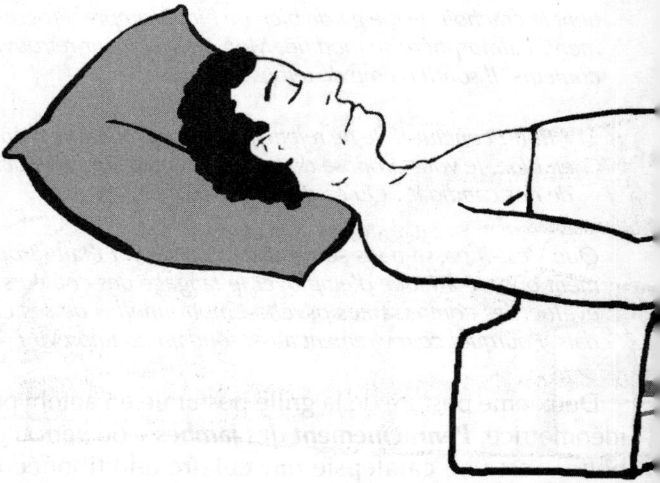

« Je n'ai qu'un petit quart d'heure à vous accorder », annonce l'adjoint du maire de la ville.

Il semble agacé. Je décroise les jambes pour enraciner mes pieds dans le sol. La catalepsie s'installe aussitôt. Deux heures plus tard je quitte mon hôte, hôte qui n'avait qu'un quart d'heure à me consacrer. J'ai perdu mon temps, comme toujours avec les politiques. Paroles ! Paroles ! Paroles ! Mais les actes restent au fond du tiroir.

LA DÉCONNEXION DES JAMBES : UNE PANACÉE

En position couchée, il est possible de remplacer l'*enracinement ou verrou de la botte* par une mobilisation cataleptique des jambes, sous la forme d'une déconnexion de la commande réflexe. Cette seconde manière est souvent plus pratique quand on ne dispose pas d'un fauteuil confortable, permettant de reposer sa nuque dans le creux d'un coussin. Beaucoup de stagiaires l'adoptent également car la déconnexion leur offre l'occasion de pratiquer

la grille posturale le soir avant de s'endormir ou au réveil, juste avant de se lever le matin. Attention, cependant, de dégager les pieds hors des couvertures. La déconnexion des jambes rend les orteils hypersensibles au moindre contact (couvertures ou draps, notamment).

Les orteils sont l'un des sièges symboliques de la frustration. J'ai pu constater que les personnes en situation d'échec vital sont plus sujettes à des ongles incarnés que celles à qui tout réussit. Les mycoses qui démangent entre les orteils sont aussi un signe de frustration, mais non relié au syndrome d'échec. En vérité, j'ai longtemps cherché à comprendre le pourquoi de ces chatouillements intempestifs dont j'étais souvent victime, comme certains de mes stagiaires. Les tubes de « Myscoster » manquaient d'efficacité pour régler le problème. Les démangeaisons entre les orteils apparaissaient et disparaissaient par périodes. En associant mes propres éruptions à un sentiment récurrent d'angoisse du résultat, j'ai pris conscience du fait que ces démangeaisons pouvaient bien avoir un rapport avec cette angoisse particulière. J'ai donc décidé de déprogrammer cette obsession en utilisant une formule d'évacuation en prépa mentale[1]. Les mycoses provoquant parfois un érythème intertrigo (une inflammation de la peau entre les orteils) ont disparu en vingt-quatre heures.

La déconnexion des jambes est la deuxième posture générique de la grille posturale de base. Elle a un effet souverain sur la circulation du système vasculaire, agit sur les cuisses (la remise en question ; les genoux : la capacité de recul ; les

---

1. Pour mémoire, il s'agit d'une autorisation d'évacuation d'un trouble exprimée sous la forme d'une phrase courte qui se répète mentalement sous verrou oculaire. Le VO sert de mode d'arbitrage dans la mesure où les répétitions de cette autorisation doivent être numérotées de 1 à (?) jusqu'à ce que le VO se résolve spontanément.

mollets : l'endurance ; les chevilles : la motivation). En revanche, la déconnexion ne concerne pas les pieds et les orteils.

LA PROGRAMMATION DU BOUCLIER

Dès que le verrou oculaire est programmé, il est possible de passer à l'acquisition de la posture suivante. Si le VO est confirmé, le stagiaire n'enregistrera aucune résistance pour acquérir un enracinement ou une déconnexion des jambes. Il lui suffit de se coucher sur un tapis de sol, sur un lit ou de se mettre dans un fauteuil, de programmer le VO et de commencer à installer la clef de programmation habituelle (1-2-3) pour induire l'enracinement ou la déconnexion des jambes. Exactement comme cela s'est fait pour le verrou oculaire.

Si cet enracinement s'opère au cours d'un stage de PNG, l'animateur compte jusqu'à trois, en spécifiant qu'il s'agit d'un enracinement des jambes ou d'une déconnexion des jambes. Il suffit alors d'enclencher le chrono et d'attendre environ soixante secondes avant de demander au stagiaire de tester ses jambes. S'il parvient à les bouger ou à déplacer ses pieds, son verrou oculaire se résoudra spontanément et ses yeux s'ouvriront, annulant l'exercice en cours.

Notez alors le temps qu'il lui aura fallu pour récupérer volontairement l'usage de ses jambes (déduction faite de la minute de démarrage) et faites-lui recommencer l'exercice, en suivant rigoureusement le même protocole d'induction.

Petit à petit, il s'apercevra qu'il lui est impossible de décoller ses pieds du sol et de mouvoir la partie inférieure de son corps, exactement comme s'il était paraplégique.

Dès que votre chrono indiquera vingt et une minutes d'enracinement ou de déconnexion, vous pourrez considérer que la posture est acquise. Il faut alors passer à l'étape suivante : la remise du code de programmation au stagiaire en mode autogène, avant de vous attaquer à son bouclier social.

Cette posture peut bien évidemment être acquise en mode autonome, mais cette programmation demande plus de temps et d'efforts que l'induction par un animateur certifié.

LE BOUCLIER SOCIAL

Installez votre stagiaire sur une chaise ou dans un fauteuil et verrouillez préalablement ses paupières en mode hétérogène ! Induisez son enracinement des jambes et déprogrammez immédiatement son verrou oculaire réflexe.

Est-il encore capable de soulever ses jambes ou de déplacer ses pieds ? Si c'est le cas, reprenez l'exercice au départ du verrouillage oculaire. Sinon, enclenchez votre chrono et mesurez le temps qu'il lui faudra pour casser l'acquisition de ce nouvel automatisme. Répétez l'exercice jusqu'à ce qu'il atteigne vingt et une minutes d'enracinement en état de conscience ordinaire, et non en état de conscience marginale, donc les yeux ouverts !

L'objectif final de cet exercice particulier consiste à obtenir un enracinement autogène immédiat sans passer obligatoirement par le verrou oculaire.

UN ANTISTRESS MAJEUR

Plus le stagiaire pratiquera l'enracinement (ou verrou de la botte) dans différentes circonstances (au bureau, dans une salle de spectacle, pendant le lunch, en lisant son journal ou en regardant la télévision, etc.), plus il maîtrisera le programme réflexe de l'enracinement. Car ce mode cataleptique est un bouclier social.

De quoi s'agit-il ? D'un antistress doublé d'une protection non verbale d'une rare efficacité contre les agressions de l'environnement. Cela vous paraîtra peu vraisemblable, a priori, mais je vous garantis son efficacité dans tous les cas de figure. Il faut savoir que le stress disperse la cohésion de l'organisation intellectuelle. L'enracinement réflexe des jambes apaise ses effets pernicieux, permettant au climat mental de retrouver le chemin de l'équilibre émotionnel en face de situations d'examen ou d'exception pénibles ou difficilement supportables.

L'utilisation régulière de cette posture, en tant que mode de réaction dynamique à l'anxiété, à la morbidité ou à toute autre forme d'attitude mentale délétère, y compris les accès de panique, transforme progressivement les comportements impulsifs en conduites apaisantes et faciles à maîtriser. Le stress perd son ascendant sur les réactions de fuite ou d'agressivité qu'il déclenche en temps de crise. L'enracinement des jambes procure un effet de recul palpable permettant au reproducteur de reprendre son souffle, en quelque sorte.

Un conseil au stagiaire, comme au praticien : dès que vous maîtriserez l'enracinement, utilisez-le le plus souvent possible ! Traquez vos jambes ou vos chevilles qui n'en finiront pas de se croiser sans vous avertir, notamment quand vous êtes assis en communication téléphonique !

Je décroche le téléphone. Un commercial recommandé par un formateur de mes amis souhaite avoir des renseignements sur les stages de PNG. J'enracine pour lui répondre et je surveille mes jambes. La conversation prend un tour désagréable. Mon correspondant exige des garanties de résultat sans pour autant confirmer son intérêt pour la méthode. Je sens bien que mes jambes ont tendance à vouloir se croiser instinctivement (mode défensif). Le verrou de la botte tient bon. À l'autre bout du fil, mon commercial finit par se calmer. Je lui demande d'effectuer un test de réceptivité à la PNG sur le site. « Je l'ai fait », me confirme-t-il. « J'ai obtenu 0 % », rajoute-t-il avec un rire cynique.

« C'est mauvais signe, lui dis-je. Refaites-le à trois reprises, trois jours en suivant. Si le résultat moyen est inférieur à 66 %, je vous déconseille de vous joindre à un stage. » Sa réaction verbale claque comme un trait d'esprit : « Vous n'êtes pas très commerçant. » Je lui réponds aussi sec en riant : « Effectivement, je n'ai pas vos talents de commercial. » Le verrou de la botte a tenu durant les dix minutes de l'entretien téléphonique, qui s'est achevé dans la bonne humeur.

Si j'avais croisé les jambes, cette conversation aurait-elle été aussi conviviale ? Je ne le crois pas. Il m'est arrivé de me friter avec certaines personnes tout simplement parce que je n'avais pas eu le réflexe de programmer un bouclier social quand la discussion a viré au rouge.

Le langage du croisement des jambes mérite, à lui seul, un chapitre que vous retrouverez dans plusieurs de mes ouvrages sur le décryptage des gestes.

Il est essentiel de savoir que la pratique de l'enracinement réflexe vous protégera contre les agressions verbales et/ou comportementales. Contre votre propre peur de l'autre, ou contre tout sentiment d'infériorité. Vous constaterez, avec le temps, que les inconnus ne susciteront plus chez vous de craintes irrationnelles. Les gens sont bien plus aimables que vous ne le pensiez.

L'enracinement est également une cure permanente de confiance en soi et de stabilisation des humeurs (isothymie).

En l'utilisant régulièrement, vous établirez un contact constant avec la terre qui vous porte. Mettez-vous à l'écoute sensorielle de vos jambes et de vos pieds pendant que vous le pratiquez, vous ressentirez rapidement la décontraction musculaire s'installer dans vos cuisses, vos mollets, vos chevilles. Si vous êtes d'un tempérament anxieux, l'enracinement vous agacera parfois parce qu'il peut provoquer un refroidissement des orteils. Déprogrammez-le quelques instants et induisez-le de nouveau pour renforcer le réflexe conditionné !

Antidote contre le stress, cette posture deviendra à la longue un réflexe inconscient, à l'instar du croisement automatique de vos jambes aujourd'hui. A contrario, il vous sera de plus en plus inconfortable de croiser les jambes ou les chevilles.

Mais avant d'atteindre l'automatisation inconditionnelle de l'enracinement, un rituel d'acquisition sera probablement nécessaire en compagnie d'un animateur. L'habitude de croiser les chevilles ou les jambes en position assise est un réflexe pavlovien. Interrogés, la plupart des gens indiquent que la posture des pieds ancrés dans le sol est inconfortable, à l'inverse du croisement, qui les détend, prétendent-ils.

UN DERNIER CONSEIL POUR LA ROUTE

Il vous est loisible d'enraciner une seule jambe à la fois mais sans pour autant croiser l'autre dessus. Sachez que l'enracinement de la jambe gauche soulage l'anxiété et endigue l'instabilité émotionnelle qu'elle suscite. La jambe droite contient le découragement, la démotivation, et tous les états dépressifs réactionnels. Si l'effet n'est pas immédiat, vous finirez par soulager votre attitude mentale malgré le cumul des humeurs maussades ou de la situation de stress que les événements vous imposent.

LES EXCEPTIONS FONT TOUJOURS EXCEPTION

Certaines personnes éprouvent des difficultés à obtenir un enracinement ou une déconnexion des jambes alors qu'elles maîtrisent manifestement le verrou oculaire. Cela provient du fait qu'elles ont eu à souffrir de pathologies touchant cette partie de leur corps, d'où l'impossibilité de lâcher prise au niveau des jambes. Il faut évidemment en tenir compte et avoir recours, dès lors, à un verrou cataleptique des bras, en lieu et place de l'enracinement ou de la lévitation des jambes.

L'enracinement ou la déconnexion des jambes font partie de l'ensemble des quatre postures génériques de base qui précèdent la (dé) programmation gestuelle et posturale en PNG.

CHAPITRE 10

LA DÉCONNEXION IDÉOMOTRICE DES BRAS

BRAS INERTES = LIBERTÉ MENTALE !

La déconnexion des bras est la troisième posture de la grille posturale en PNG. Elle suit immédiatement l'enracinement ou la déconnexion des jambes. Son mode de programmation est rigoureusement identique à ceux qui sont déjà décrits dans les chapitres précédents. Le même type de formule prévaut à son induction. Si vous maîtrisez déjà le verrou oculaire et l'enracinement des jambes, procédez dans la foulée à la déconnexion des bras et attendez quelques instants avant de tester la résistance de cette nouvelle posture. Si elle se résout spontanément, vos paupières se décolleront et l'enracinement de vos jambes se libérera aussitôt. Reprenez l'exercice à la base : VO 1-2-3 + ERJB 1-2-3 + DBR 1-2-3 (verrouillage oculaire + enracinement des jambes + déconnexion des bras). Vous constaterez progressivement une amélioration de la déconnexion, en consultant le temps de verrouillage sur votre chrono. Dès que vous aurez atteint plus de vingt et une minutes de verrouillage des bras, votre maîtrise de la troisième posture sera acquise.

Attention, cependant ! Les doigts sont indépendants de cette déconnexion. Les bras sont immobilisés, mais les doigts sont susceptibles de bouger. Il existe d'autres verrous digitaux (je vous renvoie aux postures annexes).

LE SOUS-TITRAGE GESTUEL DE LA PAROLE

L'Homme peut s'exprimer sans le concours de ses bras, pris dans leur ensemble, mais il ne peut envisager d'agir ou de penser l'action sans leur aide. Le bras gauche représente symboliquement la liberté de croire ou de penser. Le bras droit correspond à la liberté d'agir.

Quand le bras droit retient le bras gauche, il sanctionne la liberté de croire ou de penser. Quand le bras gauche retient le bras droit, il freine la liberté d'agir. Quand un individu marche avec les bras figés, on peut inférer qu'il est prisonnier d'un trouble psy qui le prive de la liberté d'être dans le réel, c'est-à-dire d'affronter la réalité.

Elle me tenait des raisonnements d'une logique implacable, irréfragable, insubmersible. Nous marchions côte à côte au jardin du Luxembourg. Au détour d'une allée, je surpris chez elle une moue incongrue à la vue d'un gamin qui embrassait la truffe d'un chien. Elle grommela un « c'est dégoûtant » avant de repartir dans le cursus de son Verbatim (ça fait plus intellocrote que « la suite de son discours »). C'est à ce moment que je constatai que ses bras ne se balançaient pas au rythme de la marche alors que nous avancions d'un bon pas. Il faisait froid. En l'observant plus attentivement, je m'aperçus d'un facteur qui m'avait échappé : une hypermimie faciale assez prononcée (des grimaces sans objet) ! Les arguments qu'elle m'assenait me parurent soudain peu en phase avec le réel. Je m'étais laissé endormir par son intelligence officielle de scientifique pur porc. Cette femme était tout simplement psychotique. Les aspects paralogiques de son discours ne m'étaient pas apparus à première vue. Il faut dire qu'elle était fichtrement belle. Ceci explique cela ! La beauté aveugle le sens critique de n'importe

quel mâle, même pas en rut. Sans compter que la capacité de recul est abolie virtuellement.

L'autonomie d'un individu s'évalue au type de mouvement qu'adoptent ses bras et à la position des mains quand il marche seul dans la rue ou dans un couloir de métro. Le mouvement des bras correspond donc au degré d'autonomie individuel. Paradoxalement, en figeant les bras dans le cadre d'une grille posturale, on promeut le degré d'autonomie mentale. La posture en question agit comme un *vaccin postural* contre la dépendance, la soumission et la fuite devant la réalité.

COMMENT CONTRÔLER LA MAÎTRISE ?

Pour vérifier l'efficacité de votre programmation, qu'elle soit autonome ou dirigée par un animateur, il existe plusieurs protocoles de contrôle.

Premier contrôle

De prime abord, vous devez être en mesure d'induire une déconnexion des bras (DBR) sans passer obligatoirement par les deux premières postures. Ce qui signifie qu'un simple ordre mentalisé doit aboutir à votre catalepsie des bras en état de conscience ordinaire (ou état de veille). Si le résultat de ce contrôle est négatif, reprenez l'induction du VO (verrou oculaire), sautez celle de l'enracinement et programmez immédiatement votre DBR (déconnexion des bras). En cas de succès, déverrouillez vos paupières, mais conservez la déconnexion (ou la catalepsie) des bras en activité. Si la catalepsie (déconnexion) de vos bras persiste, le résultat est positif. Dans le cas contraire, vous devrez retourner à la case départ pour une grille partielle supplémentaire de vingt et une minutes : VO 1-2-3 + ERJB 1-2-3 + DBR 1-2-3 (verrou oculaire

+ enracinement des jambes + déconnexion des bras). L'objectif demeure la maîtrise d'une DBR (déconnexion des bras) en état de conscience ordinaire.

Deuxième contrôle *in vivo*

Dès que vous aurez obtenu le résultat visé, passez à l'étape suivante. Programmez votre déconnexion en présence d'un tiers et dans le cadre d'une conversation. Si vos bras restent inertes, tandis que vous devisez avec votre interlocuteur, vous pourrez considérer la déconnexion des bras comme étant acquise. Si, par contre, vos bras se libèrent pour sous-titrer votre discours, cela signifiera que votre maîtrise de la posture ne dépasse pas le cadre d'une grille posturale en circuit fermé. Ce qui est déjà un succès en soi. Ce deuxième type de contrôle se pratique dans le contexte d'un stage de remise à niveau, notamment. Les candidats et les animateurs qui y assistent doivent conserver leur déconnexion des bras face à un examinateur qui fera tout ce qui est en son pouvoir pour les obliger à souligner gestuellement leur discours. La réussite de cette épreuve est essentielle car elle prouve à quel point l'idéomotricien est capable de conserver son sang-froid dans n'importe quelle situation, d'agressivité verbale de la part d'un interlocuteur notamment. Il ne faut jamais perdre de vue le fait suivant : les bras sont nos armes et nos boucliers, au sens néoténique (caractère larvaire) de notre origine humaine.

Il n'est pas évident de maîtriser une déconnexion réflexe en situation d'examen, pour ainsi dire. Le corps est habitué à souligner spontanément le discours par le biais du geste. Le fait de supprimer cette dimension gestuelle est un véritable exploit. Le facteur gestuel induit l'éloquence, comme chacun le sait. En supprimant l'effet de manche, le débit du discours s'appauvrit inéluctablement. Le corps est perçu comme un bloc figé par celui qui reproduit la posture, et il devient extrêmement difficile de faire appel à l'émotion pour soutenir une argumentation et persuader son entourage. Cependant, l'induction immédiate d'une déconnexion des bras en situation d'examen ou d'exception peut aussi comporter d'énormes avantages dans le contexte d'une discussion ou d'une négociation serrée, dans un cas de violence verbale, de médiation avec des individus agressifs, ou lors d'une prise d'otages, etc.

LES BRAS MORTS CALMENT LE JEU

Je me suis trouvé dans une situation d'agressivité absolue, m'étant aventuré imprudemment dans le territoire d'un rottweiller (je crois ! Je ne m'y connais pas beaucoup en marques de chiens) dressé à garder une propriété privée.

Quand j'ai réalisé que l'animal arrivait dans ma direction comme un ballon de football, mes bras se sont paralysés d'instinct, mains à l'abri dans les poches de mon jean.

Le chien s'est arrêté pile devant mes bijoux de famille en grondant au lieu de m'agresser physiquement. J'ai conservé une immobilité statuaire jusqu'à la venue de son maître, quelques instants plus tard. Il a rappelé son molosse et m'a demandé d'une voix peu amène pour quelle raison je m'étais introduit dans sa propriété. Je lui ai fourni une explication satisfaisante et il m'a confié que j'avais eu de la chance car son clébard était dressé à l'attaque des intrus. Il trouvait la réaction de son chien hors norme. Logiquement, j'aurais dû me retrouver à l'hôpital… ou pis : eunuque à vie.

Par la suite, j'ai appris que le fait d'enfoncer ses mains dans ses poches, face à pareille situation, représente effectivement la solution de secours préconisée par les maîtres-chiens. Hors de danger, je ressentis une douleur musculaire dans les muscles des avant-bras. La déconnexion spontanée s'était transformée en tétanie, jusqu'à la résolution de cette posture de défense paradoxale. J'étais parfaitement conscient que, en d'autres temps, j'aurais réagi à l'attaque par la fuite éperdue et que j'y aurais perdu mes fesses. L'intégration de la déconnexion des bras dans la somme de mes automatismes comportementaux m'a évité un séjour en milieu hospitalier, sans compter les tracas de la procédure judiciaire qui se seraient ensuivis.

Depuis cet incident, j'ai eu l'occasion de vérifier l'efficacité de cette posture en état de conscience ordinaire à maintes reprises face à des personnes agressives, dont une menace avec couteau de la part d'un agresseur. Et c'est à cette occasion que j'ai pris conscience du sens que Lao-Tseu donne à l'un de ses paradoxes : « L'inertie est la racine du mouvement. » Plus vous maîtrisez l'inertie des bras, plus votre réaction sera fulgurante en cas de passage à l'acte de la part de votre agresseur. Il suffit de regarder sa bouche. Les lèvres se tordent un tiers de seconde avant qu'il n'agisse. Cela vous laisse deux tiers de seconde pour parer le coup en laissant faire vos mains et vos bras. Votre corps sait exactement comment réagir pour vous protéger, que vous soyez une femme ou un homme. Les hommes sont fragiles au niveau de la pomme d'Adam et entre les jambes, entre autres, et à plein d'autres endroits qui les paralysent immédiatement.

Si vous vous trouvez en présence d'un pitbull humain ou d'un « cadre noir » qui tente de vous manipuler ou de vous harceler, plongez automatiquement vos mains dans les poches de votre pantalon ou de votre jean et pratiquez une déconnexion idéomotrice des bras. Il réalisera très vite, à son insu, que son scénario ne fonctionne pas. Et si vous n'avez pas de poches ? Déconnectez vos bras suspendus le long de votre corps et taisez-vous ! Si vous devez lui répondre, n'utilisez jamais vos mains ou vos bras pour soutenir votre réponse. Vous pouvez aussi pratiquer le verrou de la courte échelle !

Les doigts entrecroisés et accrochés devant votre bas-ventre est une vraie fausse attitude de soumission qui calme les ardeurs agressives d'un interlocuteur ou d'un chef.

ON MENT AVEC LES MOTS, PAS AVEC LES GESTES

Il ne faut pas oublier que si le langage gestuel accompagne et renforce toujours l'effet du discours verbal, il trahit la parole, si cette dernière s'écarte de la vérité. Le corps est incapable de mentir. Il traduira toujours le sens de votre pensée ou de votre perception non consciente de la situation vécue, et non celle de votre discours. Rappelez-vous que la base de la communication interindividuelle n'est pas seulement fondée sur le langage verbal, mais aussi sur le rôle que joue la gestion non consciente de la communication non verbale (CNV). L'inconscient de votre interlocuteur décode instantanément la signification effective des gestes et des postures corporelles qui accompagnent votre discours. Bien entendu, sa conscience n'est pas en mesure d'en interpréter les contradictions. Cependant, on peut estimer qu'une personne attentive, ou douée d'une certaine empathie, ressentira le malaise qui pourrait se dégager de l'ensemble – paroles et gestes – et adaptera sa conduite en fonction de ces nouvelles données. D'où l'intérêt extraordinaire d'une déconnexion réflexe des bras entièrement maîtrisée, si d'aventure vous êtes obligé de faire un détour par une vérité frelatée, sans oublier l'enracinement des jambes, bien sûr. Peu de gens savent que l'immobilité des bras trahit aussi le tricheur patenté. Le fait de cacher ses bras sous la table est une manie typique de menteur. On ne cache pas son cerveau quand on est droit dans ses bottes, n'est-ce pas monsieur Juppé ?

LES ARGUMENTS GESTUELS

La déconnexion est également très utile dans d'autres circonstances. Il est possible de programmer la déconnexion de l'un ou l'autre des deux bras en fonction de la situation. La déconnexion du bras gauche (chez le droitier) tempère l'enthousiasme et potentialise l'esprit critique. La déconnexion du bras droit absorbe l'agressivité d'un interlocuteur, dans la minute qui suit la programmation mentale. Je vous rappelle qu'il s'agit du bras de l'action. J'y reviens dans un instant de manière plus détaillée.

Chaque posture est un bouclier défensif réel en même temps qu'un inhibiteur de l'agressivité, qu'elle provienne de soi ou des autres. La déconnexion des bras, à l'instar de l'aphémie des cordes vocales, comme nous le verrons par la suite, représente aussi un frein salutaire au discours pour tous ceux dont la vivacité de parole aurait tendance à dépasser de plusieurs coudées le cheminement de la pensée.

LA DÉCONNEXION ALTERNATIVE DES BRAS

Il semble évident qu'une déconnexion des bras vous oblige spontanément à prendre conscience de ce que vous dites au lieu de dire les choses sans y penser. Cela étant posé, même si ce petit travers ne fait pas partie de vos gros défauts, je vous invite à maîtriser ce verrou en état de conscience ordinaire. Pour y parvenir, le meilleur moyen reste et demeure encore et toujours l'exercice répétitif, doublé d'une prise de conscience de la déconnexion réussie en situation d'examen.

Pourquoi s'en prend-il à moi ? Le voyageur est furieux. Il hurle en postillonnant. Il est debout dans la travée du train. Le TGV est en panne depuis plus d'une heure. Plus d'électricité, plus de chauffage, et forcément la température a chuté brutalement. Nous sommes en hiver, ce qui n'arrange pas les choses. Je ne suis pas le représentant de la SNCF mais comme le contrôleur s'est éclipsé, le lâche, je dois lui servir de clone. Je déconnecte

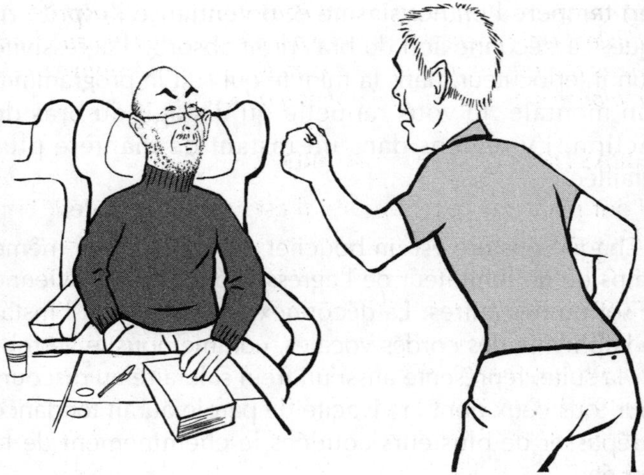

mon bras droit, main dans la poche de mon jean. L'occasion est trop belle, me dis-je, de confronter la théorie à la pratique.

La déconnexion du bras droit main calée dans une poche est une posture sociale qui désamorce l'agressivité mentale du reproducteur mais aussi l'agressivité verbale de son interlocuteur. En principe. J'ai déjà eu l'occasion de tester cette posture alternative dans diverses circonstances mais jamais dans un contexte d'agressivité verbale in vivo. Mes tests précédents m'ont permis de constater que je ne ressentais aucune agressivité envers mes interlocuteurs alors qu'eux me prenaient de haut ou affichaient une attitude de mépris. Il faut savoir que le bras droit (moteur du droitier) représente symboliquement l'action et l'agressivité. Sa déconnexion suggère donc une attitude de convivialité. Mon voyageur s'est calmé aussi soudainement qu'il s'était emporté. Il ébauche un sourire crispé, voire gêné. Les autres personnes présentes, qui avaient baissé la tête au moment de son coup de colère, la relèvent. L'orage est passé.

« Un bon coup de gueule, ça fait du bien, lui dis-je. Ça permet d'évacuer le stress, même si ça ne remet pas la motrice en marche. »

Je me tais tout en le regardant dans les yeux. Ses pupilles se dilatent légèrement. Je conserve ma main droite bien au chaud dans ma poche. On ne sait jamais. Il sourit à nouveau. Je replonge mon nez « rouge » dans mon journal.

LE BRAS DROIT EST AU PLACARD

Pour maîtriser cette posture, il est nécessaire qu'elle soit induite par un animateur. Il est en effet très difficile de se contrôler en circuit fermé. L'animateur programme la déconnexion du bras droit de ses stagiaires et il enclenche un chronomètre pour évaluer la mise en place conditionnelle de la posture. Il peut démarrer, au départ, d'un verrou oculaire induit et aboutir directement à cette posture alternative, résoudre ensuite le verrou oculaire en conservant active la déconnexion du bras droit de son ou de ses stagiaires. Le temps de confirmation est toujours de vingt et une minutes durant lesquelles le ou les stagiaires sont censés être incapables de récupérer la mobilité du bras droit. Si la posture se résout avant cette échéance, il faudra retourner au début du jeu : verrou oculaire + déconnexion du bras droit, jusqu'à ce que la posture soit confirmée. Il sera bien sûr indispensable de renforcer la programmation de cette posture par de nombreuses mises en situation. La connexion émotionnelle qui correspond à ce conditionnement n'est pas automatique. Elle doit être reconsidérée périodiquement.

LE BRAS GAUCHE EST AU PLACARD

Le bras gauche du droitier est le bras qui symbolise la liberté de croire ou de penser, comme cela a déjà été dit auparavant. Quand un musulman emprisonne son avant-bras gauche ou son poignet gauche de sa main droite, il exprime sa foi et sa soumission à l'image d'Allah. Telle est la traduction psycho-anatomique que je propose.

La déconnexion de ce bras ne rend pas agnostique et n'empêche pas le reproducteur de réfléchir, n'ayez crainte. Il aide à chasser les pensées parasites ou non structurées ; il stimule le sens critique et renforce aussi la foi en soi ou en Dieu. Si vous avez tendance à être trop influençable ou victime de films que vous vous projetez mentalement en réaction à des situations conflictuelles ou anxiogènes, je vous conseille vivement de programmer ce conditionnement opérant à la suite du premier, la déconnexion du bras droit. Il vous faudra un peu de temps pour prendre conscience de l'efficacité de cette posture alternative. En fait, ce sera sans doute un proche qui vous fera la remarque : « Qu'est-ce qui t'arrive ? Tu te rebiffes, ma parole ! ». Évidemment, avant, vous lui donniez le bon Dieu sans confession quand il vous servait ses salades.

Le sens critique fait partie de l'intelligence. Il ne gomme pas la foi mais vous protège contre les croyances paralogiques des illuminés que vous fréquentez à l'insu de votre plein gré.

« Je peux te soigner à distance », affirme-t-elle le plus sérieusement du monde. « Si tu veux ! ». Je lui réponds mécaniquement pour ne pas la vexer. J'ai toujours été très étonné de ce type de croyance. Non pas que je pense qu'il s'agit d'une forme de mythomanie ou de délire imaginaire, en revanche, je crois qu'il s'agit d'un **syndrome du sauveur** *qui provient d'un trouble très particulier de l'enfance : une carence affective parentale profonde inscrite dans le Surmoi de l'enfant. Il faut materner l'autre pour qu'il vous aime. Cela part donc d'une bonne intention mais ça ne sert évidemment pas à le guérir ou à soulager, sauf si le degré de crédulité du receveur est tel qu'il ajoutera foi à cette suggestion. Dans le fond, l'effet placebo aussi donne souvent de bons résultats !*

CHAPITRE 11

LE VERROU DE LA NUQUE

Le carillon résonne dans toute la maison. Le facteur apporte un colis. Je lui demande par la fenêtre de patienter. J'arrive. Je sors de la maison, il fait un froid de canard. J'ai à peine eu le temps de nouer une écharpe autour de mon cou. Mon facteur est un impatient chronique, comme tous les facteurs, j'imagine. Je descends prudemment l'allée bétonnée qui conduit à la grille d'entrée car le sol est gelé. Aucune rambarde pour m'assurer ! Je suis presque à toucher la grille quand je dérape du pied droit, je fais un vol plané digne d'un film comique et je me crashe violemment sur le dos, sacrum en tête. La douleur est instantanée. Je ne parviens plus à me relever et cet imbécile de facteur me regarde comme un bœuf, sans réagir pour m'aider à me relever. Je suis presque certain de m'être brisé quelque chose. En m'agrippant tant bien que mal au grillage qui borde l'allée, je parviens à me remettre sur pied. J'ouvre la grille et je récupère mon paquet sans un mot de remerciement pour ce faux cul de facteur qui m'en rappelle soudain un autre plus célèbre. Je retourne dans mes pénates avec une vive douleur du côté du sacrum. Et dire que je dois prendre le train dans l'après-midi pour Toulouse, où je suis censé animer un stage d'initiation à l'autohypnose.

Quelques jours plus tard, je me décide à rendre une visite à mon médecin traitant pour lui réclamer une radio. J'ai toujours une douleur assez vive au bas du dos. Sans doute une fêlure du sacrum. Il m'ausculte et me déclare avec un grand sourire que tout va bien et que je n'ai rien de cassé ni

de fêlé. Effectivement, huit jours passent et la douleur a disparu. J'ai 65 ans et un vol plané de ce type aurait dû me briser les os !

Pourquoi cette anecdote ? Parce que je pratique le verrou de la nuque depuis plus de trente ans. Ce verrou renforce toute la colonne vertébrale, consolidant la confiance en soi et prévenant, selon mon expérience, le tassement des vertèbres.

LE VERROU DE LA CONFIANCE EN SOI

J'ai pu constater, avec l'expérience, que celui ou celle qui se méfie systématiquement des autres ne peut pas avoir confiance en lui ou en elle et souffre souvent de torticolis en série.

La main gauche qui se réfugie dans la nuque est un geste qui indique une conduite de fuite. Le reproducteur cherche à trouver un moyen de se défiler. Sa confiance en soi est fragilisée par la situation qu'il affronte. La main droite qui se réfugie dans la nuque indique un individu qui fera appel à son savoir-faire pour protéger sa confiance déstabilisée. Les doigts entrelacés sur la nuque annoncent une rupture prochaine de la communication entre les interlocuteurs. Le reproducteur de la posture exprime son ras-le-bol et/ou une fragilisation de sa confiance en soi.

Si vous êtes parvenu au stade de la quatrième posture, vous ne courez plus aucun risque d'échouer dans votre accession à la phase d'introduction du premier niveau de maîtrise en PNG, qui s'achève avec le verrou de la nuque.

Le verrou de la nuque est relativement facile à acquérir. Votre nuque doit reposer sur le bord supérieur d'un fauteuil ou dans le creux d'un coussin. Induisez ce verrouillage de la même manière que vous l'avez déjà fait pour les postures précédentes, à savoir : VO 1-2-3 + ERJB 1-2-3 + DBR 1-2-3 + VNQ 1-2-3 (soit verrou oculaire + enracinement des jambes + déconnexion des bras + verrou de la nuque).

Accordez-vous quelques instants de patience avant de tourner la tête de droite à gauche ou de haut en bas ! Si vous parvenez à mouvoir votre tête, vos paupières se décolleront et les autres postures se résoudront dans la foulée. Plusieurs essais d'affilée seront probablement nécessaires avant que vous ne ressentiez une légère tétanie (une impression de minerve) qui accompagne généralement l'induction du verrou de la nuque. Poursuivez alors vos essais en vous servant du chronomètre pour mesurer vos progrès. La frontière des vingt et une minutes étant franchie, vous pourrez recourir au protocole de contrôle habituel :

a) induction de VNQ en conscience ordinaire, c'est-à-dire les yeux ouverts.
En cas d'échec :
b) vous couplez l'induction du VO + VNQ.
En cas d'échec :
c) induction du VO + ERJB + VNQ.
En cas d'échec :
d) reprenez les quatre premières postures dans l'ordre et refaites un tour de confirmation de vingt et une minutes.

« J'en doute ! » est une expression qui revient systématiquement dans le discours de mon patient. Il doute de tout et de rien, de lui et des autres. Mais surtout, il vient me consulter, soi-disant pour évacuer ses doutes, tout en doutant du résul-

tat de sa démarche. Il est sceptique et ne me l'envoie pas dire. « Vous ne trouvez pas votre attitude un peu comique ? » J'ai utilisé le mot « comique » pour ne pas user du terme « ridicule ».

« La séance vous coûte 500 francs (les faits se déroulaient au siècle dernier) et vous venez poser vos doutes sur la table en m'affirmant que l'hypnose idéomotrice ne réglera pas votre problème. Ça fait cher le doute, vous ne trouvez pas ? »

Il ne réagit pas. Pas tout de suite. Son regard s'échappe par la fenêtre, l'espace d'un instant, il revient sur moi : « Je me tape régulièrement des torticolis. Une amie m'a dit que vous pouviez... en autohypnose ! [...] »

La mobilisation cataleptique de la nuque est le support de la confiance de soi. Il vous arrivera de ressentir à l'occasion une tétanisation des muscles du cou dans le contexte de la posture, comme il se peut que vous ne ressentiez absolument rien. Si, par contre, le verrou de la nuque vous occasionne une gêne musculaire, soyez certain qu'elle confirme une déstabilisation de votre confiance en soi. Il semble d'ailleurs qu'il y ait un rapport indirect entre la colonne vertébrale, aboutissant justement à la nuque, comme nul n'est censé l'ignorer, et la confiance en soi. La plupart des individus souffrant d'un trouble des vertèbres se plaignent souvent d'un manque de confiance en soi, quelle que soit au demeurant leur position sociale. Il m'est arrivé de traiter des cadres très supérieurs de multinationales qui avaient de véritables problèmes de confiance en leurs compétences professionnelles, et fatalement en eux-mêmes.

Il est remarquable de constater qu'un verrou de la nuque suggéré sous hypnose efface quasi instantanément les sentiments tenaces d'infériorité. L'induction de cette posture en PNG produit les mêmes effets à court terme. Le fait de programmer le verrouillage de la nuque au quotidien, dans le cadre de la grille posturale, entraîne une revalorisation de la confiance en soi à moyen et à long terme.

DE L'ORIGINE DES DOULEURS DORSALES

Les douleurs dorsales, le tassement des vertèbres, les hernies discales sont souvent les conséquences d'une prédisposition, mais rien n'est prouvé en la matière. On peut accuser les attitudes corporelles néfastes en position assise et, pourquoi pas, la manie généralisée de croiser les jambes ou de les entortiller. À propos, décroisez donc vos jambes !

Certaines douleurs lombaires ressortent clairement d'un état de dépression réactionnelle. Le corps encaisse une partie de l'état morbide de la conscience. Ce type de douleur peut durer plusieurs jours, avant de disparaître aussi soudainement qu'il est apparu.

Les dorsalgies sont très souvent consécutives à des conflits psychiques non résolus, sauf en cas d'accident. Bien entendu, le soin nécessite toujours l'intervention d'un kinésithérapeute. Mais si l'origine psychogène n'est pas isolée et évacuée par des moyens psycho-dynamiques, relaxation, sophrologie ou ostéopathie, les douleurs ne feront qu'empirer avec le temps.

Le verrou de la nuque est improprement intitulé dans la mesure où cette posture mobilise pour ainsi dire toute la musculature du dos ainsi que la colonne vertébrale jusqu'au niveau du sacrum.

UNE GYMNASTIQUE QUI NE DEMANDE AUCUN EFFORT VOLONTAIRE

L'induction régulière du verrou de la nuque en PNG redresse spontanément la colonne vertébrale et métamorphose l'attitude du corps. Ce verrou peut être couplé avec un verrou oculaire afin que vous preniez conscience des réactions psychotoniques involontaires auxquelles votre corps pourrait être soumis. Il est en effet remarquable de constater que le dos voûté se redresse automatiquement tandis que la cambrure se creuse. L'exercice se pratique au finish, ce qui signifie que la résolution spontanée du verrouillage oculaire arbitre sa durée.

Ce type de gymnastique idéomotrice est clairement correctrice. La seule question qui se pose encore, en ce qui concerne les déformations de la colonne vertébrale, consiste à prouver son efficacité sur le long terme.

Il faut croire aussi qu'elle renforce la dureté du squelette au niveau de la colonne vertébrale. Confiance en soi et charpente osseuse entretiennent des rapports indirects très étroits, comme je l'ai écrit au début de ce chapitre. La fragilité osseuse de certains seniors qui est consécutive à une inactivité forcée pourrait aussi être la conséquence d'une déflation de la confiance en soi ou en ses compétences. Les seniors qui conservent une activité professionnelle valorisante ou une activité sportive régulière souffrent rarement d'affections osseuses, pathologies héréditaires mis à part.

CHAPITRE 12

LES ATOUTS DE LA LÉVITATION DES JAMBES

QUAND LES JAMBES S'ENVOLENT

Pour démontrer au public présent lors d'une conférence d'information que la lévitation des jambes n'était pas un trucage de gymnaste, j'ai posé plusieurs annuaires sur les jambes tendues d'un confrère. Il a enduré l'épreuve avec le sourire. Interrogé par certaines personnes de l'audience, il dit ne rien ressentir de particulier, sinon une légère pression sur les chevilles. Vingt et une minutes plus tard, je le libère et je propose à une jeune femme sportive de prendre sa place en tendant les jambes volontairement.

Elle s'exécute avec un sourire ironique, très sûre d'elle. Je pose la même pile d'annuaires sur ses jambiers. Elle tient le coup trois minutes et commence à peiner. Elle rend son tablier après six minutes d'effort volontaire douloureux. La différence entre cette demoiselle et le cobaye qui s'est prêté à l'expérience, c'est que le premier n'est pas du tout sportif et la différence d'âge (40 ans contre 21 ans) ne plaide pas en sa faveur. Le verrouillage rotulien rend les jambes aussi rigides que deux bouts de bois. Le record en la matière est détenu par mon ancienne secrétaire : trois heures et des poussières.

La maîtrise est un art. La maîtrise de soi, une illusion qui donne à l'Homme le sentiment d'être l'artisan de son existence. La jambe gauche symbolise le contrôle de soi et des sentiments, la jambe droite cerne les caractéristiques

de la maîtrise des automatismes. L'Homme debout maîtrise le monde. Les automatismes soulagent l'investissement énergétique volontaire et permettent aux énergies gérées par les schémas volontaires (ténacité, persévérance, endurance) de s'investir dans la poursuite de l'achèvement avec plus d'efficacité. Les jambes sont le moteur du progrès, pour le cas où vous ne l'auriez pas remarqué.

Les interprétations des mouvements des jambes sont essentielles dans la compréhension en temps réel des motivations d'autrui, comme nous allons le voir maintenant.

LES JAMBES SE CROISENT BEAUCOUP

Le croisement des jambes est un refrain gestuel alternatif, il traduit la météo des humeurs en temps réel. Il est commandé par l'amygdale du cerveau, donc par les émotions, elles-mêmes filtrées par le cerveau droit. La succession des pensées qui traversent l'esprit engendre ce type de réaction corporelle mécanique, quel que soit le contexte dans lequel se situe le sujet observé. Mais il prend toute son importance à partir du moment où l'on replace cette alternance de croisements dans une situation polémique ou fortement émotionnelle. Mes observations multiples me permettent d'affirmer que les croisements de jambes alternatifs auxquels nous faisons appel, sans même en prendre conscience, ne sont pas aussi anodins que certains le prétendent et traduisent effectivement des perturbations ponctuelles du climat mental.

Tout individu qui croise les jambes se coupe de l'efficacité de ses atouts intellectuels ou créatifs dans un cadre où il doit pouvoir y faire appel, ce qui est un non-sens. Voilà pourquoi je vous conseille vivement de décroiser systématiquement les jambes quand vous êtes en situation d'exception, d'examen, de stress professionnel, etc. Ce ne sera pas facile car vos jambes vous désobéiront, dès que vous n'y penserez plus. Et c'est à ce niveau que vous constaterez à quel point le contrôle conscient de ce mouvement vous échappe. En le posant comme un calque sur la situation que vous vivrez alors, vous comprendrez aussi que le croisement des jambes est tout sauf insignifiant.

AVIS AUX TIMIDES !

Le besoin incoercible de croiser les jambes, dès que vous êtes en présence d'autrui, signale à son subconscient un manque d'assurance (une peur infantile de la castration) dont il peut tirer profit. En revanche, si vous éradiquez cet automatisme polluant pour votre mental en recourant à une déprogrammation idéomotrice du croisement des jambes en situation de négociation ou de confrontation, vous constaterez rapidement un changement notable dans vos conduites relationnelles : régression de la peur d'agir au profit d'une audace toute neuve, regain d'autorité, de charisme, d'affirmation de soi, d'estime et de confiance en soi. Rien que ce petit bénéfice-là, ça donne déjà envie, non ? Avis aux timides !

Logiquement, quand les jambes se croisent, le mental se referme comme une huître. Mais en matière de gestes, la logique doit parfois mettre de l'eau dans son vin et accepter l'analogie comme invitée dans le débat. Je ferme la porte mais je ne la verrouille pas, tel pourrait être le sens du croisement attractif. En revanche, le croisement répulsif est bien un verrouillage, une fermeture de l'esprit[1]. Moins on croise les jambes ou les chevilles, mieux on se porte et plus le baromètre du climat mental demeure au beau fixe.

Tout individu est sensible à l'atmosphère qui règne dans sa bulle sociale. Son cerveau droit filtre en permanence les informations qui proviennent de l'extérieur, mesurant le degré d'agressivité éventuelle dont il se sent la cible, et ce à l'insu de sa conscience ordinaire. Il serait induit en conscience marginale à la faveur d'un enracinement des jambes, par exemple, qu'il sentirait automatiquement le niveau de sympathie ou d'antipathie qui le lie à... ou le délie de l'autre. Une réaction virtuelle des muscles des mollets se fait sentir de manière très concrète, si la relation devient potentiellement conflictuelle.

Vu sous un angle plus positif, le croisement involontaire des jambes est un refrain barométrique idéal pour évaluer jusqu'à quel point vous maîtrisez l'équilibre de vos humeurs ou vous vous sentez obligé de contrôler vos émotions en situation d'examen ou d'exception.

---

1. Je vous renvoie au *Dico illustré des gestes*, dans lequel la chorégraphie des jambes est largement décrite et expliquée.

J'AIME OU J'AIME PAS ?

Nous fonctionnons tous comme des aimants de polarité contraire dès que nous sommes en présence d'autrui. Toute relation interpersonnelle entraîne de manière animale une attraction ou une répulsion instinctives. Cela tient souvent à peu de chose : un détail physique qui vous déplaît, l'absence d'un sourire ou sa disparition brutale, un parfum ou une odeur qui vous irrite, des dents un peu noires de nicotine ou une tache de graisse sur le revers d'un veston, etc. Le degré d'attraction ou de répulsion trouve immédiatement sa traduction sur le plan corporel, notamment avec le croisement des jambes. Cette alternance est un baromètre fiable de l'atmosphère qui règne entre deux individus au cours d'un entretien. Il peut aussi révéler le degré de flexibilité d'un groupe de personnes au cours d'un stage ou d'un atelier d'initiation. Si vous remarquez une proportion trop importante de croisements répulsifs au sein du groupe, le message ne passera pas et l'ambiance se détériorera d'office, quels que soient les signaux positifs que vous pourriez enregistrer verbalement ou a priori.

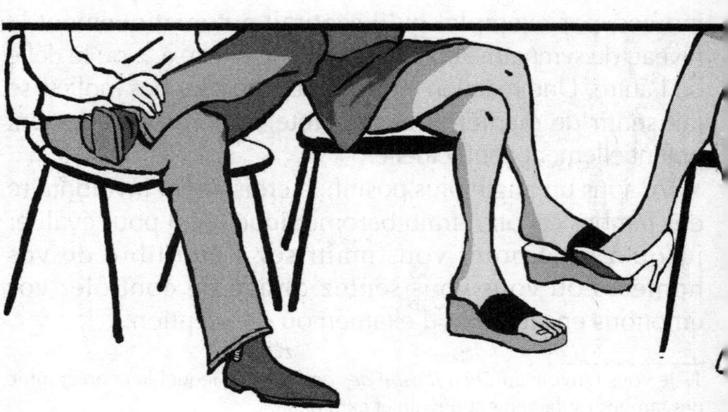

LES PRISES DE TERRE ÉNERGÉTIQUES

Quand un individu est installé sur un siège, l'*angle des jambes au sol* permet d'évaluer immédiatement son seuil de disponibilité.

En angle aigu*,* c'est-à-dire que les orteils, plantes et talons décollés sont en retrait sous la chaise. Ce retrait est voisin de celui qui conduit à se lever ou à bondir de son siège. Il n'est pas disponible mentalement.

L'angle obtus est une position de détente. Les pieds sont posés à plat devant la chaise, la déclivité des jambes avoisine souvent plus de 45 degrés de cote. Cette position signale une bonne disponibilité mentale.

L'angle droit*,* jambe repliée en équerre et pieds ancrés dans le sol, indique une disponibilité sous condition et un caractère ferme.

Ces observations sont élémentaires, mais peu de gens y sont attentifs et perdent souvent leur temps à convaincre des interlocuteurs qui n'osent pas exprimer ouvertement leur manque de disponibilité. Au cours d'un stage, il est facile de situer les fortes personnalités et autres individus

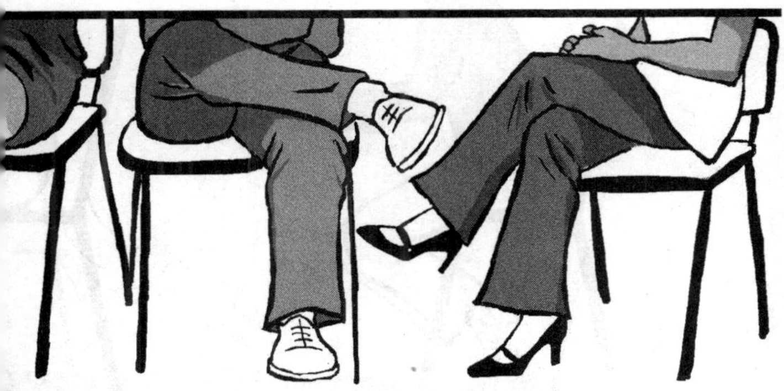

dominants en fonction de ces critères particuliers. Les individus qui se sentent en état d'infériorité chassent leurs pieds sous leur siège. J'ai réalisé que je me comportais exactement de la même manière quand j'avais besoin de convaincre mon éditeur, sans succès. Fort de ce constat, j'ai appris à ancrer mes pieds dans le sol pour proposer mes projets, et je dois dire que le rapport de forces s'est inversé dès le premier essai. Qu'on vienne encore me soutenir, après cela, que le corps n'a aucune influence sur le discours et le pouvoir de persuasion !

Le retrait des pieds sous le siège est aussi une manière de faire marche arrière ou de se dissimuler pour ne pas devoir affronter la réalité. La rigidité de la posture répulsive vient encore renforcer un climat mental peut enclin à une ouverture d'esprit profitable. Par exemple, le retrait régulier du pied droit sous votre siège peut indiquer une impatience ou

un manque de lucidité (traduisez : un refus de la réalité). Le retrait récurrent du pied gauche trahira un refus de prendre des initiatives ou une soumission aux événements.

À QUOI SERT LA LÉVITATION DES JAMBES ?

La lévitation cataleptique des jambes est une activation idéomotrice des jambes avec un verrouillage rotulien. En clair, les jambes se soulèvent spontanément sur ordre mental conditionné et demeurent suspendues sans effort musculaire volontaire. La lévitation des jambes se pratique en position assise. Elle n'appartient pas aux postures de base de la PNG, bien qu'elle serve parfois à confirmer l'accession au verrou oculaire. Elle sert surtout de booster à la combativité déprimée, remobilise le démissionnaire et lui donne envie de remonter sur le ring pour se battre.

JAMBES VOLENT, PIGEON VOLE !

L'activation cataleptique suggérée d'un bras est un phénomène hypnotique facile à induire chez un sujet réceptif. Le verrouillage de l'articulation du coude s'installe automatiquement, empêchant le sujet suggéré de replier le bras. La tétanie des chaînes musculaires paraît évidente. Elles sont, cependant, moins sollicitées qu'on ne serait tenté de le croire. Mais ce type de remarque nous mène directement à l'utilisation des phénomènes cataleptiques dans l'ensemble de la programmation neuro-gestuelle.

Les hypnotiseurs suggèrent la lévitation d'un bras pour entraîner un accroissement de la suggestibilité du sujet. Le bras se soulève lentement, comme suspendu à un fil invisible. L'opérateur effleure le bras pour diminuer la contractilité des muscles et ceux-ci entrent en catalepsie, l'équivalent non douloureux de la tétanie. Cet exercice se situe dans le droit-fil des catalepsies corporelles totales qui offrent l'opportunité à un sujet de se maintenir, sans effort musculaire conscient, entre deux points d'appui : l'occiput posé sur une chaise, les talons sur une autre. Le résultat est spectaculaire et rares sont ceux qui n'ont jamais assisté à ce type d'expérience typique de l'hypnose de théâtre.

La perte momentanée de la contractilité volontaire des muscles est rendue possible parce que les articulations se verrouillent pour supporter la charge du corps dans son entièreté. Ce verrouillage articulaire suggéré est à l'origine du phénomène de catalepsie. Ce qui ne signifie pas que la musculature ne participe pas à l'effort involontaire produit par le corps. La participation musculaire demeure partielle et spécifique aux attitudes corporelles imposées par l'hypnotiseur au sujet. Contrairement à l'effort musculaire volontaire, la transe cataleptique économise l'apport d'énergie nécessaire et suffisante à la persévération de la posture.

En PNG, la lévitation cataleptique des jambes en position assise, ce qui maintient les jambes en suspension, c'est avant tout le verrouillage de l'articulation des genoux. Les muscles des cuisses et des mollets sont relativement peu impliqués dans la production du phénomène, d'où le sentiment du sujet d'être mu par une force supérieure à sa volonté. Avec un peu d'entraînement, il est possible de demeurer plus d'une heure dans cette position, pour le moins inconfortable, sans en ressentir la moindre gêne. De temps à autre les jambes tremblotent, probablement pour permettre aux chaînes musculaires de se détendre. Le sujet finit par perdre de vue l'incongruité de sa position. Le corps forme un angle droit avec les jambes, délivrées de la gravité. L'intérêt gymnique de cette posture est patent. Ce qui l'est moins, c'est son action équilibrante constatée sur la vasodilatation de cette partie du soma.

La durée conseillée est progressive. De sept en sept minutes pour atteindre vos limites. Vous pouvez également pratiquer la lévitation finish, ce qui signifie que la résolution du verrou articulaire interviendra spontanément, après un *temps x* géré par votre système nerveux.

LES ATOUTS PSYCHOLOGIQUES DE LA LÉVITATION DES JAMBES

La maîtrise autogène de la lévitation cataleptique des jambes stimule clairement la ténacité du sujet et combat efficacement la démotivation ou le découragement associés aux états de perte d'énergie consécutifs à la dépression.

L'exercice doit être répété tous les jours de manière autonome. L'esprit de compétitivité se développant au fur et à mesure de l'augmentation des temps de suspension cataleptique, il en découle invariablement une amélioration très nette de l'image de soi. La réussite de la lévitation est souvent ressentie par le sujet comme une victoire mémorable. Il manifeste d'ailleurs toujours sa satisfaction, avec en filigrane une fierté justifiée d'avoir vaincu ses propres résistances.

ET SI LES JAMBES ÉTAIENT LE CODE D'ACCÈS À LA MÉMOIRE ?

En PNG, on utilise la lévitation des jambes avec catalepsie des genoux (verrou rotulien) comme indicateur du travail de mémorisation en miroir[1]. Les jambes demeurent en catalepsie tant que la mémoire emmagasine les données, dans le contexte d'une immersion linguistique, par exemple. Cette technique d'apprentissage permet d'offrir une garantie de résultat à l'apprenant.

Il existe effectivement un rapport étroit entre la mémorisation et le mouvement des jambes ou la masse musculaire de ces dernières. Il s'agit évidemment d'un constat empirique. Les sujets qui ont été conditionnés à mémoriser une langue étrangère de cette manière ont obtenu un plein succès dans leur apprentissage. Imaginez un professeur de musique qui ignore le b.a.-ba du japonais au mois de juin et qui arrive à la rentrée des classes en septembre en s'adressant à ses élèves dans la langue de l'empire du Soleil-Levant. Surprise sur prise ! L'anecdote est authentique. Il lui a fallu vingt jours de cours pour maîtriser un volant de 2 000 mots courants.

1. La mémorisation en miroir consiste à opposer un terme et sa traduction dans l'apprentissage d'une langue étrangère, par exemple. Elle ne fait pas appel aux mêmes systèmes de mémorisation que celui qui interagit pour les textes théoriques ou les poèmes.

UN ANTIDÉPRESSEUR NATUREL À 50 CM DU SOL

La lévitation des jambes est aussi un excellent antidépresseur à raison de sept minutes par jour de lévitation cataleptique des jambes ; l'énergie emmagasinée booste les schémas volontaires déficitaires. Le dépressif perdra rapidement cette humeur malsaine qui lui donne l'impression d'une incapacité de réagir aux sollicitations ou de devoir supporter des contraintes insoutenables. De dix à quinze jours sont nécessaires, à raison d'une LCJ de 7 minutes par jour, pour réveiller la combativité assoupie d'un état de déprime.

CHAPITRE 13

LA POSTURE D'APPEL : L'ANTIDOTE DU DÉSESPOIR

Au départ de la grille posturale de base, nous allons envisager d'ajouter une posture qui n'en est pas une à proprement parler, et dont le centre de gravité se situe à hauteur du plexus solaire.

La *posture d'appel* se pratique au finish, c'est-à-dire avec un chronomètre qui mesure sa durée. Elle doit se terminer par la résolution spontanée des autres postures induites : verrou oculaire, enracinement des jambes et déconnexion des bras sont souhaitables pour accompagner une posture d'appel.

La posture d'appel s'induit de la même manière que dans le cas d'une induction posturale classique. Le terme générique *APPEL* suivi de 1-2-3, répété à plusieurs reprises mentalement, déclenche une sensation de chaleur intense au niveau de l'estomac. Le résultat effectif de la *posture d'appel* est proprement fabuleux car il apaise les angoisses les plus virulentes.

L'espoir d'un aboutissement, d'une réussite ou tout simplement celui de trouver une porte de sortie dans une situation précaire est souvent bafoué par les événements. Le destin n'a pas d'états d'âme. Il suit son cours. L'individu qui en souffre n'y peut rien. Il aura beau se triturer les méninges, travailler comme un fou, se démener comme un vilain petit canard, ses espoirs s'envoleront en fumée, les uns après les autres, remplacés par des angoisses inextinguibles. Or, justement, la force du désespoir n'est pas une formule creuse. Mais comment l'utiliser à bon escient ? Comment faire passer le message, et à qui ? En induisant la posture d'appel, vous introduisez un lâcher prise qui éloigne la tension que vous subissez.

Cette posture n'est pas différente de celle que vous pratiquez quotidiennement. S'y rajoute tout simplement la focalisation sur le plexus solaire, jusqu'à ce que vous sentiez la vasodilatation de ce dernier, identifiable grâce à la sensation d'une chaleur *in situ*. Il est à la fois le siège des émotions que vous percevez et, probablement, de celles des angoisses que vous projetez inconsciemment sur vos interlocuteurs.

UN FAIT D'HIVER

Christian a tout perdu. Sa compagne l'a quitté en plein hiver. Son entreprise s'est enlisée dans les sables d'un naufrage financier sans issue possible. Il lui reste juste assez d'argent pour subsister quelques semaines. Le mois de janvier vient de commencer et il n'a pas pu faire face à son loyer. Le téléphone n'est pas encore coupé, mais si Christian ne trouve pas de solution, il le sera dès la prochaine échéance.

Il a appelé toutes ses relations pour trouver un job d'appoint en attendant mieux. L'accueil de certains fut plutôt frais. Il fait froid. D'autres ont tenté de lui remonter le moral, gratis pro deo. Mais personne ne lui a proposé une aide concrète, comme de juste. Le loser effraie. Il porte la poisse. Il est marqué au fer rouge par un destin inexorable.

Christian est désespéré. Il ne lui reste plus qu'une issue si les choses ne s'arrangent pas. Non ! Il refuse le confort d'un suicide stupide. Il veut trouver un moyen de s'en sortir. Il doit bien exister une solution quelque part, se dit-il. Quelques semaines plus tard, il a retrouvé un job précaire, mais il a dû déménager à la cloche de bois, revendre certains meubles et loger chez un ami en attendant mieux. Le copain est aussi paumé que lui ou presque. Les pauvres ont bon cœur, ils n'ont rien à perdre et tout à offrir. Christian vient de se souvenir d'un fait qui lui avait complètement échappé. À l'époque de sa prospérité, il était venu me voir pour que je lui enseigne l'autohypnose afin de pouvoir se déstresser à volonté. Après avoir franchi l'étape des postures de base, il m'avertit qu'il était satisfait de la méthode et qu'il la pratiquait quotidiennement. Il revint me rendre visite quelques années plus tard pour me raconter ce qu'il lui était arrivé. Après une petite année de postures quotidiennes, ses affaires avaient fait un bond en avant prodigieux. Il n'avait plus de temps à consacrer à son équilibre énergétique. Il ne pouvait pas imaginer que son succès reposait peut-être sur l'autodiscipline qu'il s'imposait quotidiennement, en pratiquant la technique que je lui avais enseignée. De fait, l'autohypnose lui permettait surtout de recapitaliser son énergie et de se soulager du stress inhérent à son activité débordante.

Il faut savoir que nous fonctionnons tous sur la base d'un capital énergétique. La grille posturale réalisée sur une durée de vingt et une minutes de parcours mental vous ajoute 3 % de capital énergétique à chaque reprise.

Mais revenons à l'histoire de Christian !

Deux ans plus tard, il déposait le bilan de son affaire et se retrouvait dans la situation décrite plus haut. Aucun rapport de cause à effet ! Mais qu'en serait-il advenu s'il n'avait pas abandonné ses exercices quotidiens ? Quand il revint me voir, il avait vieilli. Il se posait des questions. Il voulait réapprendre à pratiquer cette méthode qui lui avait fait tant de bien à l'époque de sa prospérité.

« Pourquoi avez-vous interrompu vos postures ?
— Je n'avais plus une minute à moi », me répondit-il !

Je le rassurai en lui expliquant que le conditionnement pavlovien est indélébile et qu'il retrouverait sa capacité en l'espace de deux ou trois séances. Il n'avait pas les moyens de me payer. Je lui proposai de différer le règlement des honoraires. Il me les paierait dès qu'il le pourrait. Je lui enseignai la posture d'appel en prime et je ne le revis plus pendant plus de six mois. Pas de nouvelles, bonnes nouvelles !

Christian avait repris ses exercices quotidiens. Il les pratiquait plutôt deux fois qu'une, toujours en grille posturale, additionnée de la posture d'appel. Il vint me raconter l'épilogue d'une véritable renaissance, environ six mois plus tard et me régler mes honoraires dans la foulée.

Ce n'est qu'une banale histoire d'échec vital mais qui se répète à l'infini et débouche parfois sur des drames qui font la une des magazines de faits divers.

LES SIGNES OBJECTIFS DU SOS

La posture d'appel réveille les ressources de l'instinct de survie. Elle sublime le sentiment de désespoir en lui substituant une expression thermique intense pouvant aller jusqu'à un degré fiévreux de chaleur corporelle. Cette posture s'adresse en particulier à tout individu relégué affectivement, socialement ou professionnellement. Le désespoir ne se joue pas, il se vit intensément. Une situation difficile, voire dramatique, qui s'améliore soudainement ne permet plus d'atteindre le niveau de réponse thermique obtenu en temps de crise. Le sujet s'en rend rapidement compte et revient automatiquement à la gymnastique posturale de base de la PNG, héritière de l'autohypnose que je pratiquais avant.

Il n'y a rien de mystique dans l'*appel*, qui ne s'adresse d'ailleurs à personne d'autre qu'au Moi du sujet et à ses ressources. Le potentiel intitulé *instinct de survie* fait partie de toutes ces virtualités qui soutiennent l'action humaine.

La brusque élévation de température perçue au niveau du plexus solaire pourrait être considérée comme une réponse énergétique thermique de la conscience corporelle au noyau central submergé par sa propre morbidité. Elle a le mérite d'être concrète et persiste presque pendant toute la durée de la posture d'appel. Y ayant eu moi-même recours, j'ai pu par la suite interroger les patients auxquels je l'avais enseignée, pour constater que leur *feed-back* était identique au mien.

LE TEMPS ZÉRO ET TOUT RECOMMENCE

Le besoin de ce type d'exercice est fondé sur un vécu spécifique : la situation de désespoir, qui est souvent aussi subjective qu'objective. Elle entraîne une angoisse du lendemain plus accentuée que d'habitude et un sentiment d'impuissance face à l'inanité des réactions. Mais surtout, le sujet qui en souffre moralement et psychologiquement est envahi par une forte envie de fuir qui se manifeste sous la forme de fatigues hystériques brusques. Les deux critères de désespérance et de fatigue brusque suffisent à créer les conditions idéales de la posture d'appel. Les vingt et une minutes effectuées en PNG, le sujet revient à une vision plus positive, avec une attitude mentale purifiée de ses miasmes. Il est positivé mentalement. Le temps zéro dans lequel il a vécu pendant toute la durée de l'*appel* a effacé sa morbidité. N'ayant pas cherché à fuir son présent dans un sommeil sans rêves, il s'est restructuré dans le cocon affectif de sa propre chaleur corporelle. Le sentiment d'exister à ses propres yeux, il est allé le chercher au sein de son corps et non dans la chimère d'un état altéré de conscience au fond d'une bouteille d'alcool ou en tirant sur un pétard.

CHAPITRE 14

LE NIVEAU POSTURAL OU COMMENT REPROGRAMMER SES GESTES ?

LA FORCE D'INERTIE EST DANS LA TÊTE

Les comportements dépressifs ponctuels et les mécanismes de refus que nous développons en vieillissant sont autant de moyens d'autoprotection qui alimentent la force d'inertie. Il faut préserver l'acquis institutionnalisé contre les rêves d'aventure ou les caprices du destin. Ainsi, le chômeur sait qu'il peut compter sur ses allocations à la fin du mois, même s'il clame haut et fort son envie de retrouver un emploi. Cette envie est aléatoire car notre chômeur sait pertinemment que le retour à l'emploi comporte un danger majeur : si son nouveau job ne lui convient pas, il ne peut rendre son tablier sans prendre le risque de perdre ses allocations de chômage. Bien entendu, tout le monde ne fonctionne pas de cette manière. À ce propos, il me revient une anecdote vieille de trente ans (trente ans déjà !!!) que je vous livre en quelques mots.

J'exerçais dans un centre de recherche psychosomatique. Je recevais des volontaires pour analyser leurs réactions face à l'hypnose. Une jeune femme très réceptive me parut intéressante à plus d'un titre. Elle recherchait du travail à tout prix pour une raison inédite : chaque fois qu'elle se rendait au bureau de chômage pour pointer (l'histoire de passe en Belgique au début des années 1980), elle se sentait prise de vertige, et il lui arrivait parfois de tomber en syncope.

Elle était secrétaire, ce qui tombait fort bien dans la mesure où je venais de récupérer un budget pour en engager une dans les meilleurs délais. Je proposai donc cette place à cette jeune femme pour un salaire net à peine supérieur aux allocations qu'elle touchait. Ravie de mon offre, elle se rendit au bureau de chômage avec une copie de la lettre d'engagement et un document officiel d'embauche. La fonctionnaire qui la reçut se moqua d'elle après en avoir pris connaissance. Elle trouvait stupide de réintégrer le monde du travail pour un salaire quasi équivalent à ce que l'État lui versait chaque mois à ne rien faire. Offusquée par cette mentalité « très rond de cuir », elle s'empressa d'accepter mon offre et devint par la suite une précieuse collaboratrice.

Mais la force d'inertie n'avait pas lâché sa proie pour autant et, une année plus tard, à la faveur d'un conflit avec l'une des psychothérapeutes du centre, ma secrétaire me demanda son congé. Elle retourna pointer au chômage. Sept ou huit ans plus tard, je la retrouvai dans le public venue assister à l'une de mes conférences. Elle n'avait pas beaucoup changé, malgré les années. Je l'invitai à prendre un café dans un bistro après la fin de mon exposé. D. n'avait plus jamais recherché de travail depuis qu'elle avait quitté son poste au centre de recherche. Elle s'était installée dans une confortable médiocrité, allocataire d'un revenu minimum et de quelques petits boulots au noir.

La force d'inertie est une sorte de verrou de sécurité qui empêche la confusion entre rêve et réalité. Voilà pour son aspect positif ! Mais l'envers du décor inhibe aussi toute possibilité d'évolution, privilégiant le « assez bien » au détriment du mieux. À ce titre, la télé nous protège de nos rêves ou des talents qui sommeillent au sein de notre patrimoine héréditaire bien plus qu'elle ne suscite des vocations tardives. Ne suffit-il pas de presser un bouton pour faire entrer le rêve dans la maison ? Et cet allié audiovisuel de la force d'inertie devient vite incontournable. Il nous cloue littéralement le postérieur dans un fauteuil confortable, atrophiant chaque jour un peu plus notre combativité, couplée de l'incapacité de réagir.

L'institutionnalisation des conduites est la norme de sécurité sur laquelle repose le comportement humain. Mais cette institutionnalisation qui, hier encore, assurait la pérennité d'une carrière professionnelle ou la cohésion affective d'un couple est aujourd'hui dépassée par les deux aspects majeurs de la cassure sociale : le chômage et le divorce. On peut se demander dans quelle mesure le premier est à l'origine du second ou l'inverse ? La force d'inertie qui protégeait le sens commun des rêves immatures ou des aventures puériles est devenue synonyme de médiocrité ou de précarité, quand ce n'est pas de misère morale ou financière.

L'incapacité de s'adapter aux nouvelles conditions de vie qui nous entourent laisse de plus en plus d'individus sur le carreau d'une société incapable de gérer ses propres progrès. Comment s'étonner, dès lors, des montées intégristes de tous bords et de toutes cultures ? L'extrémisme a toujours été le cancer des sociétés démocratiques. Les intégristes sont les ennemis du libre arbitre, qu'ils considèrent comme une trahison du dogme de la foi. Il n'est pas question de Dieu mais d'une doctrine édictée pour faire obstacle à la créativité humaine et au progrès des consciences. Il faut se soumettre aux puissances de l'âme sacrée, prétendent ces terroristes (des suicidaires) qui ont perdu la leur depuis longtemps.

Autre corollaire de cette évolution des mentalités, les métiers artistiques ou sportifs, la psychologie, les arts divinatoires, le métier d'écrivain sont en passe d'acquérir leurs lettres de noblesse dans l'esprit populaire. On rêve de devenir chanteur, même si la profession affiche 95 % de sans-emploi. Un baromètre émotionnel chromatique sur mon site Internet concernant le métier de psy a remporté un succès immédiat, comparativement à d'autres tests. On dirait bien que le statut passe avant le porte-monnaie.

La débrouillardise n'est pas encore enseignée en fac mais cela ne saurait tarder, au train où vont les choses. Car le diplôme, encore surévalué aux yeux des grandes entreprises qui embauchent, perd de plus en plus de terrain dans l'esprit de ceux qui le possèdent. Tous les énarques ne deviennent pas de gros poissons de la politique ou des cadres très supérieurs des multinationales. Les gros salaires ne riment pas toujours avec les grandes écoles. L'ambition du XXe siècle a passé la main, la qualité de la vie relève le gant.

Rompre avec le cercle vicieux de la force d'inertie devient un des objectifs primordiaux du développement personnel, prôné par la vision psychologique du nouvel âge. L'avenir qui nous attend effraie la conscience des honnêtes gens. L'intuition retrouve son rang, dépassant même la qualité primordiale, le dynamisme, exigée des candidats à la vie professionnelle il y a quelques années encore. Bref, la force d'inertie ne correspond plus à une sécurité mais à une insécurité permanente. Demain, il faudra se renouveler sans cesse, sous peine d'exclusion. Et demain, c'est déjà aujourd'hui ! Paradoxe de cette fin de siècle, de plus en plus de quadragénaires exclus du système réinventent le monde à leur manière. Ils s'investissent dans les métiers déclassés d'hier, de la brocante à l'artisanat, en passant par l'aide ménagère et autres petits boulots revalorisés. Le revenu minimum d'insertion ne suffit pas à boucler les fins de mois. L'esprit d'entreprise, prôné par les gouvernements successifs, est pénalisé par ceux-là même qui tentent de lui donner un statut aux yeux de millions de chômeurs en fin de droits. Pour s'investir dans une profession libérale, de nos jours, les charges sociales et taxes diverses sont démesurées par rapport aux « rentrées » des débuts. On propose à des salariés de jouer les indépendants. Plusieurs centaines de milliers d'entre eux se sont laissé subjuguer par les sirènes en devenant autoentrepreneurs, mais peu d'entre eux gagnent vraiment leur vie. Comment se libérer du cercle infernal de la force d'inertie ? En se débarrassant systématiquement des conduites d'échec qui polluent les comportements !

LE MOI DYNAMIQUE N'EST PAS LE MOI PSYCHIQUE

Il n'est pas inutile de rappeler la définition que Carl Jung donne du Moi, avant de poursuivre avec le modèle que je propose à mon tour : « J'entends par Moi un complexe de représentations formant pour moi-même le centre du champ conscientiel (le noyau), et me paraissant posséder un haut degré de continuité et d'identité avec lui-même... mais le Moi n'étant que le centre du champ conscientiel, il ne se confond pas avec la totalité de la psyché ; ce n'est qu'un complexe parmi beaucoup d'autres (les consciences marginales). Il y a donc lieu de distinguer entre le Moi et le Soi, le Moi étant le sujet de ma conscience, alors que le Soi est le sujet de la totalité de la psyché, y compris l'inconscient... » Et j'y ajouterai le corps, dont nous parlons toujours à la troisième personne du singulier (mon corps, il...), comme si ce Soi-là n'appartenait pas au Moi.

UNE MÉTHODE QUI DÉNICHE LES TRÉSORS CACHÉS

Au risque de paraître redondant, je préfère vous résumer les points suivants en ce qui concerne les consciences marginales qui sont les champs dans lesquels opère la PNG. La dissociation idéomotrice s'opère selon un cheminement qui conduit l'esprit de sa surface consciente (conscience ordinaire) vers la profondeur des zones infraconscientes du cortex. Il ne s'agit pas d'altération de conscience ou de réduction du champ de conscience, comme c'est le cas en hypnose somnambulique. Les approches idéomotrices agissent en sens inverse. Elles suggèrent une participation du sujet à une prise de conscience du noyau et de ses champs associés avant de procéder à un élargissement de ses potentiels, en ouvrant la voie vers de nouvelles consciences marginales.

LE NOYAU CENTRAL DU MENTAL EST L'HABIT QUI FAIT LE MOINE

Le noyau central introduit la notion de structure de la personnalité. Son surinvestissement débouche sur un comportement égocentrique-narcissique, son désinvestissement sur une fragilité de la confiance en soi et de l'estime de soi. L'économie de la personnalité repose, a priori, sur les rapports du Moi avec l'ensemble de la sphère consciente (le Soi évoqué par Jung).

Il s'identifie à l'instant d'une prise de conscience à un moment donné de son existence par un individu. Cette perception est plutôt l'exception que la norme. Le style de vie que nous nous imposons nous en empêche. Est-il possible de suspendre la pensée, d'esquiver le stress ambiant, d'oublier la présence des êtres qui nous sont chers ? Bref, en un mot comme en cent, de s'enfermer à double tour dans l'instant mental d'une sorte d'extase atemporelle ? Bien sûr ! Mais ce sont là des moments privilégiés dont la rareté est équilibrante et dont la fréquence peut rendre fou (cf. le nirvana des yogis). Leur multiplication entraînerait un déséquilibre psychique présentant certains aspects de l'extase mystique, avec l'inaccessibilité qui la caractérise. Le noyau central est l'*ici et maintenant* dégagé de toute contrainte temporelle. Il est possible de s'y ressourcer grâce au yoga, à la méditation, ou à toute autre méthode de relaxation. La programmation courte d'une amnésie partielle en PNG permet également de s'y recentrer. Il nous serait cependant insupportable d'y vivre en permanence, comme le font certains ascètes yogis. Le nirvana qu'ils recherchent trouverait sa racine dans le vide du noyau de la conscience ordinaire pour rejoindre la conscience dite « divine ». Comment obliger une conscience riche de ses échanges intersynaptiques à se cantonner dans le noyau ? C'est comme si vous possédiez un château et n'occupiez qu'une seule pièce pour y vivre. Votre noyau deviendrait vite une cellule monacale insupportable.

LE MOI VOIT DOUBLE

Le Moi fonctionne en maître absolu de la (re)création individuelle. Il promeut les talents, l'intuition, la chance, le succès ou l'échec sans états d'âme. Maître des désirs, des comportements et de la communication, le Moi est aussi le siège des sentiments psychotoxiques les plus courants : déprime, dispersion mentale, insatisfaction, inertie, sentiment d'inutilité, lassitude, complexe de castration, conduites d'échec.

Pour conclure ce chapitre, je dirais que deux Moi s'opposent : le Moi psychique et le Moi dynamique. Ce dernier fonctionne comme un héros de roman qui parviendrait à se sauver des pages d'un livre pour entrer de plain-pied dans la réalité. Car ce Moi dynamique, complètement fictif, est aussi totalement réel. Et ce n'est pas là le moindre des paradoxes. Le Moi dynamique est plus saisissable, plus perceptible que son alter ego, le Moi psychique, qui a pourtant fait couler beaucoup d'encre depuis le début du XXe siècle. Car le Moi dynamique est parfaitement capable de se manifester à la conscience, si cette dernière l'invite à entrer dans la danse des énergies qui animent le corps. En revanche, le Moi psychique demeure une entité théorique dont seules l'interprétation de nos comportements ou la fragrance de nos sentiments nous prouvent l'existence.

LE MOI PSYCHIQUE EST LE MAÎTRE DE L'ÊTRE TANDIS QUE LE MOI DYNAMIQUE EST LE MAÎTRE DU FAIRE

Deux conceptions qui semblent se rejoindre mais qui s'opposent en tous points, car même si j*e fais* ce que je *suis*, je ne puis *être* sans le *faire*. Il faut choisir son camp : « Dois-je faire pour être ou être pour faire ? » Là est toute la question !

Si mon objectif est la connaissance du Moi psychique, ce que je fais devient le moteur de cette connaissance, c'est-à-dire de ce que je suis. Si mon objectif consiste, par contre, à explorer les limites du Moi dynamique, ce que je suis n'est que le moteur des potentiels qui m'habitent, et seul ce que je fais interpelle mes énergies vitales. Question de préséance ! Dans le second cas, je suis moins curieux de savoir pourquoi je suis ce que je suis que d'apprendre comment je vais gérer mon temps de vie avec le potentiel énergétique dont je dispose. *Car je pars du principe que ce que je suis disparaîtra avec ma mort tandis que ce que je fais demeurera par-delà.* En d'autres termes, je souscris à l'idée suivante : « *On ne se souvient pas de ce qu'ils ont été de leur vivant mais de ce qu'ils ont laissé derrière eux après leur mort.* » Et si j'adhère à cette philosophie, comment vais-je m'y prendre pour me prouver l'existence de ce Moi fictif issu de l'imagination enfiévrée du chercheur anonyme que je suis ?

C'est ce que nous allons découvrir ensemble, maintenant, en faisant vibrer la conscience du corps. Pour cela, il faut revenir à la compréhension des énergies vitales. Toutes les réponses aux questions que vous vous posez trouvent une ébauche de réponse dans le bataillon de verrous idéomoteurs que nous allons aborder maintenant et qui permettent à votre corps – le Moi dynamique – de guérir votre esprit – le Moi psychique.

QUATRIÈME PARTIE

CHAPITRE 15
LES VERROUS

CHAPITRE 16
LA GRILLE POSTURALE AU JOUR LE JOUR

CHAPITRE 15

LES VERROUS

LES VERROUS IDÉOMOTEURS

Cette quatrième partie n'est qu'un résumé partiel des verrous idéomoteurs les plus importants de la PNG et de leur utilité immédiate.

Toutes les parties du corps peuvent être verrouillées pour atteindre divers objectifs précis : soulager un trouble psy ou psychosomatique, modifier une conduite polluante, évacuer un programme éducatif pervers, stimuler un sentiment roboratif, reprogrammer des refrains gestuels ou les déprogrammer, etc. Bien évidemment, ces verrous ne donnent pas des résultats identiques selon les individus ou le degré d'urgence de la situation. La philosophie de l'idéomotricité touche à la prévention, à la modification du ressenti ou des conduites. La PNG peut parfois soulager la douleur, mais elle ne guérit pas le mal.

L'idéomotricité sert aussi à reprogrammer les gestes, postures et mimiques (GPM) qui dévalorisent votre image publique ou polluent votre communication globale. À ce titre, il existe des dizaines de verrous incontournables pour modifier l'image que vous offrez à vos interlocuteurs. Comme je l'ai déjà évoqué, le simple fait de croiser les jambes fait partie des postures à éradiquer. La procédure pour y parvenir est complexe, elle mérite à elle seule un chapitre entier.

LES VERROUS ARTICULAIRES : UN GENOU ÇA SE RÉPARE TOUT SEUL !

Au cours d'un stage collectif, Jane n'a pas pu obtenir un verrou rotulien des genoux dans la mesure où elle s'était fracassé les genoux lors d'un accident de voiture. La reconstruction orthopédique lui avait permis de remarcher, mais avec deux cannes. Cependant, c'était mal connaître cette Anglaise têtue comme une mule espagnole. Elle est revenue en stage pour insister sur la lévitation cataleptique des jambes. En agissant sur les divers muscles des cuisses, elle a fini par gagner son pari. Et elle a pu lire ses romans avec les jambes en lévitation à 50 cm du sol. À force de répéter cet exercice quotidiennement, Jane a fini par se débarrasser d'une canne et par retrouver une démarche à peu près normale. Tripode au lieu de quadrupède, disait-elle !

LE MODE ÉVALUATEUR : UN PEU DE CALCUL

Avant d'aborder le registre des verrous articulaires, il est utile de spécifier un point important. Tous les verrous qui concernent des alternances gauche-droite peuvent servir à procéder à une évaluation différentielle. Qu'est-ce à dire ? Pour savoir s'il existe un déséquilibre entre deux sentiments complexes symbolisés par les parties corporelles verrouillées, par exemple les épaules, il suffit de verrouiller alternativement les deux épaules et de mesurer le temps de verrouillage au finish de chacune des épaules. Imaginons que le verrou de l'épaule droite (ambition) dure dix minutes et que le verrou de l'épaule gauche (investissement psychoaffectif) dure trois minutes, retraduisez les temps en secondes, soit respectivement : six cents secondes pour l'ambition et cent quatre-vingts secondes pour l'investissement affectif. Vous additionnez les deux temps, soit sept cent quatre-vingts secondes, un nombre qui vous servira de diviseur.

Ambition = 600 : 780 = 76,9 %

Investissement affectif = 180 : 780 = 23,1 %

Le déséquilibre temporel indique que vous ne prenez pas vos responsabilités à cœur. Trop investi dans l'objectif et pas assez dans les moyens d'y parvenir, en somme. Dans le cas inverse, trop d'investissement sans tenir compte de l'objectif conduit au surmenage ou au *burn out* bien connu des cadres d'entreprise. L'idéal consiste à obtenir un temps plus ou moins équivalent pour les deux verrous, disons 60/40 % ou le contraire.

LE VERROU DES ANNULAIRES : LA CAPACITÉ D'ACHÈVEMENT

Il n'y a pas de passion qui tienne sans une détermination qui la soutienne. La passion, à gauche, et la détermination et les schémas volontaires, à droite. Avec un peu d'amour et beaucoup de volonté, on peut refaire le monde. Une bague à chacun des deux annulaires est un gage de fidélité au sens le plus large du terme. Et de la fidélité à l'achèvement, l'amalgame est vite fait.

Le verrou de l'annulaire gauche renforce la capacité de se passionner ou de s'investir tout simplement. Ce type de verrou s'effectue dans le prolongement d'un verrou des bras dans le cadre d'une grille posturale.

Le verrou de l'annulaire droit booste les schémas volontaires (persévérance, endurance, volonté). *Le verrou des deux annulaires* renforce le besoin d'achèvement ou de fidélisation à un credo, un objectif, une ambition.

Procédure : replier l'index et le majeur en les bloquant avec le pouce. L'auriculaire sera solidaire de l'annulaire, donc tendu.

Pratique : ce verrou se pratique au finish avec un verrou oculaire préalable en mode d'arbitrage et un chrono pour évaluer le temps de catalepsie digitale.

LE VERROU DES AURICULAIRES : LE VERROU DE L'INTUITION

Le passé et l'avenir ne peuvent se passer l'un de l'autre sans s'anéantir. Pour faire court, l'auriculaire gauche correspond à la mémoire, l'auriculaire droit symbolise l'ambition.

Le verrou de l'auriculaire droit stimule l'ambition et la curiosité intellectuelle. *Le verrou de l'auriculaire gauche* conforte les performances de la mémoire, aussi étonnant que cela puisse vous paraître. *Le verrou des deux auriculaires* est un baume pour l'intuition ou l'empathie. C'est du mariage à trois de l'ambition, de la curiosité et de la mémoire que naît l'intuition.

Procédure : les autres doigts repliés sur la paume avec l'auriculaire en érection, uniquement.

Pratique : ce verrou se pratique au finish avec un verrou oculaire préalable en mode d'arbitrage et un chrono pour évaluer le temps de catalepsie de l'auriculaire.

LE VERROU DES CHEVILLES : LA MOTIVATION EST CHEVILLÉE

La motivation est une ambition à très court terme. Une sorte de préchauffage de l'ivresse de la réussite. Allez dire à l'échec que la réussite l'attend derrière la ligne d'arrivée ! L'anxiété est l'un des deux moteurs de la motivation. L'échec est l'autre. Tout échec est un nouveau départ ! La vraie défaite se retrouve dans l'inachèvement. Ce qui fait que les chevilles prises ensemble sont l'un des sièges symboliques de la motivation.

Mais les chevilles sont aussi d'excellents récepteurs de ce qui se trame dans l'esprit de votre interlocuteur. Par exemple, si la cheville gauche retient la droite en position assise, l'atmosphère de votre entretien est psychoflexible. Si c'est la cheville droite qui retient la gauche, l'atmosphère de votre entretien est psychorigide. Qu'est-ce que cela signifie en clair ? Que la réaction « cheville droite dominante » exprime un malaise, tandis que la cheville gauche dominante indique que l'entretien est constructif.

De même, quand vous êtes debout face à face : la cheville droite se réfugie derrière la cheville gauche dans la posture de la danseuse, l'atmosphère peut être considérée comme conviviale. Quand au contraire la cheville gauche se réfugie derrière la cheville droite, l'atmosphère manque de convivialité. L'alternance de cette posture indique littéralement que le sujet observé ne sait pas sur quel pied danser.

Dans le cliché ci-contre, le jeune homme donne l'impression d'être disponible et très à l'aise. Il ne faut jamais se fier aux apparences. Le jambier droit est croisé devant la cheville gauche, il est totalement mal dans sa peau (mains dans les poches).

Le croisement des chevilles peut se transformer en refrain gestuel invariable (RGI) chez certains individus. Gauche sur droite, il est la marque d'une attitude mentale globalement positive mais aussi d'une personne un peu naïve. Droite sur gauche, il trahit un mental oppositionnel, voire carrément pessimiste, voire même un peu paranoïde.

Le verrou des chevilles s'exécute automatiquement dans le droit-fil d'une déconnexion des jambes.

LE VERROU DES COUDES : LA RÉUSSITE EST À VOTRE PORTÉE

Le coude droit symbolise l'échec ; le coude gauche identifie le doute. Verrouiller le coude droit consiste donc à combattre l'échec pour favoriser la probabilité de réussite. Verrouiller le coude gauche sert à évacuer le doute au profit de la foi. Le verrou des deux coudes en position couchée (dans la posture de l'angle droit, notamment) est une posture qui booste la réussite ou le sentiment que celle-ci est à votre portée. Le verrou des coudes s'effectue généralement dans la posture de l'angle droit. Mais vous pouvez aussi le programmer avec les coudes en appui sur un support (table, bureau, tablette de conférence) ou à angle droit avec les biceps collés aux flancs. Plus dur !

LE VERROU DES DOIGTS : LA CRÉATIVITÉ EST DANS VOS DOIGTS

Le verrou des doigts doit être activé quand un sujet se considère comme étant a-créatif, donc incapable de faire le bon choix face à une alternative ou d'envisager un problème sous des points de vue différents. On verrouille généralement les doigts des deux mains de concert, toujours au finish. Les doigts deviennent rigides et douloureux dans certains cas de figure. Plus les doigts sont douloureux, plus le sujet est en carence de créativité. Les paumes sont également raides.

Ce verrou est très actif dans les névroses d'angoisse ou les états d'anxiété chronique et constitutionnelle. Il ne remplace évidemment pas le suivi psy, qui reste indispensable dans ce type de pathologie.

Du point de vue psychopathologique, le sujet ressent un état d'alerte ou de peur permanent et se plaint souvent de troubles fonctionnels divers (troubles neuro-végétatifs). Les doigts sont hypertendus pendant toute la durée du programme de verrouillage, à la limite de la douleur. L'évacuation de l'état anxieux est quasi immédiat. Cependant, cet exercice sert à soulager un état ponctuel mais ne se substitue en aucun cas, j'insiste, à un traitement médical.

LE VERROU DE L'ENGRENAGE DIGITAL : RÉÉQUILIBRER LES AFFECTS

Vous entrecroisez les doigts en un geste de supplication, comme le font généralement les croyants dans un lieu de culte. Au menu : induction du verrou oculaire comme verrou d'arbitrage et induction des doigts croisés dans la foulée. Si vous êtes seul, le chrono doit être activé avant l'induction des verrous, évidemment. Pour procéder à la programmation de ce verrou en solitaire, vous devez atteindre vingt et une minutes (3 UPS) de verrouillage afin de confirmer son acquisition et de l'ajouter dans la somme de vos neuro-programmes.

Ce verrou spécifique débouche sur un rééquilibrage des affects. L'affect est un terme générique pour exprimer tous les phénomènes de l'affectivité, soit toutes les nuances du désir, du plaisir et de la douleur. Ils font partie de notre expérience sensible sous forme de sentiments vitaux : humeurs et émotions. Cette affectivité de base (holothymie) ne comprend pas les sentiments complexes comme les passions et les sentiments sociaux.

UN ÉVALUATEUR DU DÉSIR

Ce verrou peut être utilisé comme évaluateur sur un public de demandeurs d'emploi à remotiver. La maîtrise du verrou oculaire initial n'est pas obligatoire dans ce cas précis. En revanche, la fermeture des yeux est essentielle pour induire l'engrenage digital. Les personnes réceptives, celles qui ressentiront une difficulté à décroiser les doigts à l'issue de la fable inductrice qui sert de support à la programmation de l'engrenage digital, sont celles qui sont motivées à retrouver un travail. Le lien sensori-moteur entre la motivation (désir) et la réaction idéomotrice qui suit la fable inductrice dite par l'animateur est une preuve objective suffisante. Le désir est réactivé parce que le sujet est agi par une force supérieure à sa volonté mais dont la source provient de son propre système neuro-musculaire.

LE VERROU DES GENOUX : LA CAPACITÉ DE RECUL EN DÉPEND

Le genou droit correspond à l'agressivité. Cette dernière est souvent le courage des lâches quand elle est mal gérée. Le genou gauche symbolise la soumission, qui n'est que le masque de carnaval de l'agressivité. Méfiez-vous des gens qui ploient discrètement un genou pour vous saluer. Ce sont des agressifs et des méchants pur sucre, comme la belle-mère de Cendrillon !

Le verrou des deux genoux en angle droit ou jambes tendues est un moyen de stimuler la capacité de recul, donc d'assurer la bonne distance entre vous et votre interlocuteur sans pour autant avoir besoin de bouger.

Le verrou du genou droit est un puissant antidote contre l'auto-agressivité (le sabotage des actions, la dépréciation, le mépris de soi). Le réflexe rotulien est bloqué, jambe en extension et en lévitation cataleptique de préférence, ce qui signifie que vous êtes assis sur un siège confortable pour induire cette posture.

LE VERROU DES ÉPAULES : LE SENS DES RESPONSABILITÉS

La position de l'angle droit, bras en érection à 90 degrés du corps en position couchée, permet de verrouiller une des épaules, ou les deux, en fonction de l'objectif poursuivi.

Épaule droite : le verrou de l'épaule droite remonte les bretelles à une ambition dévalorisée.

Épaule gauche : le verrou de l'épaule gauche booste l'investissement affectif ou les sentiments de base affaiblis par une situation conflictuelle (désir et plaisir en berne).

Les deux épaules : le verrou des deux épaules renforce plus particulièrement le sens des responsabilités.

La posture de l'angle droit est aussi un excellent moyen de soulager une arthrose des épaules.

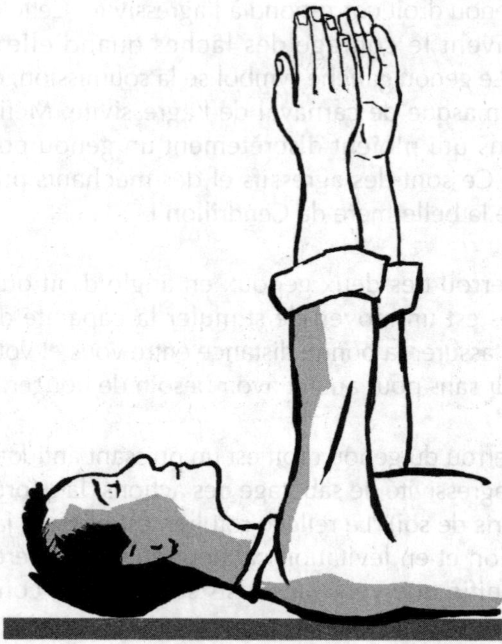

LE VERROU DES INDEX : LE VERROU DE L'AFFIRMATION DE SOI

« Tu devrais cesser de mouliner des index quand tu t'adresses à tes électeurs. » Je donne ce conseil à un élu qui m'a demandé en quoi la gestuelle pourrait l'aider à reconquérir un électorat qui le boudait. Il risquait de perdre son siège d'adjoint au conseil régional. Haussement d'épaules ! G… ne considérait pas que sa manie « indexiale » soit à l'origine de la baisse de sa cote de popularité. Il n'a pas été réélu au bout du compte, mais il a fini par m'avouer qu'il aurait peut-être dû se soumettre à une déprogrammation gestuelle. « Pourquoi me dis-tu ça ? » J'étais intrigué. Une militante lui avait reproché de trop « s'agiter avec ses doigts ». Elle avait l'impression qu'il mettait son auditoire en accusation. Elle avait rajouté que cette manie le rendait agressif et la mettait mal à l'aise.

Il n'y a pas de vocation sans envie, pas d'affirmation de soi sans tyrannie du Moi par le Surmoi. Le moteur de la vocation est la jalousie et tous deux appartiennent à l'index gauche. L'affirmation ou la maîtrise de soi est associée à l'image paternelle et à l'index droit.

Un tribun qui use et abuse de son index droit trahit le manque de maîtrise du sujet dont il parle ou éprouve une difficulté à s'affirmer. Celui qui use et abuse de son index gauche dévoile son besoin de s'emparer d'un pouvoir qu'il aura du mal à conserver. C'est aussi un envieux. Le passage d'un index à l'autre en dissertant (ou l'usage des deux index) appartient à un individu qui ne dit pas ce qu'il pense et ne pense pas ce qu'il dit car il n'est pas ce qu'il prétend être. Ce qui laisse sous-entendre qu'il a déjà dépassé son niveau d'incompétence et qu'il est, surtout, sous la coupe d'images parentales omniprésentes dans son mental ou de personnages substitutifs qui se comportent comme des parents symboliques. Ce paradigme se reproduit souvent avec des personnages qui sont au sommet du pouvoir et qui ont donc besoin d'être « reparentalisés » ou recadrés pour éviter les dérapages autocrates. Je suppose que vous avez suivi mon regard dans la bonne direction ?

Le verrou de l'index droit

Il efface progressivement l'influence des diktats paternels dans les comportements adultes du sujet et calme les conduites autoritaristes voire revendicatrices ou contestataires.

Le verrou de l'index gauche

Il inhibe les injonctions ou les imprégnations maternelles dans les conduites du sujet et apaise les sentiments de jalousie morbide.

Le verrou des deux index

Il sert essentiellement à libérer le patient ou le stagiaire d'un Surmoi tyrannique, c'est-à-dire d'images parentales omnipotentes. Il favorise très nettement l'affirmation de soi.

En mode d'évaluation... En programmant le verrou d'un index après l'autre et en évaluant les temps de verrouillage respectifs, il est aisé de vérifier le niveau de déséquilibre du Surmoi, à savoir qui, du père ou de la mère, détient le pouvoir dans le mental du sujet. Si le temps le plus court concerne l'index droit (le père), l'affranchissement par rapport à l'image paternelle est opérant. Si le temps le plus long concerne le même index, le niveau d'affranchissement est moins évident. Idem pour l'index gauche, symbolique de l'image maternelle.

LE VERROU DE LA MALICE

Nous disposons tous d'un certain bagage acquis ou inné d'intelligence pratique ou de malice. Tout le problème est de savoir jusqu'à quel point cette qualité utile et nécessaire est refoulée ou défoulable à merci. Or, l'intuition sans malice n'est jamais rentable, tout au plus étonnante. La plupart des individus qui se plaignent de douleurs articulaires au genou droit et ceux qui sont victimes d'un accident au genou droit au cours de leur vie sont d'indécrottables naïfs au grand cœur. Ils partent souvent du pied droit sans trop regarder devant eux et se cognent souvent le genou correspondant dans les obstacles hypocrites qui se dressent sur leur trajectoire. Chacun sait qu'il faut toujours démarrer du pied gauche, sauf eux. Pour qui sait écouter son corps, les faiblesses soudaines ou les douleurs atypiques du genou droit sont souvent consécutives à des conduites naïves pénalisées dans les faits. Le verrou en solitaire du genou droit est relativement facile à pratiquer n'importe où. Il suffit d'être en position assise pour l'exercer. Le pied droit doit être ancré dans le sol et la jambe gauche détendue. Il est aisé de contrôler l'effet cataleptique induit dans le genou droit par la procédure du verrou en solitaire. Une catalepsie rigide du genou droit est impossible à déprogrammer par la force, fût-elle la force physique d'un contrôleur extérieur. Ce verrou aide puissamment le reproducteur à se débarrasser de sa naïveté. C'est le verrou de la malice.

Le verrou du genou gauche combat les conduites de soumission de type masochiste et d'influence polluante pour l'intégrité du sujet.

LE VERROU DES MAINS : LA CONCENTRATION MENTALE

Il se pratique paumes et doigts tendus dans le prolongement d'un verrou des bras en position couchée ou assise. Les doigts sont joints. Gestion du temps à droite, faculté d'adaptation à gauche. La rigidité est la racine de la souplesse à gauche. À droite, cette même rigidité entraîne une relativité temporelle. S'investir dans un travail donné sans mesurer la distance à parcourir et sans évaluer le temps à investir, c'est ça relativiser !

Le verrou des mains permet d'abolir la notion de temps au profit d'une concentration Spartiate.

LE VERROU DES MAJEURS : ÉVACUATION DES PENSÉES PARASITES

Il se pratique en couple de majeurs et sert principalement de reconstituant pour l'équilibre psychique. Le verrou des majeurs permet aussi d'évacuer la production de pensées parasites ou délétères.

Procédure : le verrou des majeurs se pratique avec les autres doigts repliés sur la paume, sauf le pouce, qui retient l'index.

En mode d'évaluation... Les temps d'évaluation d'un verrouillage alternatif des majeurs situent le déséquilibre éventuel entre l'estime de soi et la confiance en soi, donc le niveau d'équilibre psychique du sujet. Par exemple, si vous obtenez deux cent quarante-cinq secondes de verrouillage pour le majeur droit et six cent cinquante secondes pour le majeur gauche : 245 + 650 = 895 secondes. Soit un pourcentage de 27,4 pour la confiance en soi et de 72,6 pour l'estime de soi. Vous avez clairement un déséquilibre entre l'estime de soi et la confiance en soi que vous allez devoir revaloriser par un travail sur les majeurs, mais vous avez surtout un souci narcissique qu'il vaut mieux investiguer avec un psychothérapeute.

LE VERROU DES ORTEILS : LA RÉSISTANCE À LA FRUSTRATION

Quand les orteils font des pointes sous la table, la frustration n'est pas loin et l'impatience est déjà là. Les orteils sont les ressorts des pieds en mouvement. Ils poussent le corps vers l'avant, ils mesurent toujours la distance avant de l'avoir franchie.

RÉSISTEREZ-VOUS À LA FRUSTRATION ?

Pour booster cette qualité majeure entre toutes, vous devez procéder à un verrou des orteils, un exercice que les danseurs de ballets effectuent spontanément sans même s'en rendre compte. Le verrou des orteils (VOR) s'effectue toujours dans le prolongement d'un verrou des jambes ou de la botte (enracinement). Il stimule la résistance à la frustration, comme vous l'avez compris. Je vous rappelle que si vous êtes victime d'un intertrigo, de

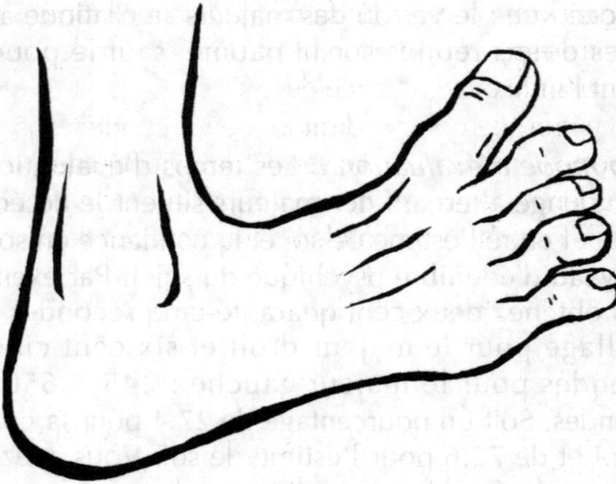

mycoses ou de démangeaisons entre les orteils, il y a de fortes chances que votre résistance à la frustration soit attaquée de front par une situation conflictuelle ou une incapacité d'aboutir au résultat espéré.

LE VERROU DES POIGNETS : LES MÉCANISMES DE DÉCISION

Le poignet droit correspond au mode de décision rationnel. Le poignet gauche correspond au mode de décision émotionnel. En revanche, quand la main gauche emprisonne le poignet droit, il indique un comportement impulsif du sujet et un individu proactif. Dans le cas inverse, le poignet gauche emprisonné symbolise une conduite retenue et un individu réactif.

Quand un individu se casse le poignet, il s'agit souvent d'un acte manqué. Il tente inconsciemment de se libérer de l'indécision endémique qui guide ses choix. Des poignets douloureux ne sont pas à prendre à la légère. Il s'agit d'un *marqueur somatique* émis par l'inconscient indiquant que les mécanismes de décision sont handicapés ou risquent de le devenir. Quand un interlocuteur vous serre la main en coinçant votre poignet de sa main gauche, il tente d'incarcérer votre esprit de décision, il va donc tenter de vous placer sous son influence d'entrée de jeu.

Le verrou du poignet droit freine les conduites impulsives et booste la proactivité. Le verrou du poignet gauche favorise la prudence des conduites et stimule la réactivité. Le verrou des deux poignets consolide les mécanismes de décision.

LE VERROU DES PINCES (MUDRA) : LE VERROU DE LA VOCATION

Le verrou des pinces pouce-index est un geste connu des amateurs de yoga, le mudra. Il concerne essentiellement les pouces et les index. Chaque pouce rejoint son index, formant avec lui un cercle digital. Pour en comprendre le sens, vous pouvez vous référer à la symbolique gestuelle (*Le Dico illustré des gestes*, Flammarion, op. cit.). Les pouces symbolisent à droite : le désir *largo sensu* ; à gauche, le plaisir. L'index droit identifie l'image paternelle, l'affirmation et la maîtrise de soi ; l'index gauche symbolise l'image maternelle, la possession et la vocation.

Le verrou de la pince gauche = image maternelle + plaisir = verrou de la *vocation*. Le verrou de la pince droite = image paternelle + désir = verrou de *l'affirmation de soi.*

Ces deux verrous se pratiquent de concert. On peut les ajouter à une grille posturale classique qui comprend : le verrou oculaire, le verrou des jambes en posture du tailleur, le verrou des bras, le verrou de la nuque, et pour terminer le mudra, verrou des pinces (VO + VJB + VBR + VNQ + VPC).

Le lémurien sacré de Madagascar reproduit le mudra en se plaçant face au soleil. L'aurait-il appris des hommes ? Le sacre de la vocation.

LE VERROU DES POINGS : LE POUVOIR DE PERSUASION

Ce verrou est sollicité comme arbitre du pourcentage d'investissement, en lieu et place du verrou oculaire, quand vous marchez et que vous désirez évaluer un contrat d'autorisation ou d'évacuation idéomotrice. On utilise généralement le poing non moteur comme arbitre gestuel. Il peut aussi être programmé comme antidépresseur gestuel.

Je l'utilise pour évaluer un pourcentage d'investissement dans une conduite particulière. Par exemple, *« Je m'autorise à marcher tous les jours »*, ce que j'oublie de faire régulièrement. Et puis, je me suis dit que conduire mes enfants à l'école du village était une façon de m'obliger à marcher un peu (dix minutes à l'aller, et de même au retour). La formule en italique est répétée comme un mantra au rythme de ma respiration quand je suis couché dans mon lit. La phrase à l'inspiration, l'addition du pourcentage se pratique ainsi : 1-2-3-1 %.

Inspiration : je répète mentalement l'autorisation. Expiration : je compte 1-2-3-1,2,3,4, etc. %. Un détail essentiel ! Ce type d'autorisation ne peut se faire sans VO réflexe. Le verrou oculaire sert de mode d'arbitrage. Vos yeux s'ouvriront à un moment donné, indiquant la limite du pourcentage d'autorisation. Il faudra alors reprendre au début pour que ce pourcentage d'autorisation augmente.

Le verrou des deux poings est un exercice de fédération, il booste la capacité de rassembler et le pouvoir de persuasion.

LE VERROU DES POUCES : L'INSTINCT DE SURVIE

Le pouce droit représente la sexualité, le pouce gauche est assimilé au fantasme. Le verrou des deux pouces favorise une meilleure gestion des pulsions libidinales, notamment en cas d'éjaculation précoce, pour les messieurs, et d'insensibilité vaginale ou clitoridienne, pour les dames. Ce verrou s'intègre dans le cadre d'un stage collectif spécifique ou lors d'entretiens individuels avec un sexologue formé à la PNG.

En mode évaluateur... Il permet de circonscrire l'origine du trouble dans un champ de conscience particulier : celui du désir ou celui du plaisir. La perturbation sexuelle dont l'origine se situe dans le champ du désir (pouce droit) est celle qui peut générer une éjaculation précoce ou une frustration sexuelle fondamentale. Celle qui se situe dans le champ du plaisir (pouce gauche) entraîne une éjaculation sans plaisir ou une issue anorgasmique.

Mais les pouces touchent aussi à l'imaginaire et aux motivations non charnelles. Rebooster la motivation d'un demandeur d'emploi, aussi incroyable que cela puisse vous paraître, se pratique au départ d'un verrou du pouce droit. Stimuler votre imaginaire ou votre inspiration artistique peut bénéficier d'un verrou du pouce gauche. Les verrous des pouces se pratiquent toujours avec les doigts repliés contre les paumes. Suggestion ? Placebo ? Peut-être ! Et alors ? Du moment que le but est atteint.

LES VERROUS MUSCULAIRES

À force de souffrir de crampes nocturnes au mollet gauche, j'ai fini par imaginer que cette douleur, qui me prenait par surprise en pleine nuit, devait être une sorte de message de mon préconscient ou de l'une mes consciences marginales (une carence en magnésium aussi). En fait, j'avais pour habitude d'amorcer beaucoup de choses, mais je ne finissais jamais rien. Spleen de l'achèvement ? Je commençais à lire un livre et je l'abandonnais à dix pages de la fin. J'entamais l'étude d'un cas clinique et je sautais des pages pour aller plus vite. Pas d'endurance, pas d'obstination = mollet gauche. Quand j'ai écrit mon premier bouquin de bout en bout, mes crampes ont cessé. Elles sont revenues de manière intermittente à certaines époques durant lesquelles j'avais perdu ma combativité de vue.

LE VERROU ABDOMINAL : ANTIDÉPRESSEUR

L'humour est l'antidote universel du désespoir. Celui qui refuse de rire n'a plus d'espoir. La partie stomacale est aussi un siège antidépresseur en transe-décharge neuronique.

Verrou du grand droit de l'abdomen, le verrou abdominal se programme en posture allongée, debout ou en marchant. La confirmation de la maîtrise de ce verrou en position debout se pratique essentiellement en PNG avant d'être retransmis au stagiaire afin qu'il puisse en profiter de manière autonome. S'il est un booster de la *motivation* et du *rire*, le verrou abdominal est surtout un exercice souverain pour diminuer la panse du joyeux gastronome. Le seul inconvénient, il faut en faire tous les jours en

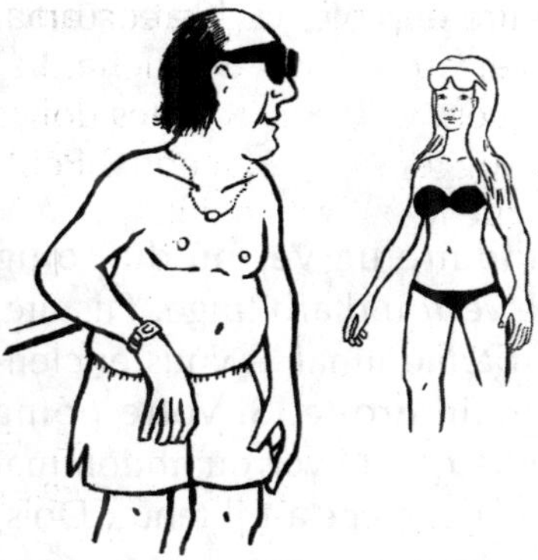

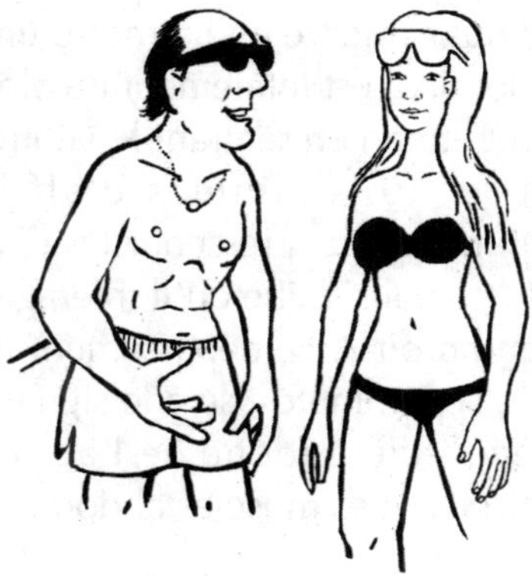

marchant pour avoir un résultat sensible, visible et surtout durable.

Comment procéder ?

Vous commencez par induire un verrou du poing gauche qui vous servira de verrou d'arbitrage. Ensuite, vous programmez le verrou abdominal et vous enclenchez votre chrono de la main droite. Si votre poing gauche se libère, cela signifie que le verrou abdominal s'est déprogrammé. Combien de temps a-t-il tenu ? Dois-je vous remettre en mémoire un point crucial ? Le verrou abdominal est totalement involontaire. Il s'induit mentalement et non en rentrant le ventre. Si vous arrivez à dépasser les trois minutes d'affilée en marchant, vous commencerez à ressentir les effets musculaires de ce verrou, ce qui signifie qu'il interagit sur le muscle appelé « le grand droit ». Le dépassement du premier palier idéomoteur, sept minutes, sera le signal d'une victoire absolue du préconscient (donc de l'automatisme) sur le contrôle conscient des muscles abdominaux.

LE VERROU DES AVANT-BRAS : LES MÉCANISMES DE DÉFENSE IMMUNITAIRES

On fait souvent appel à la superstition pour échapper à la frustration mais on ne peut y résister (à la frustration) sans une injection quotidienne de bon sens. L'avant-bras droit (du droitier) est le siège de la résistance à la frustration. L'avant-bras gauche est celui de la superstition. L'ancrage récurrent de l'avant-bras droit trahit une personne frustrée ou insatisfaite au sens large du terme. L'ancrage récurrent de l'avant-bras gauche révèle que le sujet espère que les dieux lui seront favorables.

Quand vous posez votre main droite sur votre avant-bras gauche, vous indiquez que votre décision sera fonction de ce à quoi vous croyez, et non de paramètres réalistes. Ce type d'ancrage peut devenir invariable.

Pour obtenir un verrou cataleptique de l'avant-bras droit, il suffit de fermer le poing et de programmer la tétanie musculaire de l'avant-bras. Ce verrou stimule la résistance à la frustration, comme vous l'avez déjà compris. Le verrou de l'avant-bras gauche ne stimule pas pour autant la superstition mais la combat en stimulant également la résistance à la frustration et en diminuant le pouvoir d'influence de l'entourage. L'idéal consiste à opérer les deux verrous en même temps pour stimuler les mécanismes de défense immunitaires.

LE VERROU DES BICEPS : LE VERROU DE LA COMBATIVITÉ

L'enthousiasme est le carburant du dynamisme et le dynamisme celui de l'instinct de survie. Le dynamisme loge à droite, l'instinct de survie se réfugie à gauche. Les biceps ont toujours été représentatifs de la force masculine, d'où leur identification à l'instinct de survie et au dynamisme des conduites.

Pour verrouiller le biceps, il faut fermer le poing et fléchir légèrement le bras au niveau du coude, comme pour le faire saillir. Le verrou du biceps s'induit comme pour les autres verrous, en spécifiant de quelle partie du corps il s'agit et en ajoutant le refrain 1-2-3 à trois reprises. La formule mentalisée : VBC 1-2-3 (3 fois).

Le verrou du biceps droit stimule le dynamisme des conduites. Celui du biceps gauche interagit sur l'instinct de survie. Le verrouillage des deux biceps a un effet stimulant sur un manque de courage.

LE VERROU DES CUISSES : LA REMISE EN QUESTION

Une femme qui serre les cuisses n'est pas prête à remettre ses conduites ou ses sentiments en question. La remise en question débouche sur une alternative : tolérance ou intolérance. Celui qui tolère n'est pas tolérant pour autant. La cuisse gauche serait le siège de la tolérance. La cuisse droite serait synonyme d'intolérance. Si la main gauche est glissée entre les cuisses, cela signifie que la tolérance est programmée. Si c'est la main droite qui sert de tranche de jambon au sandwich des cuisses, la tolérance est remise en question.

Le verrou de la remise en question (ou des cuisses) se pratique au départ d'une rigidité cataleptique des muscles suivants : grand droit, couturier, vaste externe, et surtout le vaste interne.

LE VERROU DES FESSIERS :
LE VERROU DE LA PERFORMANCE

« Serre les fesses et prend ton courage à deux mains ! »

Le verrou des fessiers est un anxiolytique puissant qui se résout souvent par une transe-décharge spasmodique ou contractions cloniques des fessiers. Il est très spectaculaire et se pratique toujours en position couchée. Verrou de l'ultra-performance soutenue par un seuil d'exigence qui stimulera l'efficacité de vos actions. À propos, les fessiers sont d'abord des muscles qui poussent en avant et leur balancement assure l'équilibre du corps en mouvement.

LE VERROU DES MOLLETS : LE VERROU DE L'ENDURANCE

La femme est combative par nature, l'homme a besoin d'un coup de main de la part de sa compagne pour le devenir. Il n'y a pas de combativité sans courage, pas de courage sans combativité. Ces deux caractéristiques émotionnelles se complètent. Quand les mollets fondent, la combativité rend son tablier. Un individu qui se gratte régulièrement le mollet en position assise indique son manque de combativité.

Le verrou du mollet droit stimule la persévérance et la constance. *Le verrou du mollet gauche* renforce l'obstination et l'endurance. Ces deux verrous se programment dans le contexte d'un enracinement (verrou de la botte). Les verrous des deux mollets confortent l'endurance, la ténacité.

N'Y CROYEZ PAS ! FAITES-LES !

Tous ces verrous idéomoteurs semblent parfaitement anodins, et on a du mal à croire qu'ils puissent avoir une quelconque influence sur les différentes qualités ou lacunes incriminées. Le scepticisme est de rigueur en l'occurrence et je l'admets volontiers. Effet pithiatique ou hystérique de la suggestion sur des esprits crédules ? Peut-être ! Mais alors toutes les techniques thérapeutiques alternatives telles que le training autogène de Schultz, la Gestalt, l'acupuncture, l'ostéopathie, l'homéopathie et consorts sont des placebos qui ne disent pas leur nom. L'effet curatif procéderait donc de la crédulité des consultants ou des patients ? Et pourtant ces thérapeutiques enregistrent une multitude de succès. Tout cela ne serait que de la fraude, de la tricherie ? La question reste ouverte. C'est possible mais ce n'est pas certain. Ce qui l'est, certain en tous les cas, c'est la réalité des effets placebo ou nocebo qui procèdent de l'autosuggestion. On dit d'ailleurs de l'autosuggestion qu'elle est la pire des maladies, mais c'est aussi le meilleur des remèdes.

LES VERROUS ESTHÉTIQUES

LE VERROU DES JOUES : OPTIMISME ET SOURIRE

Les joues sont la caisse de consignation des baisers ou des gifles. La joue droite représente le courage. C'est la joue qu'il faut tendre à son adversaire pour le défier. La joue gauche représente la générosité. Quand un homme vous tend sa joue droite à embrasser, il trahit une attitude peu sympathique pour vos sentiments. Un homme qui vous embrasse sur la joue gauche vous signale gestuellement que vous lui plaisez bien plus qu'il n'oserait l'avouer à haute voix d'entrée de jeu. Les adeptes récurrents des smacks dans le vide sont souvent le fait de personnes alexithymiques, des indifférents affectifs.

Le verrou de la joue droite stimule évidemment le courage, par-delà le fait que ce verrou a aussi un effet roboratif sur la résistivité de la peau et le tonus musculaire de la joue (petit et grand zygomatique, masséter, buccinateur).

Le verrou de la joue gauche stimule la générosité et inhibe l'égoïsme, fatalement. Idem pour le tonus musculaire !

Elle s'est réveillée un beau matin avec une paralysie faciale de la joue gauche. Défigurée ? Impossible de se regarder dans le miroir sans sentir monter des larmes de rage et de désespoir. Le deuil de sa beauté. Je l'ai reçue. Elle voulait que je l'hypnotise pour remettre les choses en ordre, rendre à Cléopâtre ce qui lui appartenait : sa beauté. « Hélas, je ne suis qu'un psy, pas un

magicien », lui ai-je répondu. Cette patiente avait un défaut majeur : elle était foncièrement égotiste. À un point que vous ne pourriez même pas imaginer ! J'ignorais à l'époque que la paralysie faciale de la joue gauche pouvait avoir un rapport indirect avec ce défaut majeur. Cette paralysie est d'ailleurs intervenue après une violente dispute entre ma patiente et sa fille unique… qui lui reprochait justement son égotisme forcené doublé d'un égocentrisme militant.

« Comment dites-vous ?… Si j'ai pu faire quelque chose pour cette dame ?… J'aurais pu si elle avait été réceptive à l'autohypnose (cette histoire s'est déroulée autrefois). Elle était réfractaire. » Les égotistes sont des personnes qui se considèrent

comme le centre de l'univers et qui ont du mal à concevoir que l'autre est une partie différente de leur ego, comme des enfants de 3 ans. On les repère souvent à ce tic verbal : « Moi, mon médecin... Moi, ma fille... Moi, mon psy me coûte une fortune... »

Le verrou des deux joues de concert se pratique surtout pour des raisons de remodelage du visage et des pommettes. Il procure aussi un effet apaisant ; les joues étant les sièges principaux de la tendresse. Le remodelage des joues par la programmation idéomotrice est plus efficace qu'une intervention chirurgicale esthétique. Plus durable aussi ! Mais il est vrai que ce qui est gratuit n'a pas de valeur aux yeux de certaines femmes.

Le verrou des joues est celui de l'optimisme et de la revalidation du sourire.

LE VERROU DU COU ET DU MENTON : LE DÉFI

Il sert principalement de tremplin à une transe-décharge qui permet de gommer le double menton en mode hyperkinétique, mais il produit aussi un effet roboratif sur l'*esprit de compétition* et le sens du défi. Pour effacer un double menton, il faut choisir entre la voie chirurgicale et la discipline quotidienne ou périodique de l'idéomotricité. Tout est une question de moyens ou de patience. En chirurgie plastique, il faut quelques jours pour retrouver un menton de jeune fille ; en programmation neuro-gestuelle, il faudra quelques mois et toute la vie pour entretenir le résultat.

Sauf que dans le second cas de figure, le résultat est garanti sur facture.

LE VERROU DU FRONT : LA DISPONIBILITÉ

Il est un lieu dans le mental où l'espace et le temps se rejoignent et se confondent. On l'appelle le présent absolu. Il n'y a pas de meilleure manière de bien gérer son temps que de le prendre. Les gens pressés d'aboutir sont des candidats à la migraine frontale et d'exécrables gestionnaires de leur temps. Ils n'ont pas de présent et leur avenir est déjà tirebouchonné comme le fil du téléphone. Quand le front repose dans la main droite, le temps manque au temps pour aboutir à son terme. Quand le front repose dans la main gauche, le temps s'arrête et l'espace mental s'accroît car l'aboutissement essentiel se situe au présent de l'action entreprise, d'où une disponibilité mentale du reproducteur du geste décrit.

Le verrou du front est le verrou qui stimule la disponibilité mentale. Il est très difficile à obtenir et nécessite un grand nombre de répétitions avant d'aboutir. Le front se plisse spontanément durant la phase de verrouillage. L'important consiste à évaluer le temps de verrouillage car il est représentatif du seuil de disponibilité de l'initié.

LE VERROU PECTORAL : LE VERROU DE LA FIERTÉ

Il mobilise les muscles pectoraux pour des raisons esthétiques en rapport avec la poitrine chez une femme. Cependant, ce type de verrou peut aussi servir à renforcer une confiance en soi déficiente. Ce verrou interagit sur le petit et le grand pectoral. Il se termine parfois en transe-décharge neuronique.

C'est aussi le verrou de la fierté !

LES VERROUS ATYPIQUES

LE VERROU ANAL/PÉRINÉAL : L'ANTIDOTE DE LA TIMIDITÉ

Le verrou périnéal soulage une angoisse très particulière qui est la source du courage et de l'agressivité identifiée aux testicules ! Cette angoisse est pulsionnelle et proactive, on l'appelle aussi le trac. Le trac n'est pas seulement ressenti au niveau du plexus solaire, il trouve sa source dans le périnée. Le trac pousse l'individu à affronter ou à fuir le danger. Le courage du désespoir n'est jamais qu'une déclinaison de la lâcheté. Ce verrou très particulier est un excellent antidote contre la timidité constitutionnelle.

LE VERROU DES MÂCHOIRES : LE VERROU DE LA TÉNACITÉ

La ténacité est le plus beau fleuron de l'instinct de survie. La mâchoire inférieure est le siège de la colère, la mâchoire supérieure, celui de la ténacité. Ceux qui grincent des dents en dormant sont des individus plus tenaces que des boxers. Le verrou des mâchoires stimule la *ténacité*, une énergie de substitution de la colère.

Il a cessé de grincer des dents pendant son sommeil quand sa colère contre ses parents adoptifs s'est apaisée. Il n'avait pas fait la relation entre ces deux éléments. Il leur en voulait de lui avoir caché qu'il était un enfant adopté jusqu'à ce qu'il découvre le pot aux roses, vers l'âge de 15 ans. Cette découverte l'avait bouleversé et mis dans une rage froide. Il a voulu retrouver ses origines, étant né sous X. Il n'a jamais pu obtenir ces informations sur sa naissance et sur sa mère biologique. J'ai évacué sa colère en lui programmant un verrou autogène des mâchoires.

LE VERROU NASAL : LE VERROU DU FLAIR

Il s'agit en fait d'inhiber la fonction respiratoire nasale pour que le sujet puisse compenser par la respiration orale. Ce verrou favorise l'assèchement des parois et des fosses nasales. Il sert principalement à soulager une *rhinite allergique* ou une *sinusite*. De trois à sept minutes de verrou nasal sont nécessaires pour obtenir un résultat probant dans les vingt-quatre heures qui suivent.

Il procure aussi un autre avantage plus subliminal. Il dégagerait selon toute apparence un canal archaïque qui vous donnerait la possibilité de « sentir », au sens propre du terme, l'odeur des sentiments ou des humeurs de vos interlocuteurs. Un renforcement de votre niveau d'empathie.

LE VERROU DES OREILLES :
LE VERROU DU SENS DE L'IMPROVISATION

Comment peut-on verrouiller des oreilles ? Tout d'abord, il faut être capable de faire bouger le muscle sur lequel elles reposent, ce qui n'est pas donné à tout le monde. Ce verrou très particulier booste *le sens de l'improvisation*. Vous avez bien lu ! Être capable de réagir à une situation sans références connues est une qualité rare que seuls les vrais autodidactes possèdent. Pour savoir si vous êtes *un autodidacte* estampillé d'origine, il suffit d'être en mesure de faire bouger votre muscle occipital.

UNE DISCIPLINE DE VIE

La liste n'est pas close, tant s'en faut. C'est à ce stade que l'on peut constater à quel point la PNG est une discipline de vie avant d'être un outil thérapeutique ou de développement personnel. Et encore, nous sommes loin du compte. Il reste à découvrir le deuxième niveau, qui consiste à produire des transes-décharges d'évacuation et à les gérer. Le troisième niveau inclut la neuro-programmation de la conscience, dont les trois programmes que je vous laisse découvrir rejoignent l'aspect fabuleux de cette discipline. Après cela, il existe un quatrième niveau qui permet d'apprendre à reprogrammer la gestuelle pour améliorer la communication non verbale.

CHAPITRE 16

LA GRILLE POSTURALE AU JOUR LE JOUR

Le pH de ma transpiration est tellement acide qu'il efface les lettres de mes claviers d'ordinateur. Avant que je ne me mette à pratiquer la grille posturale de manière assidue, j'avais la plante des pieds crevassée, voire brûlée par ma transpiration. Je ne supportais que les chaussettes « pure laine » et les chaussures à semelles de cuir véritable. Pas question d'enfiler des baskets ou des souliers à semelles en nylon ou en caoutchouc sous peine de terribles brûlures ! Peu de temps après que je commence les postures, la transpiration de mes pieds s'est calmée et l'odeur de mes chaussettes s'est modifiée jusqu'à ne plus sentir « le vieux fromage ». J'ai commencé à enfiler des chaussettes en polyamide sans en payer la note. Je me suis acheté une paire de Nike que j'ai réussi à porter toute une journée sans dommage pour mes voûtes plantaires. Et ce n'est pas le seul bénéfice des grilles posturales, tant s'en faut ! Plus de sinusite annuelle, plus de poussées d'eczéma sous les bras, plus de mycoses anales, plus de furoncles dans le dos, disparition de varices dans le creux poplité des jambes, redressement inattendu d'un alux valgus *du pied gauche. Et j'en passe. Tous ces petits inconvénients ont disparu, comme par magie.*

Vous avez acquis la maîtrise des quatre postures du premier niveau. Vous devez maintenant passer à la pratique pour automatiser l'habitude avant qu'elle ne se transforme naturellement en besoin élémentaire.

En principe, les phases d'induction posturales durent sept, quatorze, ou vingt et une minutes, selon le temps que vous souhaitez leur consacrer quotidiennement. Je vous conseille de les pratiquer au moins une fois par jour. L'idéal consiste évidemment à effectuer trois grilles quotidiennes. La première le matin avant de vous lever, la suivante après le déjeuner, si vous en avez l'occasion et, enfin, la dernière le soir avant de vous endormir. Soit, trois fois sept minutes ! Mais rien ne vous empêche d'y avoir recours dès que vous rentrez chez vous, dans la soirée. Les accès d'angoisse que vous ressentiez habituellement disparaîtront, tandis que le stress vous semblera moins présent dans vos conduites ou dans votre discours.

La plupart des sujets qui ont programmé une grille posturale quotidienne ont commencé à ressentir de véritables modifications de la qualité de leur vie, dès le premier mois de pratique.

Utilisez un minuteur culinaire pour fixer le temps de vos grilles posturales journalières. Dès que vous entendrez la sonnerie, vous déprogrammerez vos postures en bloc en décomptant plusieurs fois de 3 à 0. Vos paupières se décolleront en premier, suivies de la résolution des autres verrous programmés.

Rien ne vous empêche de plonger plusieurs fois par jour dans une grille posturale, si vous en éprouvez le besoin ou si vous souffrez d'une affection chronique douloureuse. La pratique des grilles posturales procure un effet antalgique rapide. Il faut croire que la production d'endorphines est démultipliée par la pratique de ces grilles. Paradoxalement, l'apport énergétique que vous en retirerez vous poussera à agir, au lieu de vous satisfaire d'une existence végétative ou contemplative.

La grille posturale dynamise aussi la production d'anticorps dans le système immunitaire. Tous les stagiaires qui y ont eu recours l'ont confirmé. Ceux qui ont abandonné les grilles après un temps d'enthousiasme aussi. Ils ont récupéré tous leurs bobos habituels et autres virus saisonniers aussitôt. La pratique quotidienne de la grille posturale éloigne tous les virus et autres bactéries qui s'attaquent systématiquement à l'organisme. Elle est donc en concurrence directe avec l'industrie pharmaceutique, qui a tout intérêt à en nier les bienfaits.

COMMENT PRATIQUER LA GRILLE POSTURALE ?

Deux positions : assis dans un fauteuil confortable ou allongé sur un lit.

1) Vous commencez par installer un verrou oculaire en vous répétant mentalement : VO 1-2-3 à 1 %.
2) Ensuite, vous passez à la déconnexion des jambes : VJB 1-2-3 (verrou des jambes).
3) VBR (verrou des bras) 1-2-3.
4) VNQ (verrou de la nuque) 1-2-3.

Et vous reprenez le même parcours à 2, 3, 4, 5 % et ainsi de suite. Ensuite, vous vous mettez à l'écoute de votre corps ou vous jouez à vous poser des questions en utilisant le principe idéomoteur digital. Progressivement, votre corps va s'engourdir. Vous pouvez reprendre le parcours des pourcentages de 6 à 10 % et marquer un temps d'arrêt. Ensuite, de 11 à 15 %, et ainsi de suite. Tout dépend de la durée de la grille que vous avez programmée sur votre minuteur.

Il m'arrive de pratiquer ce type de grille posturale dans le train lors de mes nombreux voyages. Tout dépend du confort du siège. La grille posturale me sert alors d'antistress et je la travaille uniquement au pourcentage de 1 à 25 %, en respectant le trajet des quatre postures dans l'ordre. Autrefois, j'y ajoutais l'aphémie des cordes vocales (APHCOVOC), mais je n'étais jamais sûr de l'efficacité de cette dernière posture, qui appartient au troisième niveau de maîtrise.

La grille posturale diffère essentiellement du yoga ou du zen en ce qu'elle recapitalise la dépense énergétique. Elle a une action essentiellement reconstructive et régénératrice et n'est vraiment efficace que pratiquée au quotidien. Il m'est arrivé d'abandonner cette pratique durant quelques semaines à l'une ou l'autre occasion par le passé. J'ai très vite récupéré tous les ennuis cités plus haut, ce qui m'a poussé à reprendre mes grilles posturales sans me poser de questions superflues. La contrainte m'est apparue moins difficile à supporter que les inconvénients pathologiques qui revenaient au galop. Chassez le naturel...

Le fait de coupler la PNG et un sport « nature » comme la marche, tout simplement, est une excellente initiative. De l'inertie posturale aux mouvements imposés par la pratique d'une activité physique, le corps retrouve ses rythmes, et le système immunitaire se renforce pour faire barrage aux agressions endogènes ou exogènes.

CINQUIÈME PARTIE

CHAPITRE 17
LA TRANSE-DÉCHARGE

CHAPITRE 18
ACCOUCHER DE SES TALENTS

CHAPITRE 17

LA TRANSE-DÉCHARGE

Je me soumis, à mon tour, à la magie des transes-décharges, avec comme conséquence mon déménagement de Bruxelles à Paris et le début d'une nouvelle carrière d'écrivain à un âge où il est plus prudent de se contenter du minimum vital que la vie vous apporte. Je venais d'avoir 46 ans. Cette incursion du fabuleux dans mon existence était tout à fait inattendue. On peut parler de destin déjà écrit, je n'y crois pas. Votre destin est écrit au brouillon, à vous de remettre la copie au net... J'ai déjà 65 ans aujourd'hui, en 2010, et l'aventure continue. Et je n'ai pas l'impression qu'elle est prête à s'arrêter !

Dans *Le Lion*, de Joseph Kessel, on peut lire ces quelques lignes qui donnent une idée des effets spectaculaires de la transe-décharge idéomotrice :

« ... Ou plutôt chacun était maître d'abandonner son corps à la transe qui le désarticulait. Il n'y avait pas une attache, une jointure, une ligature, une phalange qui ne semblât animée de sa vie propre et ne fût secouée de sa propre convulsion ».

Si on parvient à dissocier le corps de la conscience ordinaire, celui-ci est susceptible d'entrer dans un état de transe totalement involontaire. Il semble jouer à défaire les nœuds musculaires (ou kystes énergétiques) que lui imposent nos comportements faussés, nos conduites pénalisées ou encore nos désirs interdits ou refoulés. Le corps débarrassé du contrôle de la conscience ordinaire (dite aussi conscience de veille) ne cherche que son équilibre et, par voie de conséquence, l'équilibre psychique de l'individu en proie à des conflits apparemment insolubles.

L'histoire de chaque individu peut se résumer en une sorte de bilan sur deux colonnes. D'un côté, la somme de ses réussites, ou gratifications narcissiques, de l'autre celle de ses échecs, ou blessures narcissiques. Et ce pour chaque domaine d'activité dans lequel il s'est impliqué. Le domaine socioprofessionnel étant celui qui influe le plus sur les autres à notre époque, la PNG s'y applique idéalement pour réveiller les énergies de ceux qui n'ont plus assez de combativité pour réagir. Mais l'objectif privilégié de la programmation neuro-gestuelle s'attache en particulier à revitaliser les individus handicapés par un comportement de sabotage (les agents polluants SADE, voir en annexe) dont nous sommes tous les victimes potentielles et qui entrave les aptitudes, les compétences et les talents scolaires, professionnels ou personnels.

QUI FAIT BOUGER LE CORPS ?

On peut se demander ce qui commande aux débordements neuro-musculaires de la transe-décharge ? Qui dirige ces convulsions spectaculaires ? Est-ce le système nerveux qui en assure la coordination ? S'agit-il d'un phénomène de type hystérique ? C'est probable ! Mais les manifestations de ce comportement hystérique n'atteignent pas la conscience. Celle-ci assiste en spectatrice aux sursauts révoltés du corps. Simulation ? Impossible, vu la durée des transes et le type de réactions neuroniques vaines à contrefaire ! Le sujet serait essoufflé, après quelques dizaines de secondes. Ce phénomène était déjà connu dans la Grèce antique et faisait partie des rites dionysiaques, s'il faut en croire Georges Lapassade (l'auteur d'un essai sur la transe).

Faisant référence aux aspects que prennent parfois les transes-décharges, les psychiatres parlent de crise à symptomatologie de type extra-pyramidal. Ils regroupent sous ce titre des manifestations motrices comme les accès de hoquet, de bâillements, d'éternuements ; les crises de rire ou de pleurs incoercibles ; les tremblements, les secousses musculaires, les tics ou les grands mouvements d'allure choréique.

Faisant aussi référence aux tétanies des postures autohypnotiques, ils avancent de plus que celles-ci consistent dans l'aptitude convulsive commune aux deux états (hystérie et tétanie), déclenchés aussi bien par l'émotion que par l'hyperpnée, au point que l'on ne sait plus si l'hyperpnée agit par sa valeur émotionnelle ou l'émotion par ses facteurs humoraux (Julian de Ajuriaguerra, 1951). Sauf que... dans le cas spécifique de la transe-décharge, je n'ai jamais constaté d'hyperpnée chez mes stagiaires.

Véritable antidote naturel, la transe-décharge combat le mal-être sous toutes ses formes avec une efficacité impressionnante. Et si celui qui s'y soumet est victime d'un échec vital, son corps prendra la relève pour revalider progressivement l'attitude mentale qui est à l'origine de son refus inconscient d'accéder à la réussite. Il ne faut jamais oublier que nous sommes face à une expression corporelle spontanée, véritable langage du corps dont la traduction exige une connaissance approfondie de l'histoire du sujet.

Du domaine socioprofessionnel au sexuel, en passant par les problèmes scolaires, les conflits affectifs, les troubles du comportement, etc., la production de transes-décharges semble réorganiser en profondeur l'attitude psychosomatique et mentale de l'individu en crise. Le dialogue s'établit entre l'énoncé verbalisé de la problématique et le corps du patient, sans interférences des mécanismes de refus ou d'analyse critique. Le praticien PNG n'intervient que pour corriger la trajectoire. Car le corps réagit de manière typiquement idéomotrice à certains mots, certaines phrases ou certains souvenirs qui résument le conflit dans son ensemble. Le contenu émotionnel de certains termes entre en résonance immédiate, et parfois massive, avec la structure émotionnelle de l'amygdale du cerveau. Des réactions cinétiques (mouvements involontaires) s'ensuivent, constituant une dynamique comportementale.

LE PACTE AVEC LE DIABLE

Je dois la découverte des effets psychotoniques de l'autohypnose que je pratiquais à l'époque à un citoyen américain victime d'un syndrome observé par Gilles de la Tourette. Une maladie de tics d'origine inconnue, difficile à vivre en société, et qu'aucune médication ne peut neutraliser à ce jour. J'ai écrit l'histoire de notre rencontre pour situer, d'entrée de jeu, un des aspects primordiaux de la technique des transes-décharges.

Il ne s'agissait pas d'un individu en état d'échec professionnel, loin de là. Jim D. évoluait, sans à-coups, dans une multinationale qui appréciait ses compétences. Il est devenu par la suite vice-président d'un des plus importants complexes informatiques des États-Unis. Paradoxalement, ce fut lui qui ouvrit la voie à une nouvelle forme d'expression corporelle dont j'ai pu constater l'effet roboratif sur tous ceux auxquels l'échec professionnel avait rendu une petite visite de courtoisie, tous ceux qui craignaient les lendemains désenchantés, ou encore tous ceux qui vivaient un présent sans avenir, victimes d'une souffrance souvent inutile.

À tous ceux-là, la transe-décharge a offert l'opportunité de réagir, de combattre le spectre des agents SADE (pour stress, anxiété, dépression et échec) que vous retrouverez en annexe de ce livre.

Jim D. est en poste à Bruxelles. Il vient d'être muté d'une succursale asiatique de la multinationale américaine pour laquelle il travaille. Cadre supérieur compétent et apprécié, il est victime d'une maladie rarissime : le syndrome de Gilles de la Tourette. Une affection caractérisée par la multiplication de tics nerveux impossibles à dissimuler. Son visage, sa nuque, son épaule droite et son bras moteur dansent une choré remarquable qui s'amplifie lorsqu'il se met à parler. Toute la partie droite de son corps est agitée de secousses en cascade, tandis que la partie gauche suit le mouvement. Aucune cessation provisoire des hostilités, sauf quand il dort. Jim est le siège d'une sorte de combat permanent et démoniaque.

Il m'apprend que l'origine de ses tics date de sa quinzième année. Il a 35 ans lors de notre première entrevue. Un soma convulsif en tempête perpétuelle auquel il n'a jamais pu s'habituer, même s'il lui arrive de l'oublier. Un volcan sans cratère qui menace, à tout instant, d'exploser, de cracher sa misère psychosomatique !

... Une rencontre de base-ball interscolaire. Jim retourne au vestiaire des garçons après la balle de match. Un sursaut étrange de son muscle deltoïde, au creux de l'épaule gauche ! Il n'est pas seul dans le vestiaire, cependant, personne ne prête attention à lui. Il continue de se déshabiller, prend une serviette dans son armoire personnelle et se dirige vers les douches. Tandis qu'il se débarrasse de la sueur sous le jet puissant du pommeau,

il repense à ce soubresaut musculaire. Ça l'inquiète un peu. Alors qu'il s'essuie, le phénomène réapparaît par saccades pour se calmer de nouveau après quelques secondes.
La soirée se passe normalement. Il n'a rien avoué à ses parents pour ne pas les alarmer inutilement. Le lendemain matin, il est réveillé par une douleur fulgurante à l'épaule droite. Le sursaut est devenu un tressaillement intermittent. Un tic ! Ses parents sont interdits, stupéfaits. Le médecin de famille conclut à une crise nerveuse passagère. Pourtant, il s'agit d'un garçon calme, dans l'ensemble. Il n'a pas le sentiment d'être agité. Le diagnostic l'étonne mais il n'ose pas contredire le généraliste. Avec les années, la maladie gagne du terrain. La médecine est impuissante à l'enrayer. Jim évite de plus en plus ses copains tout en poursuivant des études brillantes. Il apprend à vivre seul avec son mal. Cette agitation neuro-musculaire le particularise aux yeux de ses camarades. Il sort « Major » de sa promotion d'ingénieurs informatiques à l'université de Chicago. Rien que des « A » !
Malgré son syndrome, qui rend sa vie sociale difficile, le service de recherche d'un géant du secteur informatique l'engage immédiatement. Une intelligence supérieure soutenue par une frustration excessive lui a servi de marchepied. Une décennie plus tard, il dirige, avec brio, le domaine de la recherche pour toutes les filiales de l'entreprise pour laquelle il travaille. C'est un enragé du progrès révolutionnaire. L'entreprise lui doit déjà plusieurs innovations importantes dans la conception de ses programmes.

> *« J'ai dépensé une fortune pour trouver une solution, même partielle, à mon problème, confesse-t-il en anglais. Depuis le temps, je ne me fais plus beaucoup d'illusions, mais je continue à espérer. Quelque chose me pousse dans le dos ! »*

Une ambiguïté largement compréhensible. Il n'a jamais pensé à l'hypnose en tant que remède possible.

« What do you think ? »

Je ne pense à rien, ça va mieux, mais je lui propose quelques séances. Il accepte, sans commentaire inutile. Lors de la deu-

xième séance, je commence par lui enseigner l'art d'obtenir un verrouillage oculaire.

Bientôt, Jim réalise qu'il n'est plus capable d'ouvrir les yeux volontairement pendant quelques secondes. Il trouve le principe original et s'applique comme un bon élève, certain du résultat de ses efforts. Lors des séances suivantes, il reprend les mêmes exercices de révulsion volontaire des globes oculaires et obtient, sans crier gare, un verrouillage d'environ soixante secondes. Il tente d'ouvrir les paupières, le verrouillage surpasse sa volonté musculaire, comme une véritable fermeture électromagnétique. Ses yeux finissent par s'ouvrir sur un regard fasciné. Il en reste bouche bée, décontenancé mais ravi.

> *« C'est drôle, me confie-t-il, j'ai l'impression d'un bouillonnement nerveux tout le long de la partie droite de mon corps. Pourtant, il n'a pas bougé pendant l'exercice, n'est-ce pas ? »*

Je n'ai rien constaté d'anormal mais ce dont il vient de m'informer me paraît important, sans que je sois en mesure d'en saisir la portée. Le genre d'intuition qui dépasse largement le cas spécifique de mon patient. Je suis, pour ma part, à cent lieues de me douter de ce qui nous attend tous les deux.

Nous rééditons le verrouillage oculaire avec un résultat horaire de sept minutes, durant lesquelles Jim s'escrime sincèrement à obtenir une ouverture palpébrale volontaire. Il lance un juron, tout en riant nerveusement les yeux clos. Il est ravi de la surprise. Du concret, enfin ! Finalement, les paupières se décollent et il me confie une progression considérable du bouillonnement interne. Il est couché sur le fauteuil sans armature qui trône au centre de mon cabinet, les jambes allongées sur un pouf assorti. Son visage est moins tiraillé qu'à l'accoutumée. Il s'en rend compte avec un plaisir évident. L'atmosphère de la pièce a changé, imperceptiblement, je remarque une lueur d'excitation qui brille dans ses yeux lorsqu'ils s'ouvrent enfin. Nous réalisons, l'un et l'autre, que quelque chose de fabuleux se prépare. La mèche est allumée, la bombe doit exploser tôt ou tard. Il me demande la permission d'ôter sa cravate et débou-

tonne le col de sa chemise. L'intuition de tout à l'heure est revenue en force. Je ressens une légère crispation au creux du plexus solaire. Le trac des situations d'exception, je suppose !

Mon patient est un homme de contact agréable qui sourit la plupart du temps. On remet ça ! Troisième essai ! Quinze longues minutes de tension ! Les tics corporels sont réapparus soudainement pendant le dernier exercice. Ses paupières sont restées rivées l'une à l'autre comme des bandes Velcro. Il me confirme que les sursauts de son corps sont différents de ce à quoi il était habitué. Je lui propose de stopper la transe pour faire le point mais lui souhaite, au contraire, poursuivre l'expérience jusqu'à l'ouverture spontanée des paupières. Le regain d'agitation neuro-musculaire auquel j'assiste m'étonne. Un juron épouvantable secoue ma distraction. Ses paupières viennent de s'ouvrir spontanément.

Il a l'air atterré.

« What's up (Quoi de neuf) ? »

Il me fixe avec un regard terrorisé.

« Je viens de revivre une scène effroyable, impossible, me révèle-t-il dans un souffle moribond. Je... Je suis très gêné de vous la raconter mais je crois que c'est nécessaire de me confier... »

Il est manifestement consterné par le souvenir qui vient de resurgir dans sa conscience.

Il est issu d'une famille très croyante, mennonite. Tous appartiennent à cette secte d'anabaptistes, d'origine hollandaise, qui réunit encore de nombreux adeptes dans la région de Chicago. La sexualité est un sujet tabou chez ces gens. Moins on en parle, mieux on se porte ! Jim a épousé une jeune fille de sa foi dont il a eu deux enfants. Un mariage arrangé par les parents des deux clans. Il aime son épouse mais leurs rapports sexuels sont épisodiques depuis le début de leur union. Sa femme s'en accommode tant bien que mal. Pour son mari, par contre, la consommation du mariage est un enfer en miniature. Chaque fois qu'il essaie de la pénétrer, il ressent une culpabilité monstrueuse dont le bien-fondé lui échappe totalement. Les tics s'amplifient fortement au moment de l'acte, à un point tel qu'il ne parvient presque jamais à éjaculer, au grand dam de son épouse. Il tourne autour du pot. Je le lui fais remarquer. Il finit par se jeter à l'eau :

> *« Je me suis vu à l'âge de 15 ans, l'espace d'un cours instant, en train de faire l'amour à ma sœur cadette. Elle a un an de moins que moi », rajoute-t-il précipitamment.*

Il n'ose pas m'en dire plus, rouge de confusion, le corps agité de convulsions. Le souvenir interdit, qui est remonté jusqu'à sa conscience, a complètement déstabilisé l'image qu'il avait de lui-même. Il ne se souvient de rien de semblable dans son passé d'adolescent. C'est une impossibilité mathématique ! Un illogisme pur, vu l'éducation stricte dont il a été abreuvé au cours de son enfance. Pourtant, il m'avoue que sa sœur a mal tourné. Elle exerce la profession diabolique de covergirl à New York, s'il faut en croire la rumeur familiale. Il ne l'a pas revue depuis son départ du pays, quelques dix ans plus tôt. Elle lui manque, mais jamais il n'aurait osé avouer ce sentiment à son épouse.

> *« Nous étions très proches », me dit-il.*

Il me demande de prolonger la séance pour refaire quelques décharges supplémentaires. Son corps recommence à s'agiter. Son visage se déforme dans une série de rictus misérables. Ses aveux ont déclenché une sorte de chaos apocalyptique dans ses pensées. Il est en plein désarroi, bouleversé jusqu'au plus profond de son âme. La torture morale qui l'envahit se lit à livre ouvert sur les traits de son visage. Cela paraît insupportable ! J'induis le verrouillage oculaire suivant, et c'est alors que je reçois la confirmation de mon intuition en pleine figure.

La bombe explose sous mes yeux ahuris !

Son corps se tend comme un arc, se recroqueville dans une position grotesque, puis se détend comme un ressort. Il bondit sur le fauteuil, ses bras battent l'air comme s'il essayait d'échapper à la noyade. Le tout est ponctué de râles et de petits cris de gorge. Le scénario se répète, identique à lui-même, à plusieurs reprises. On dirait que sa structure neuro-musculaire est possédée par une force inconnue. L'anarchie des mouvements involontaires qui secouent ses membres est la plus incroyable, la plus inattendue de toutes les manifestations de ce type auxquelles il m'a été donné d'assister par la suite. Un véritable délire cinétique ! L'aspect spectaculaire des réactions dont je suis le témoin me sidère. Il tente de parler. Ses jambes battent la mesure des quelques mots qu'il parvient à articuler, s'arrêtent l'espace d'une seconde, puis repartent dans un concert de spasmes paroxystiques et indescriptibles. De la possession dans ses manifestations les plus extraordinaires ! Il décharge littéralement toute la tension accumulée depuis plus de vingt ans de culpabilité inconsciente. Le pouf s'est détaché sous la violence des tressaillements. Ses talons frappent le sol d'un martèlement irrégulier. Je replace le pouf sous ses jambes, tandis qu'elles s'envolent à nouveau. Elles retombent sur le cuir. Je sens monter en moi une sorte de respect face à ce déchaînement d'énergie anarchique, face à toute cette violence concentrée qui implose dans son corps meurtri. Une vraie décharge de combat ! Oui, c'est le terme, me dis-je ! Une décharge de combat, comme s'il exorcisait cette vieille culpabilité qui habite son corps à travers une transe primitive, spectaculaire et parfaitement involontaire.

Le corps se calme progressivement. L'orage est passé, semble-t-il. Le combat est en passe de cesser faute de combattants. Ses paupières s'entrouvrent, soulignées par un sourire qui se transforme en fou rire. Il rit à gorge déployée pendant un long moment. Je suis gagné par la rupture soudaine de la tension qui accompagnait la décharge. Nous avons les larmes aux yeux.

> « Gorgious ! Je me sens purifié, récuré, je... c'est fantastique », termine-t-il en reprenant haleine.

Ce fut la première décharge de combat d'une longue série. Nous avons travaillé ensemble pendant plusieurs mois pour éliminer presque toute trace de sa maladie de tics. Le souvenir *refoulé était bel et bien réel, bien que moins grave qu'on ne pouvait l'imaginer. Il finit par l'admettre et reçut l'absolution de sa propre épouse, mise au courant sur sa demande et en sa présence.*

Jim est reparti aux États-Unis quelques semaines après avoir terminé son traitement. C'était un homme transfiguré qui me quittait. Le syndrome de Gilles de la Tourette avait rendu les armes.

Entre-temps, je découvrais avec d'autres patients les principes fondamentaux d'une technique totalement originale. La transe primitive involontaire associée au souvenir traumatique dévoilé par le truchement du verrouillage oculaire. Une vraie méthode cathartique, enfin ! Mais l'étincelle ne s'enflamma pas immédiatement. Il fallut expérimenter la combinaison du verrou oculaire et de situations traumatiques aussi diverses que multiples sur de nouveaux patients, pour prendre conscience du fait que ce type de réaction musculaire pseudo-anarchique était reproductible sur la majorité d'entre eux.

J'avais mis le doigt sur quelque chose d'étonnant. Cependant, j'étais loin de me douter des conséquences inimaginables qu'allait avoir ma découverte sur mon propre destin et la fin de mes illusions concernant les pouvoirs de l'hypnose clinique traditionnelle.

Car je me soumis, à mon tour, à la magie des transes-décharges, avec comme conséquence mon déménagement de Bruxelles à Paris et le début d'une nouvelle carrière d'écrivain à un âge où il est plus prudent de se contenter du minimum vital que la vie vous apporte. Je venais d'avoir 46 ans. Cette incursion du fabuleux dans mon existence était tout à fait inattendue. On peut parler de destin déjà écrit, je n'y crois pas. Votre destin est écrit au brouillon, à vous de remettre la copie au net... J'ai déjà 65 ans aujourd'hui, en 2010, et l'aventure continue.

QUAND LE CORPS IMPLOSE

La décharge de combat est une forme de défoulement hystérique et paroxystique du système neuro-musculaire dans son ensemble. Une implosion corporelle ! Elle ne s'accompagne jamais d'absence mentale, ni même d'altération de la conscience. Elle est résolutive et intervient toujours peu avant la fin de la transe proprement dite. Sa durée varie selon les individus mais son expression est toujours spectaculaire, et surtout identique dans ses manifestations chez tous les individus, quel que soit le type de conflit qu'ils ont choisi de résoudre par son truchement.

Dès l'apparition de la décharge de combat, on peut considérer que l'expulsion du malaise abordé a été entérinée par la partie non consciente qui gère les mouvements désordonnés du corps. Le système nerveux semble puiser alors dans les réserves énergétiques de l'individu pour effectuer le travail de libération finale, une sorte de remède antistress naturel.

À ce stade, il est impossible de stopper le mouvement. La phase de combat dépasse la volonté du sujet, bien que ce dernier ne subisse jamais d'altération de conscience. Le rythme cardiaque avoisine celui de l'excitation sexuelle lorsqu'elle se trouve à son sommet. Certains sujets dépassent allégrement les 150 pulsations/minute, juste après la fin de la décharge de combat. Ils en sortent essoufflés mais ravis.

L'aspect concret d'une décharge de combat va largement au-delà de tout ce que l'imaginaire est capable de concevoir. Ils ont vécu la possession de leur corps par leur propre système neuro-musculaire et ont accepté d'être animés, en quelque sorte, par une force supérieure au Moi, mais dont ils constatent qu'elle fait partie d'eux-mêmes. La rencontre entre cette superstructure du corps et de l'esprit et ces manifestations énergétiques spontanées est un grand moment du processus idéomoteur. Une rencontre du troisième type, en somme.

LE PRINCIPE MEC CONTRE LES AGENTS SADE !

Pour provoquer une libération de cette énergie neuronique, vous devez au préalable dresser une liste des troubles que le consultant souhaite évacuer ou soulager. Il doit décrire son problème en termes simples ! Les mots qui lui serviront à cerner sa problématique éventuelle doivent être ceux de son discours habituel. L'usage des termes scientifiques produit un effet inhibiteur sur la production des transes-décharges. Ils ne sont pas investis émotionnellement. Par exemple, un manque d'assurance peut être lié à une foule de souvenirs d'enfance, de messages parentaux castrateurs ou à une liste de pénalisations d'audaces adolescentes longue comme un jour sans pain. Pour le stagiaire, aucune de ces références ne vaut le manque d'assurance ou d'audace dont il est victime malgré lui. Il faut appeler un chien, un chien. Ne pas chercher midi à quatorze heures en usant de termes que le patient ne comprendra pas, et surtout dont il ne ressentira pas la portée émotionnelle.

L'idéal consiste à faire référence au principe MEC ou aux agents SADE, tout simplement. Il suffit d'évaluer les quatre agents SADE en attraction de contrôle (ATCON) pour savoir lequel est actif. C'est celui qui va servir d'intitulé au contrat de transes-décharges.

Imaginons que vous êtes en situation d'échec : pas de boulot, des perspectives bouchées, des compétences obsolètes, un âge canonique de 40 ans, voire moins, et un conseiller « Pôle Emploi » qui vous déprime. Vous devez évaluer les quatre agents SADE tour à tour. Celui qui remportera la palme est celui dont le temps sera le plus court. C'est cet agent qu'il va falloir nommer pour aborder le contrat de transe-décharge. Vous êtes en situation d'échec, mais c'est l'anxiété qui est désignée par l'ATCON. Logique ! L'angoisse est un sentiment qui vous éloigne toujours de la solution ou de la porte de sortie de votre échec. L'odeur subliminale de l'angoisse est répulsive. En **maîtrisant** sa production, vous augmentez fatalement vos chances de retrouver un emploi.

LE TEMPS MÈNE LA DANSE

Sans la dimension du temps, la transe-décharge idéomotrice ne serait qu'un aimable divertissement pour gourou de pacotille. Car enfin, même s'il faut admettre que nous sommes tous susceptibles d'entrer en transe (accès de colère, émotions irrépressibles faisant trembler le corps, etc.) à l'une ou à l'autre occasion de notre existence, le simple fait de s'agiter involontairement ne peut représenter qu'un phénomène curieux aussi inexplicable que spectaculaire. Le lien de subordination qui relie le verrouillage oculaire à la production de transes-décharges est un constat général, certes intéressant, mais dont la connaissance ne nous fait pas avancer d'un centimètre dans la compréhension du phénomène. Pourquoi le corps se met-il à s'agiter, dès qu'on lui lâche la bride ? Pourquoi cette conduite hystérique des chaînes neuro-musculaires ?

L'agent idéomoteur entre certainement en ligne de compte puisque les réactions nerveuses du soma en dépendent étroitement. Or cet agent idéomoteur sera, au choix, un souvenir traumatique, une conduite pathologique traduite en termes simples, une lacune affective ou un énoncé résumant, même avec maladresse, le malaise dont vous avez à vous plaindre. Le corps réagit. Bon ! Et après ? Si les choses étaient aussi élémentaires, tout irait pour le mieux dans le meilleur des mondes. Ajoutons-y la notion de temps en utilisant un chronomètre ! Et voyons un peu ce que cela nous donne…

SORTIR DE L'ENFER

L'entretien préliminaire m'apprend que Robert souffre d'un manque total d'assurance en société. Le trouble mineur par excellence dont les inconvénients majeurs n'échappent qu'à ceux qui ne subissent pas ce type de mal-être. L'ennui, c'est que ce manque d'assurance a entraîné des conséquences néfastes, dans son cas précis : le recours à la drogue. Il est passé de la fumette à la coke et de la coke à l'héroïne sans s'en apercevoir. Sauvé des eaux, il s'est réinstallé dans une vie professionnelle satisfaisante mais la fumette ne l'a pas quitté. Il réalise que cette manie le conduit lentement mais inexorablement vers une vie de plus en plus contemplative. Mais comment s'en passer ? Le hachisch clarifie l'esprit embrumé par les effluves de l'angoisse. Soit ! Il entrave aussi le besoin d'agir. Robert s'en rend parfaitement compte mais, dès qu'il s'en prive, il réagit comme n'importe quel drogué en période de manque ou de sevrage.

Nous procédons au conditionnement du verrou oculaire, non sans mal ! Son mental est submergé par le doute. L'ennemi numéro un se manifeste. Le verrouillage se déstructure. Il faut recommencer de zéro. Mon consultant se décourage. Nous dressons une liste exhaustive de ses malaises, une sorte de livre blanc introspectif. J'utilise la clef de verrouillage pour chacun des intitulés. Sans succès. La démotivation plane sur le training. 1-2-3 ! Le verrouillage ne prend pas. Ses yeux s'ouvrent à chaque reprise. Il ne reste que le manque d'assurance à tester avant de rendre le tablier. À cette époque protohistorique, je n'utilisais pas encore l'attraction de contrôle pour évaluer les carences ou les objectifs.

Ses paupières se bloquent miraculeusement. Son corps commence à s'agiter au bout de quelques minutes de patience. La décharge fait son œuvre, le chrono suit le mouvement. À la onzième minute, le corps de Robert se déchaîne. Décharge de combat tout à fait inattendue ! La violence des mouvements est exceptionnelle. La phase ultime dure une bonne minute avant que les yeux ne s'ouvrent. Le doute est défait. Robert vient de gagner la première bataille en l'espace de douze minutes exactement ! Le temps de la première décharge est essentiel, il indique l'importance du trouble abordé.

On pourrait imaginer que ce problème d'assurance représente le bouchon qui ferme la bouteille. Un bouchon qui vient de sauter. La deuxième phase de décharge ne dure que six minutes et s'achève de la même manière que la précédente : décharge de combat tout aussi spectaculaire ! Robert a les yeux brillants d'excitation. Quelque chose de merveilleux vient de se produire. Il a repris conscience de son existence. Il a retrouvé l'énergie utile et nécessaire pour dépasser ses propres contradictions. Il faudra encore passer par cinq décharges supplémentaires lors des séances suivantes pour achever le contrat. Les temps se raccourciront jusqu'à ne plus représenter qu'une dizaine de secondes pour la dernière phase.

Et le résultat ? Robert est transfiguré. Le haschich a perdu du terrain ? L'angoisse aussi ! Dans ce livre blanc se trouve un rêve... « J'aimerais... », disait-il avec une certaine lassitude dans la voix. Depuis la fin de ce contrat associé à son manque d'assurance, il ne rêve plus avec des conditions suspensives. Il veut ! C'est déjà ça de pris sur l'ennemi.

Première bataille d'une longue série avant la paix des braves ! La guerre peut durer des mois mais, dès que la première décharge de combat a eu lieu, le sujet a franchi une porte sans risque de retour. Même s'il s'arrête en chemin, il ne retournera plus jamais en enfer. Un espoir est né. Tôt ou tard, il sortira de terre.

La transe est-elle une conduite du corps ? Conduite à l'apparence anarchique ! Lorsque le corps est libéré du contrôle conscient, il semble que l'animalité archaïque remonte à la surface. Georges Lapassade, dans son *Essai sur la transe*, propose une autre explication : « Après Freud, enfin, mais dans le prolongement de son enseignement, on voit apparaître aujourd'hui dans les groupes une nouvelle forme de transe provoquée : la transe bioénergétique. Cette nouvelle forme s'inscrit dans un mouvement plus large, le mouvement du potentiel humain, mais aussi le mouvement d'une contre-culture qui tente de faire l'expérience de la transe dans des perspectives nouvelles : la décharge, sans doute, mais cela était déjà un concept freudien, héritier de l'exorcisme. Après la transe-décharge, on est peut-être en train de découvrir, ou de redécouvrir, les voies d'une transe libératrice d'un inconscient qui n'est pas un réservoir de fantasmes, mais de désirs et de projets. »

Et il ajoute, un peu plus loin :
« ... le courant dit de l'hypnose et de la suggestion fournit surtout une exploration expérimentale de cet état et des conditions qui permettent de provoquer ces transes libératrices ».

Or, il n'est pas d'exploration expérimentale sans outil de mesure. Et comme il n'est pas possible de mesurer objectivement l'amplitude électro-encéphalographique produite par une décharge, l'idée m'est venue un jour de mesurer sa durée et l'évolution chronométrique des transes successives pour un même contrat d'évacuation.

Il m'est d'abord apparu qu'il n'était pas possible de décharger un projet ou un désir. Par contre, ce qui en bloquait l'aboutissement, une fois défini, représentait un excellent prétexte de décharge ou d'évacuation.

Au fil des années, et à force d'utiliser l'hypnose idéomotrice, j'ai pu tirer certaines conclusions quant à la signification de la durée de la décharge préliminaire. Ce sont des considérations théoriques que je ne vous imposerai pas dans cet ouvrage.

LA CONSCIENCE ÉCLATÉE

Le premier aspect, fondamental, de l'état de transe, son contenu profond, est celui d'une conscience éclatée, selon William James, qui le définit par la notion de *« conscience marginale » ;* et il souligne sa différence avec la conscience habituelle : « Notre état de conscience éveillée, ordinaire, n'est qu'un type de conscience. Mais il existe en nous à l'état potentiel des formes de conscience extrêmement différentes. On peut traverser la vie sans en soupçonner l'existence. Mais dès que l'on fait intervenir les stimuli requis, ces états apparaissent. Ce sont des types de conscience qui ont quelque part leur champ d'application et d'adaptation. On ne peut pas parler de l'univers en sa totalité en laissant ces autres formes de conscience à l'écart. Mais il y a une telle discontinuité entre la conscience ordinaire et celles-ci – les consciences marginales – qu'on ne sait pas comment les définir. De toute façon, cela nous interdit de fermer le chapitre de la recherche sur leur réalité. »

Vingt années d'hypnose idéomotrice expérimentale, en compagnie de centaines de sujets, m'ont permis d'observer des réactions corporelles aussi diverses qu'étonnantes. Je n'ai jamais eu à déplorer le moindre accident de parcours, la moindre plainte en rapport avec l'effet produit, a posteriori, par les transes-décharges.

La cathartisation spontanée de troubles psychologiques mineurs et de certains de leurs corollaires psychosomatiques ouvre la voie à un dialogue tonique entre le soma et la conscience du sujet. Un transfert énergétique s'opère du psychisme vers les chaînes musculaires, installant une dynamique entre la dimension spirituelle et la dimension somatique du corps. Il s'agit d'une approche corps et esprit déjà abordée dans tous les mouvements néo-reichiens (bioénergie, Gestalt, thérapie par le mouvement de Feldenkrais et de Mathias Alexander).

Pour conclure ce chapitre, j'emprunterai à nouveau à G. Lapassade ces quelques lignes :

« ... L'expérience de la transe ouvre des perspectives qui sont celles d'un changement possible de la vie. Si la transe suppose la néotonie de l'homme [la néotonie est la persistance des formes archaïques au cours du développement d'un organisme], il est possible qu'un autre usage de la transe, encore à venir, puisse contribuer au rajeunissement de l'espèce... »

« ... Il y a aussi une conscience qui veille dans une enceinte protégée. En même temps, un voyage intérieur s'effectue, et il y passe beaucoup d'énergie – vitale, libidinale, sociale même –, tandis qu'un minimum d'énergie disponible passe par les activités de contrôle et de régulation. Ces états de transe révèlent l'existence d'un inconscient qui n'est pas seulement le lien de la répétition mais comme le suggèrent Deleuze et Guattari dans *L'Anti-Œdipe*, un lien intensif et actif de désirs. On découvre alors à la faveur de cette transe des virtualités dont chacun est porteur. La transe devient alors, comme l'ont vu les poètes depuis déjà longtemps, un moyen de changer sa vie et de rencontrer les autres à des niveaux habituellement inconnus de nous... »

Les conditions d'application d'un contrat de transes-décharges ne peut être raisonnablement entrepris sans le concours d'un animateur de la PNG. En revanche, quand la programmation est installée et que le contrat est clairement défini, le travail peut être effectué en solitaire ou en compagnie d'un proche comme assistant. Il est préférable en effet que les énergies négatives soient évacuées en direction de la personne présente qui, rassurez-vous, ne risque rien. L'idéal, évidemment, demeure le recours à un animateur ou à un praticien formé à la méthode idéomotrice. Disons que la qualité de l'évacuation est supérieure et plus rapide dans ce dernier cas de figure. L'animateur peut réorienter le travail d'évacuation effectué par le consultant dans une direction plus appropriée. Il est toujours possible de raccourcir les délais d'évacuation de la problématique abordée, en refaisant un diagnostic contradictoire en cours de travail. Tour cela est fort compliqué à expliquer dans cet ouvrage destiné au grand public. J'en resterai là pour ce qui est des explications techniques.

CHAPITRE 18

ACCOUCHER DE SES TALENTS

L'accouchement des talents, de toute éternité, a été ma passion première. Aussi loin que remontent mes souvenirs d'enfance, j'étais déjà interpellé par ces petites aptitudes étranges qu'avaient mes camarades de classe, aptitudes auxquelles rien ne les prédestinait en apparence. Pourquoi le fils du boulanger chantait-il avec une voix de rossignol ? Pourquoi mon copain Victor se passionnait-il pour le cinéma à un âge plus propice aux jeux de billes ? Comment pouvais-je savoir qu'il tenterait plus tard sa chance comme acteur tandis que son pote de toujours, Boris, deviendrait producteur et réalisateur de films ? Les parents de Victor étaient des petits commerçants immigrés de la Pologne antisémite, ceux de Boris aussi.

Favorisé par le destin en ce qui concernait mes propres aptitudes, je me suis très vite penché sur les techniques susceptibles d'aider mes contemporains à découvrir et à accoucher des leurs. Ma croisade a pris son essor en 1980, lorsque je me suis lancé dans ma vie professionnelle de psychologue. De balbutiements en erreurs, j'ai rassemblé, petit à petit, des outils de travail utiles et nécessaires à cette vocation d'accoucheur de talents. Il m'a fallu une quinzaine d'années pour comprendre les

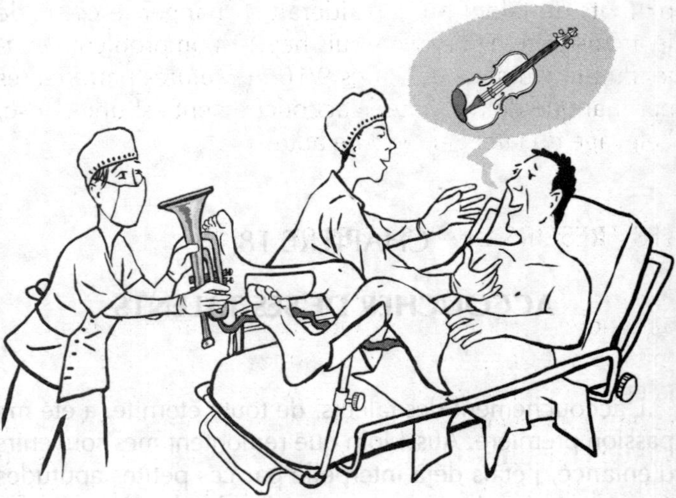

liens qui unissaient le langage des couleurs, les transes-décharges de l'hypnose idéomotrice et la gestion des talents. Des années de quête dans des zones d'ombre décourageantes, des déserts d'incompréhension, des rencontres avec des confrères ironiques ou compatissants, jusqu'à ce que les pièces du puzzle se rassemblent, par un froid matin de janvier 1994.

Il n'y a rien de plus frustrant que de posséder une panoplie d'outils extraordinaires sans savoir ce qui les lie entre eux et dans quel contexte ils pourront être utilisés au mieux. Je rêvais d'inventer une méthode destinée à combattre le syndrome d'échec scolaire des étudiants qui venaient me consulter. Comment guérir le perdant magnifique de ses échecs consécutifs, sinon en lui ouvrant les portes de l'antichambre du paradis. Quel paradis ? Celui de ses consciences marginales ! Je réalisai assez vite que si je réussissais à créer une synergie entre les différents outils en ma possession, je pourrais enfin accoucher mes patients du talent qui les aiderait à changer le cours de leur existence. Et là, je me suis heurté à un problème inattendu : la fausse couche des 9/10 des futures parturientes par manque de réalisme. L'accouchement est une chose, l'élevage du talent en est une autre.

LES TRÉSORS CACHÉS DES SENIORS

Aussi curieux que cela puisse vous paraître, on accouche d'un talent comme d'un enfant. Symboliquement, rassurez-vous ! Nous sommes tous enceints de talents multiples légués par nos ancêtres. La plupart de ces talents ne s'éveilleront qu'à la faveur de l'évolution de la vie de chacun. Certains, par contre, resteront blottis au sein du patrimoine génétique. On dit qu'ils sont récessifs et seront transmis tels quels à nos descendants.

A contrario, d'autres aptitudes se manifesteront tôt ou tard car elles sont dominantes et conditionnent nos choix d'études, de carrière ou de vie professionnelle de manière générale. Nul ne devient fonctionnaire par le plus grand des hasards ou tout simplement parce que ses parents l'ont été. Le sens administratif appartient au patrimoine héréditaire de l'aspirant fonctionnaire au même titre que le talent dramatique fait partie du celui du futur comédien. La différence réside souvent dans la difficulté d'accès au domaine dans lequel ce talent inné pourra éclore et mûrir.

Il est infiniment plus simple de devenir fonctionnaire que de se consacrer à une carrière de comédien. L'aptitude innée ne suffit pas pour entraîner son dépositaire vers la profession dans laquelle celle-ci pourra s'épanouir. Dans la plupart des cas, heureusement, le cursus scolaire favorisera cet épanouissement. Ensuite interviendront la conjoncture économique et autres facteurs aléatoires propres à encourager ou à décourager le récipiendaire.

LES PLANS B

Lisa est prof d'espagnol, enfin était, parce qu'elle est à la retraite depuis l'âge canonique de ses 50 ans tout ronds. Une retraite qui a sonné trop tôt pour raisons de santé. Des problèmes de poids compliqués de perturbations du système cardio-vasculaire. Enfin, bref ! Elle tire le diable par la queue avec une retraite « chapeau » de sept cent cinquante euros exactement et un loyer heureusement de deux cent cinquante euros pour un deux pièces sous les toits. L'histoire originale se passe à Bruxelles durant les années 1990. Je l'ai déplacée dans le temps et européanisé pour une question de compréhension. Elle a suivi une formation collective à l'autohypnose à l'époque où elle enseignait encore. La discipline l'a poursuivie durant des années, dans la mesure où elle l'a appliquée pour sa santé. Et puis, un jour, elle revenue me trouver pour me demander si elle pouvait enseigner l'espagnol en autohypnose dans le centre de recherche où je travaillais. J'avais déjà un professeur d'espagnol sous contrat. Je n'ai donc pas pu répondre favorablement à sa demande, mais je lui ai proposé de la former à la méthode d'immersion linguistique afin qu'elle propose ses cours en direct avec un certificat du centre de recherche. Elle me paierait la formation quand elle aurait vendu ses premiers cours. Aussitôt dit... Quelques mois plus tard, Lisa est revenue me voir pour me régler sa formation. Elle n'a pas réussi à capter l'attention de beaucoup d'élèves mais elle s'est associée avec une autre retraitée, prof d'anglais, et toutes deux ont créé une structure destinée au grand public. « Et comment avez-vous attiré des clients ? », lui ai-je demandé. Elles ont déposé des cartes de visite dans les librairies, les boutiques de vêtements chics, aux comptoirs de certains restaurants, dans les épiceries fines, etc. « Et les prix de vos cours ? » Elles se sont calées sur un tarif d'environ cinq cents euros pour 1 000 mots ou expressions en l'espace d'un week-end, initiation au verrou oculaire idéomoteur incluse dans le prix. Et le score, depuis trois mois ? Trois cours d'anglais et deux cours d'espagnol, mais elles ont décidé de faire caisse commune et de partager les gains en déduisant les frais de promo.

Certains talents ne se manifesteront qu'au milieu de la vie professionnelle d'un individu, à la faveur d'un licenciement économique inattendu, d'une mise à la retraite anticipée ou d'une période de chômage, par exemple. Certains talents ne vont éclore qu'à la fin de la vie professionnelle, représentant une nouvelle existence pour celui ou celle qui souhaitera s'y investir. Il n'y a pas d'âge pour déceler un talent inné. Encore faut-il vérifier sa réalité en le confrontant à l'expérience !

La période la plus propice à un accouchement de talents est la retraite. Vous avez bien lu : la période de la retraite, donc entre 55 et 65 ans. La disponibilité soudaine consécutive à l'arrêt brutal de la vie professionnelle est un moment capital dans la vie du travailleur.

Cette vision des choses est relativement neuve dans mon esprit. Elle repose sur ma propre expérience et sur les observations que j'ai pu faire au cours de mes stages. Les retraités s'étourdissent d'occupations bénévoles quand ils n'ont pas de soucis financiers, ou s'enterrent prématurément dans une fosse cathodique, d'autres, plus à l'aise financièrement, courent les croisières, les esthéticiennes ou les clubs de bridge, et j'en passe. Il reste dix, quinze ou vingt ans d'énergie possible, un capital énergétique qui sera gaspillé par manque d'information sur ses propres talents. Le Net ? Laissez-moi rire, c'est le bazar intégral du point de vue de l'information.

Combien de retraité(e)s, aujourd'hui, tirent le diable par la queue avec une pension qui peine à couvrir les frais de base ? Et s'il était possible d'exhumer un talent, une aptitude utile et rentable, oh, pas de milliers d'euros, mais qui pourrait en offrir quelques centaines de plus par mois au retraité en situation précaire ?

Imaginons que vous ayez un petit don de divination dont on vous a souvent rebattu les oreilles au bureau ? « Martine l'avait prédit ! Elle devrait faire voyante. » Un travail idéomoteur en transe-décharge d'évacuation peut permettre à Martine d'accoucher de ce talent qu'elle considérait, hier encore, comme un jeu innocent. Imaginons que Martine s'inscrive à un cours de tarots à des conditions qui lui conviennent financièrement. Quelques mois plus tard, elle maîtrise les vingt-deux lames du tarot de Marseille et décide de passer une petite annonce dans un gratuit pour proposer des séances de tarologie ouvrant sur l'avenir de ses consultants. Il ne s'agit plus d'une activité destinée à occuper son temps perdu en se faisant royalement exploiter, mais d'une véritable passion et du sentiment d'aider son prochain. Il existe des centaines d'activités, de petits métiers, d'artisanats peu fatigants qui sont susceptibles d'être rentables financièrement. Il est aussi possible de se rassembler en coopératives de talents complémentaires pour lancer le développement d'un local d'animation ou de formation à l'achat malin en hyper, à la nutrition bio sans se ruiner, aux cours de la cuisine de grand-mère, à une école de conteurs senior, à des cours de bricolage léger, aux sciences occultes au service de l'avenir, aux cours de massages énergétiques, au tuning des vieux vêtements remis au goût du jour, au tricot, etc.

Je peux vous en citer des centaines, voire davantage, si je fais appel à ma créativité, mon véritable hobby. Avant d'être psychologue, écrivain, poète, spécialiste de la gestuelle, initiateur de la PNG, je suis fondamentalement un homme d'idées. J'invente de nouvelles perspectives et je les communique dans mes livres.

Mais revenons aux retraités en galère ! L'accouchement de talents de ces personnes pourrait se concrétiser dans un atelier dont l'objectif serait clairement défini. Il s'agit de répondre à l'urgence d'une question : *« Que faire de mes journées pour occuper mon temps passionnément et remettre un peu de beurre dans mes épinards ? »*

Le tarif de l'atelier serait évidemment fonction de l'épaisseur ou de la « maigritude » des revenus des retraités intéressés. Car ce qui ne coûte rien n'a pas de valeur. Une autre manière d'aider les retraités consisterait à proposer à une banque de sponsoriser ces ateliers. L'argent des retraités est toujours le bienvenu chez les banquiers, n'est-ce pas ? Les petits ruisseaux, comme on dit...

Bien ! Cela étant posé, déposé et exposé à mes lecteurs, revenons au droit-fil du débat : la transe-décharge d'accouchement de talents.

POUR ACCOUCHER, IL FAUT ÊTRE ENCEINT

Mais avant de confronter un talent à l'expérience, il est indispensable d'interroger le corps. Car le talent que nous recherchons est refoulé dans l'ambre musculaire. La transe-décharge sert à beaucoup de choses, mais son utilisation la plus étonnante concerne l'accouchement des talents. La manière d'opérer est dif3férente de celle qui est adoptée pour mettre en œuvre un contrat hypercinétique en rapport avec un trouble SADE. Au départ d'un verrou oculaire classique, je demande à mon consultant de répéter une sorte de mantra en rapport avec son talent supposé.

Par exemple : « Je m'autorise à débloquer tel talent ! » Il devra répéter mentalement cette autorisation sur un rythme respiratoire particulier autant de fois que nécessaire pour déclencher une réaction corporelle, sans toutefois dépasser les cent répétitions d'affilée. J'utilise ensuite un texte inducteur (en vers, pour des raisons de scansion), texte qui permet d'aller rechercher cette réaction idéomotrice qui servira de tremplin au talent supposé.

Si le corps n'a pas réagi au bout de ces deux processus, il y a de fortes chances que le talent espéré par le consultant fasse partie de ses fantasmes. Et il faut donc rechercher dans une autre direction. Ce qui arrive parfois, c'est que le talent en question existe vraiment mais que le consultant refuse de s'investir car cela exige un travail et un investissement auxquels il ne s'est pas préparé ou qu'il n'imaginait pas devoir affronter. Il confond don et talent.

EST-CE QUE JE SUIS DOUÉ ?

Être doué : qu'est-ce que cela veut dire ?

Le don n'est pas le talent. Là où le second exige souvent des années de perfectionnement, le premier préexiste, se développe naturellement et relativement vite, dès qu'il apparaît dans la vie d'un individu. La naissance d'un don n'est pas une question d'âge mais une programmation chrono-biologique dont le subconscient détient les clefs. Certains enfants doués se révéleront dès leur plus jeune âge. Des petits Mozart. Leur don évoluera dans le bon ou dans le mauvais sens selon la manière dont il sera appréhendé par leurs parents et leurs éducateurs.

On peut considérer le don comme une réalisation partielle du soi, un désir compulsif et incoercible qui s'exprime de manière tyrannique, une sorte de maladie psychosomatique dont le symptôme est un talent dominant. Le don devient bourreau et sa victime propitiatoire s'exécute, se soumet à cette tyrannie qui provient des profondeurs d'une conscience marginale. Il se conduit comme n'importe quel être possédé par une pulsion irrésistible qu'il lui faut assouvir sous peine de souffrance. Il peut le payer sous la forme d'une somatisation quasi immédiate. Mais les personnes possédées par un tel don savent instinctivement qu'elles ne peuvent pas refuser de se soumettre au despotisme de leur virtuosité.

C'est le prix à payer !

SIXIÈME PARTIE

LA NEURO-PROGRAMMATION DE LA CONSCIENCE ORDINAIRE

CHAPITRE 19
L'APHCOVOC (OU APHÉMIE DES CORDES VOCALES)

CHAPITRE 20
L'APHÉMIE SÉLECTIVE DES CORDES VOCALES

CHAPITRE 21
L'AMNÉSIE PARTIELLE DES CONTENUS

LA NEURO-PROGRAMMATION DE LA CONSCIENCE ORDINAIRE

Nous abordons maintenant la partie fabuleuse de la programmation neuro-gestuelle.

Les postures dont il est question dans ce troisième niveau de maîtrise sont en effet impossibles à acquérir sans une aide extérieure. Pour des raisons de place et de compréhension initiale de la méthode, j'ai privilégié les trois exercices les plus intéressants. Leurs résultats sur l'équilibre du corps et de l'esprit sont difficilement mesurables, mais il semble évident que les quelques stagiaires (professionnels) auxquels j'ai enseigné le troisième niveau de maîtrise (hormis la dernière posture) ont affiché par la suite une qualité de vie qui sortait de l'ordinaire. La plupart ont préféré s'arrêter avant la neuro-programmation de l'amnésie partielle de contenus (APC). Tout est affaire de perception. Celui qui ne ressent pas le besoin de gommer sa mémoire pour en soulager le fonctionnement s'arrête à la hauteur de l'aphémie sélective de contenus. Est-il vraiment indispensable de contrarier ses sentiments ou sa nature profonde, voire ses convictions religieuses ? Je ne le crois pas.

Dans leur majorité, les stagiaires qui pratiquent la programmation neuro-gestuelle n'ont pas dépassé le stade du verrouillage oculaire, voire la lévitation cataleptique des jambes. Ce qu'ils en ont retiré, cependant, leur a permis de progresser vers la maîtrise de certains de leurs potentiels. Le questionnement idéomoteur ayant installé une dialectique entre leur Moi et la conscience marginale corporelle, ils ont appris à prendre de la distance. Les liens renoués entre le corps et l'esprit procurent au moins cet avantage.

Pour en revenir au troisième niveau de maîtrise, qu'il s'agisse de l'aphémie totale ou sélective des cordes vocales, de l'amnésie partielle des contenus ou de la cerise sur le gâteau que représente l'amnésie totale conditionnelle, chacune de ces neuro-programmations mérite un développement complet pour comprendre leur intérêt pragmatique.

Avec ce niveau, nous sortons délibérément du possible pour aborder le champ des potentiels inouïs du cerveau humain, les champs de la mémoire, de l'intuition, bref, de l'intelligence dans toutes ses manifestations les plus fascinantes.

Aucun de ces exercices ne peut être pratiqué sans la maîtrise des niveaux précédents. Les mécanismes psychiques qui sont sollicités nécessitent une action neurophysiologique importante, un habitus (la manière d'être) et la facilité d'acquisition des automatismes qui, elle, requiert une vraie sensibilité.

Qu'il s'agisse de censurer sa propre langue maternelle, un pan entier de ses souvenirs, il faut convenir que nous nous attaquons à une autre dimension des potentiels psychiques. Or, il ne s'agit pas de produire des phénomènes uniques mais d'ouvrir à l'initié un accès *ad libitum* au bénéfice de ces neuro-programmations hors du commun.

N'oublions pas que la matrice de la PNG demeure, envers et contre tout, l'autohypnose idéomotrice et l'hypnose traditionnelle. Ces trois derniers exercices font partie intégrante de l'échelle de Davis et Husband, deux chercheurs américains qui l'ont établie en 1931. Ils considèrent que l'amnésie partielle et totale fait partie de la transe hypnotique moyenne. Les degrés de profondeur qu'ils accordent respectivement à l'amnésie partielle et à l'amnésie totale sont de 13 à 20 degrés sur une échelle qui en compte 30, représentant l'état somnambulique profond. Il est difficile, dans ces conditions, de nier que la conscience du sujet placé en l'état ne subisse aucune altération de conscience.

Cependant, j'ai pu constater que la programmation neuro-gestuelle rend les deux premières postures plus stables dans leur production qu'elles ne le sont dans le contexte d'une séance d'hypnose traditionnelle. L'initié ne se comporte absolument pas comme un sujet dont la conscience est manifestement altérée par un état de type somnambuloïde. Son esprit lui semble au contraire plus lucide qu'à l'accoutumée. L'est-il réellement ? Je suis en mesure de vous l'affirmer, ayant moi-même subi le baptême du feu. Je ne suis pas revenu handicapé de mes nombreuses amnésies partielles mais enrichi d'un espace de liberté mentale beaucoup plus large, sans avoir perdu l'ombre d'un souvenir. Ceux qui représentaient mes conflits en latence me sont revenus moins denses, moins vifs, moins chargés d'affectivité (de souffrance). Je ne les ai pas oubliés, je n'ai tout simplement plus besoin de les refouler et je n'en subis plus les conséquences. Le seul inconvénient de cette posture mentale, c'est qu'il faut la pratiquer régulièrement, sinon le programme d'induction s'efface très rapidement.

CHAPITRE 19

L'APHCOVOC (OU APHÉMIE DES CORDES VOCALES)

ON COUPE LE SON !

Couper le son ! Pour quoi faire ? J'ai toujours aimé m'exprimer « plus que de raison ». J'ai toujours beaucoup parlé. Un tsunami de paroles inutiles. Mais aussi parfois un besoin morbide de prendre la parole pour combler les vides qui m'aspiraient comme autant de trous noirs. J'adorais débattre de choses insignifiantes, former de belles phrases creuses, verbaliser mes états d'âme, discourir de tout et de rien pour ne rien dire du tout en fin de compte. Mes interlocuteurs m'écoutaient-ils vraiment ? Je crois qu'ils m'entendaient à peine, se barricadant derrière leurs propres pensées pour échapper au raz-de-marée verbal déferlant que je leur faisais subir.

Combien sont ceux ou celles qui accepteront ou refuseront de se reconnaître dans ce mini-portrait ?

Le discours est le premier vecteur de l'angoisse irrationnelle. Le recours pléthorique (que d'aucuns confondent avec la rhétorique) à la parole entraîne un gaspillage d'énergie phénoménal. Boulimie langagière de l'anxieux qui s'immerge sous ses mots pour fuir l'écho de ses propres pensées. Il pollue les autres pour s'étourdir et ne pas succomber sous le poids de son chaos mental. Mais comment arrêter le déferlement de la pensée parasite ? Comment stopper cette procession interminable de souvenirs, de spéculations stériles, d'appréhensions gratuites, de sinistrose ou de catastrophisme sans faire appel à une oreille compatissante dans laquelle vous pourrez déverser le trop-plein qui embouteille votre esprit ?

LE SILENCE EST D'OR

Cette allégation prend tout son sens quand un stagiaire devient capable de maîtriser l'APHCOVOC. L'APHCOVOC est une arme redoutable pour celui qui sait s'en servir dans le cadre d'une négociation, d'un débat ou d'un conflit.

Selon le *Garnier Delamare* (dictionnaire médical) l'aphémie est une impossibilité d'exprimer ses idées et ses sentiments en se servant de la parole. La paralysie conditionnelle de l'organe de phonation, c'est-à-dire du larynx, est l'objectif final de cette neuro-programmation réflexe qui appartient au troisième niveau de maîtrise. Les avantages qu'elle procure sont fabuleux, comme vous le constaterez en lisant la suite. Encore plus, évidemment, si vous pratiquez la PNG et que vous atteignez le troisième niveau de maîtrise.

Il semble que l'aphémie soit un phénomène purement hystérique. Elle peut être obtenue par voie de suggestion hypnotique sur tout sujet réceptif, dans le contexte d'une séance d'hypnose traditionnelle. Son intégration à la constellation posturale de la PNG découle de ma propre expérience idéomotrice. Il faut dire aussi que lorsque j'ai parlé de l'utilisation de cette potentialité aux psychiatres du centre de recherche dans lequel j'exerçais, je me suis fait traiter de charlatan par ces messieurs. L'un d'entre eux, un peu moins « psychotique » que les deux autres, s'est finalement soumis à l'expérience, il a admis s'être lourdement trompé.

LA VIDANGE SPIRITUELLE

À l'époque de mes débuts en tant que psy, j'avais constaté qu'il m'était parfois difficile de fixer mon attention sur le discours de mes consultants atteints d'une véritable diarrhée verbale. Plus ils parlaient, plus je me laissais bercer par ce flot de paroles construit sur la base d'une progression géométrique de remakes d'un même conflit. Parallèlement, j'expérimentais l'aphémie sur moi-même pour le plaisir de me taire. Je n'avais pas la moindre idée de ce qu'elle pouvait m'apporter. Les sujets chez lesquels j'avais induit ce phénomène sous hypnose n'avaient pu m'éclairer sur ses avantages éventuels. Il s'agissait tout au plus d'une curiosité très subjective. Les cordes vocales étaient désactivées et le son ne passait plus. Une relaxation du larynx, en somme. Peut-être un truc pour chanteur lyrique enroué ?

Le hasard veillait, comme d'habitude. Je reçus, un jour, une patiente particulièrement pénible. Elle me confia la somme de ses ennuis en staccato et en aspirant goulûment l'air par petites touches pendant plus d'une heure. À l'issue de ce premier entretien, j'étais saoul au point de ne pouvoir me lever de mon siège pour la raccompagner. Quand elle eut disparu, je m'induisis une aphémie sans réfléchir plus loin que le bout de mon nez. Après quelques minutes de décompression, je ressentis un véritable apaisement spirituel que je mis automatiquement sur le compte du silence après l'orage. Le patient suivant attendait son tour à l'accueil. Je reconnectai mes cordes vocales comme on rebranche une radio et je ressentis immédiatement la différence du point de vue mental. La mélopée monocorde de la patiente précédente se dissimulait encore dans un recoin de ma conscience. Elle revint me parasiter. J'allais me lever pour inviter le patient à entrer dans mon cabinet, je me ravisai et me rassis pour couper de nouveau le son. En analysant mes sensations, je réalisai que ma conscience s'était de nouveau vidée. Aucun parasite, aucune image spontanée ne s'y formait. J'entendais les voix du cabinet voisin où exerçait une consœur, le chant des oiseaux dans les arbres à l'arrière du bâtiment, le brouhaha de la circulation sur le boulevard. À chacun de ces bruits s'en rajoutaient d'autres, non identifiables. Le vide mental m'apparut comme un éclair, déchirant le brouillard psychique dans lequel je vivais jusqu'ici sans m'en apercevoir.

Dans la soirée, je me mis à la lecture d'un livre fastidieux, en me programmant une aphémie pour le parcourir. Une demi-heure plus tard, j'avais lu une trentaine de pages sans ressentir la moindre fatigue mentale. L'ennui s'est estompé au profit d'un intérêt tout neuf. Comment avais-je pu trouver cet ouvrage ennuyeux ? Je reconnectai mes cordes vocales pour constater que mon esprit ne suivait plus le mouvement de mes yeux.

À cette même époque, je me souviens d'avoir invité un psychiatre très bavard à déjeuner. D'habitude, il m'horripilait quand il reprenait les attendus de sa dernière formation en date. Tandis qu'il se lançait dans un discours-fleuve sur le mérite comparé de plusieurs techniques thérapeutiques alternatives, je m'induisis une aphémie pour observer mes propres réactions mentales. Je découvris un monde entièrement différent de celui dans lequel j'évoluais jusqu'à présent : un monde d'écoute vierge d'objections mentales. Je ne ressentais plus le besoin de l'interrompre pour rectifier ses partis pris ou pour m'insurger contre ses préjugés concernant l'hypnose. Je l'écoutais en silence, ravi de ne plus l'entendre m'envahir de ses suggestions multiples : « Si j'étais à ta place... » Il ne pouvait pas être à ma place dans la mesure où je m'y trouvais déjà. Logique, non ?

À l'issue de ce déjeuner historique, S..., le psychiatre, remarqua finalement mon silence. Étais-je malade ? J'avais à peine ouvert la bouche pour infirmer ou confirmer ses assertions. Je le rassurai en lui affirmant que j'avais trouvé son discours passionnant. Il devait être tellement choqué qu'il insista pour régler l'addition. Dans le fond, je venais de lui accorder, sans le vouloir, un déjeuner anxiolytique. Il avait pu s'exprimer en long, en large et en travers, sans que je l'interrompe ou conteste ses dires, comme j'en avais la détestable habitude.

Poursuivant ma quête des avantages de l'aphémie, je me l'appliquai dans le domaine thérapeutique, à diverses occasions, avant de l'introduire chez certains de mes patients stressés. Une cure de silence obligatoire dont ils s'extrayaient étonnés mais ravis. Leur stress avait complètement disparu. Progressivement, je couplai l'aphémie avec un verrouillage oculaire. La suppression des pensées parasites me fut confirmée à l'unanimité, ainsi qu'un sentiment de détente musculaire globale. La programmation neuro-gestuelle se dessinait dans mon esprit. Avec l'addition de l'aphémie aux quatre premières postures, je commençais à entrevoir les contours d'une nouvelle approche.

UNE APHÉMIE, ÇA SE MÉRITE

La programmation de l'aphémie motrice ne s'obtient pas de manière autonome, même si vous maîtrisez les quatre postures précédentes.

En principe, il vous suffit de procéder à un verrouillage oculaire au préalable et de mentaliser la phrase suivante : « Pour l'aphémie de mes cordes vocales, je compte 1 – je compte 2 – je compte 3 ! » Si vos paupières se déverrouillent, cela signifie que la connexion n'est pas établie. Ré-induisez votre VO et répétez la formule jusqu'à ce que votre verrouillage oculaire persiste. Ensuite, essayez de vous exprimer à voix haute ! Si le son passe, vos paupières se décolleront automatiquement. N'oubliez jamais que votre VO vous sert de mode d'arbitrage ! Rappelez-vous qu'il s'agit bien d'une aphémie, et non d'une aphonie. Dans la seconde manifestation, vous êtes encore en mesure de chuchoter, ce qui n'est pas le cas de l'aphémie.

Si vous avez beaucoup de patience, reprenez l'exercice inlassablement, en répétant plusieurs fois d'affilée votre formule d'induction : APHCOVOC 1-2-3 (3 fois) ! Vous ressentirez peut-être à terme une aphonie précaire, comme si vous étiez soudain enroué. Il se peut que progressivement vous obteniez des résultats partiels sous la forme d'aphémies courtes quoi que bien réelles. Mais, en définitive, il vaut mieux passer par un stage ou par un atelier pour l'installer.

Dès que la conscience aura entériné la programmation du phénomène au cours d'un atelier de PNG, vos aphémies suggérées s'allongent dans le temps. Vous pourrez alors les exercer de manière autonome en les chronométrant ! Pour éviter de tricher avec vous-même, vous devrez tester votre larynx en chuchotant ! Tant que vous serez capable de vous exprimer de cette façon, votre aphémie ne sera pas installée. Elle deviendra réflexe dès que vous aurez atteint les vingt et une minutes d'aphémie totale.

Il faut dire, cependant, que la maîtrise absolue de cette posture exige un effort soutenu. J'ai personnellement dû avoir recours à un collègue pour rendre mon aphémie réflexe. Le cordonnier n'est pas forcément le mieux chaussé. Il existe des exercices pour piéger les simulateurs.

UN BOUCLIER ANTI-HARCÈLEMENT

Ils sont incroyables mais vrais, selon l'expression consacrée. Comme vous le savez déjà, l'aphémie réflexe aiguise instantanément la capacité d'écoute. Elle provoque une prise de conscience accentuée de la présence de l'autre, qui se met à exister soudain dans sa dimension propre et non plus dans celle que vous projetez sur lui. Votre ego se dégage de son besoin de symbiose « affective » avec l'interlocuteur. Vous êtes vous, il est lui. Son discours vous apparaîtra sous un jour nouveau. Il n'est plus un écho dans votre propre pensée mais une production intellectuelle originale venant, pour ainsi dire, vous rendre une visite conviviale, ou non. Que vous acceptiez ou pas ses arguments, vous ne ressentirez aucune objection mentale dans toute l'étendue de votre esprit, pour une raison évidente que les paroles de l'autre lui appartiennent et le concernent au premier chef.

Même si vous êtes impliqué, voire insulté, vous conserverez toujours le recul nécessaire pour assurer et renforcer votre protection émotionnelle. Comme si l'on s'adressait à votre reflet dans un miroir et non à vous en « direct live ».

L'aphémie réduit clairement les effets de la pollution verbale (harcèlement moral, manipulation) dont nous sommes tous victimes. Du point de vue d'un interlocuteur, votre attitude sera interprétée, consciemment ou non, comme une marque d'intérêt ou de respect. Vous ne devez jamais oublier que le silence est synonyme de charisme.

Si vous êtes face à un interlocuteur agressif, vous constaterez rapidement le phénomène suivant : tant que vous l'écoutez, sans l'interrompre, votre aphémie étant induite, il réduira progressivement la violence de ses propos. Dès que vous parlerez, il retrouvera une attitude plus véhémente. Si vous n'usez de votre temps de parole que pour lui poser des questions, en procédant à une *aphémie de suspension* (déverrouillage-verrouillage rapide), son agressivité perdra de son tonus et vous pourrez entamer avec lui un dialogue sur des bases de réciprocité.

Mais l'intérêt majeur de l'aphémie dans ce type de situation réside surtout dans le fait que votre mémoire enregistre synthétiquement tous les arguments développés par votre adversaire. Quand vous reprendrez la parole, vous n'éprouverez aucune difficulté à vous souvenir des contradictions ou des paralogismes qu'il vous aura servis. Car celui qui abuse de la parole épuise toujours toutes ses cartouches.

Conséquemment à ce que je viens de vous affirmer, j'ai aussi constaté que le fait d'assister à une conférence ou à un cours en posture aphémique démultiplie mes capacités de mémoire. Autre atout de cette posture, l'induction de l'aphémie entrave sérieusement la consommation de tabac.

Restent les virtualités étonnantes de l'aphémie sélective, que nous aborderons sous peu.

POUR SE RÉSUMER...

L'aphémie des cordes vocales ou APHCOVOC :

a) Stimule la mémorisation des propos échangés.
b) Apaise la violence verbale d'un adversaire éventuel ou d'un détracteur.
c) Procure un effet anxiolytique et antistress.
d) Favorise la concentration mentale et intellectuelle dans la mesure où elle évacue automatiquement les pensées parasites.
e) Représente une protection efficace contre le harcèlement verbal ou sexuel, la manipulation ou l'agressivité en milieu urbain.

CHAPITRE 20

L'APHÉMIE SÉLECTIVE DES CORDES VOCALES

« C'est fou ! Je n'arrive plus à prononcer le nom de mon ex. J'ai même du mal à me représenter son visage. Vous êtes un sorcier », dit mon patient en me regardant avec des yeux mi-effrayés, mi-rieurs.

Je lui ai induit une aphémie sélective des cordes vocales, une APHCOVOC sélective, avec interdiction vocale de déblatérer sur sa récente séparation et sur « ... cette salope qui veut le mettre sur la paille ». C'est fou comme les femmes qu'on a aimées deviennent des salopes quand on ne les aime plus.

Il essaye par tous les moyens de rompre « le charme », mais le conditionnement est opérant. Il lui est impossible de faire référence à tout ce qui touche à « la salope », passé, présent et avenir. Nous renouvellerons cette situation originale à plusieurs reprises jusqu'à ce que Cédric, mon patient, calme sa fureur et efface les obsessions qui l'empêchent de dormir. Petit à petit, son ex sera moins perçue comme une « salope » et plus comme une époque à ranger dans ses souvenirs pour pouvoir reconstruire un autre avenir.

Il me confirme qu'il en parle de moins en moins au bureau ou avec ses potes au bistro, après le boulot. D'autres sujets de conversation ont capté son attention, au grand soulagement de tous. Il s'est inscrit sur le Net pour draguer virtuellement avant de consommer in vivo *dans certains cas. Virginie (c'est le nom de l'ex-salope) ne fait plus partie de ses obsessions. « Quand je pense que je voulais la tuer au début de notre séparation, me confie-t-il. Quelle connerie ! »*

L'aphémie sélective des cordes vocales (APHCOVOC sélective) est un conditionnement opérant élaboré, en comparaison de ceux qui sont repris dans les deux premiers niveaux de maîtrise. Son utilité déborde largement l'immersion linguistique, comme vous allez le constater immédiatement, même si je l'avais mise au point dans cette optique à l'origine.

L'IMMERSION LINGUISTIQUE EN APHÉMIE SÉLECTIVE

L'objectif consiste à censurer certains contenus de la mémoire au niveau de leur expression vocale, sans pour autant en effacer le souvenir conscient. Si l'on provoque une APHCOVOC sélective chez un sujet en vue d'améliorer sa communication dans une langue étrangère, il sera incapable objectivement de faire appel à sa langue maternelle mais il la comprendra parfaitement. Il n'aura d'autres choix, pour exprimer ses idées, que de puiser dans le vocabulaire de la langue étrangère dont il dispose. Si ce dernier se limite à un millier de termes de base qu'il vient d'intégrer dans le cadre d'une immersion linguistique en autohypnose, il formera naturellement de courtes phrases mal construites pour se faire comprendre de son interlocuteur. Aucun terme de sa propre langue n'étant accessible, il sera contraint et forcé d'exercer ses maigres connaissances. De la même manière, l'APHCOVOC sélective servira à entériner dans sa mémoire vive les expressions ou les phrases types de la conversation courante qu'il captera au cours de l'immersion linguistique.

Il est possible, et même certain, que ce programme soit un conditionnement typiquement hystérique à la base. Cependant, son utilisation répétée entraîne un conditionnement opérant de type pavlovien, à force d'y avoir recours, sans pour autant provoquer des modifications du comportement. La gratification que produit cette posture d'un point de vue strictement intellectuel est immense. La frustration ressentie au moment où le sujet constate qu'il lui est impossible de faire appel à sa langue maternelle disparaît au profit d'une fierté légitime d'oser s'exprimer dans la langue qu'il apprend.

C'est le principe de la régression du mode de communication qui motive le recours à la mémoire spontanée et le refoulement de tout principe de construction mentale préétabli, comme c'est le cas dans la langue maternelle. Le sujet tentera de répondre aux questions de l'enseignant sans réfléchir préalablement à l'ordre des mots dans la phrase. Il puisera instinctivement dans son stock de mots étrangers pour s'exprimer.

Mais ce n'est pas là le seul avantage de cette posture. L'aphémie sélective des cordes vocales permet aussi de soustraire certains termes qui sont de véritables facilitateurs névrotiques, et elle devient alors un outil psychothérapeutique à part entière d'une efficacité redoutable.

CENSURER LES « PUTAINS, CHIÉ ET AUTRES CONS »

« Putain ! encore elle ? Mais nom de D... quand est-ce que tu vas la virer cette pétasse enc... de mes deux. Elle fait fuir la clientèle, putain !

Tu pourrais essayer de la mettre en veilleuse, non ? lui chuchote Karine. À force de jurer comme un charretier, c'est toi qui va faire fuir les clientes. Y faudrait te faire soigner le ciboulot, mon amour. En plus je trouve que tu as une mauvaise haleine, ces derniers temps. »

La patronne de la boutique sourit jaune à une cliente qui a entendu la bordée d'injures de son compagnon.

« Il faut que tu cesses de parler à tort et à travers, Kevin. Certaines clientes ne passent plus la porte de la boutique. »

Kevin est venu me consulter sur les conseils d'une amie de Karine. Il craignait que sa compagne ne se lasse de lui alors qu'elle représentait le tiroir-caisse du couple. Il s'est donc soumis par opportunisme à une séance de reprogrammation neuro-gestuelle. Ça s'est bien passé. Les bonnes motivations sont souvent liées à l'aspect sécuritaire ou financier. Lors de la troisième séance, j'ai pu programmer une aphémie totale des cordes vocales à son insu. Il n'a pas compris tout de suite ce qui lui arrivait mais quand il a constaté qu'il ne pouvait plus dire un mot, il a été pris d'un fou rire silencieux jusqu'à en pleurer de joie. Une réaction assez courante chez tous mes patients qui ont atteint ce stade de neuro-programmation. Nous sommes passés ensuite à l'aphémie sélective des contenus verbaux, histoire de désactiver ses réactions verbales ordurières systématisées. Mais le plus intéressant dans cette affaire ne concernait évidemment pas les symptômes verbaux que représentent les putains et autres termes de la même famille, mais la raison pour laquelle Kevin y avait recours en permanence. Le langage prostitutionnel (putain, bander, mes couilles) appartient à un individu qui ne respecte pas son territoire ou qui en est tout simplement dépourvu. Kevin se considérait comme un réfugié sans papiers dans le territoire de sa compagne. Elle avait refusé de l'épouser au cours de la période bleue qu'ils ont vécue deux ans plus tôt. Il cultivait en outre un syndrome d'échec professionnel. Nous en avons discuté longuement. Il a décidé de remédier à cette situation en trouvant du travail dans le bâtiment, malgré les protestations pour la forme de sa partenaire. Il a fini par la quitter quand il a réalisé que leur couple tenait plus sur ses performances sexuelles et sa belle gueule que sur des sentiments amoureux. Juste retour des choses, dans la mesure où il s'était installé chez elle pour des raisons plus économiques que romantiques. Kevin était au chômage quand ils se sont connus.

En fait ! Connaissez-vous ce tic énervant qu'ont certaines personnes de le répéter toutes les dix secondes ? Elles se rattrapent à cette bouée de secours pour ne pas sombrer dans l'incohérence de leur discours.

Ainsi les *moi, je ;* les *moi, mon... ; et moi, et moi, et moi ?* Les adeptes du Moi à toutes les sauces sont souvent atteints d'égotisme infectieux. Ils ne sont pas contagieux, mais leur propension à se cacher derrière leur ego devient vite insupportable pour leur entourage. Les « si tu veux » qui ont besoin de votre accord pour agir. Et puis, les n'*est-ce pas* de ceux qui ne sont sûrs de rien et manquent totalement de confiance en eux, les *je vois* des aveugles potentiels, les *je pense que* contemplatifs, les *je crois que* des incrédules, les *je voudrais bien* des velléitaires, les j'*aimerais que* des mendiants affectifs, etc. Rien que des mots qui trahissent l'attitude mentale perturbée de ceux qui les utilisent à tour de bras comme des refrains obligatoires ou comme des tics verbaux incontournables.

Toutes ces formules sans importance qui émaillent la communication orale sont les souches virales d'un trouble en voie d'apparition ou d'un conflit déjà bien installé. Faire prendre conscience à un patient ou à un consultant de ce genre de refrain verbal ne pose aucun problème. C'est au moment où il faut trouver le moyen de les empêcher de devenir de véritables tics de langage que les Romains s'empoignent ! Car ils sont évidemment symptomatiques d'un malaise ou d'un trouble psy ou comportemental qu'il va falloir déterrer pour enterrer la hache de guerre.

Par exemple, l'usage itératif du verbe « falloir » dont le sujet « il » ne correspond en principe à personne est en fait un verbe téléguidé par le Surmoi. C'est un verbe contraignant et la contrainte peut devenir un véritable enfer. Il peut être remplacé par le verbe « devoir » dont le sujet est « je ». Ce qu'il faut faire n'est pas ce que je dois faire. « Il » n'est pas la même personne que « je ». La contrainte du verbe falloir n'est pas l'obligation délibérée du verbe devoir dans laquelle « je » m'engage (personnellement, j'ai eu un mal fou à m'en débarrasser).

Restent les « il va falloir que je m'y colle » qui sont des procrastinateurs sacrifiels soumis à l'image de l'autorité parentale ou de ce qui s'y substitue (entreprise, patron, chef de service, etc.).

L'utilisation de l'APHCOVOC sélective dans ce contexte précis provoque à terme une abréaction salutaire du conflit refoulé sur lequel reposent tous ces refrains viraux. Le stagiaire ne doit faire aucun effort d'écoute particulier pour les empêcher de se produire. Ils sont effacés du discours pendant la durée de l'exercice. Un exercice d'aphémie sélective de contenus dure en général un quart d'heure, voire une demi-heure, ou jusqu'à ce que le patient demande grâce.

La déprogrammation naturelle de ces tics verbaux intervient après un renouvellement de la programmation au cours des ateliers ou séances suivants. Naturellement, le conflit, ou la conduite névrotique sur lesquels reposent les tics verbaux devront être pris en considération par l'animateur praticien afin d'éviter leur retour en force ou le glissement vers une formulation parasite de substitution.

DÉPROGRAMMER LA MORBIDITÉ

À la fin d'un deuil affectif, d'une perte d'emploi ou d'une faillite commerciale, d'une situation affective conflictuelle, etc., il est parfois très utile de censurer la morbidité globale du discours. Car ce dernier sert de tremplin au défaitisme militant dont la situation de précarité est le déclencheur. Contrairement à ce qui est admis, je pose l'hypothèse suivante : ce ne sont pas les autres qui sont vos miroirs mais les mots que vous employez qui reflètent l'image que vous avez de vous-même. Le débat est ouvert. Réfléchissez à la proposition énoncée et songez aux ravages de la morbidité du langage à laquelle vous avez sûrement déjà été confronté au cours de votre « misérable » existence.

NI OUI, NI NON !

Apprendre à nuancer ses propos ! Dans cette optique, la déprogrammation du *oui* et du *non* n'est pas seulement un jeu de société mais une manière d'apprendre à nuancer vos réactions verbales. Cette utilisation précise comporte l'avantage de diminuer considérablement l'agressivité caractérielle. Elle permet de prendre conscience des autres moyens d'expression qui prévalent quand il est nécessaire de nuancer ses propos ou ses refus. Le consultant se conscientise au contenu affectif de ses dénis ou de ses consentements irréfléchis. En somme, il prend du recul avant de répondre ou de réagir.

Techniquement, il est indispensable d'avoir recours à un animateur de PNG confirmé pour rendre le conditionnement de l'APHCOVOC sélective opérant. Il est impossible de la maîtriser de manière autonome.

Il est intéressant de constater que les candidats qui ont suivi un apprentissage linguistique de type immersion totale sont aptes à reproduire leur APHCOVOC sélective sans le recours d'un tiers, dès la fin de leur formation linguistique. L'intérêt ? Bloquer le recours à la langue maternelle ! Il n'en va pas de même pour tous les patients auxquels j'ai programmé cette posture consécutivement à un deuil affectif. Cependant, après une série d'exercices en cabinet, toute référence verbale à la personne qu'ils cherchaient à oublier devenait impossible et diminuait sensiblement l'évocation de cette personne ou de ce qui s'y rattachait dans le discours ordinaire.

Bien d'autres potentialités de l'aphémie sélective des cordes vocales restent à découvrir ou à imaginer, selon les situations, notamment le recours à cet outil dans le cadre du harcèlement moral. Aider les victimes à se protéger contre leurs persécuteurs en programmant l'aphémie de suspension, notamment, afin qu'ils puissent se protéger sur le terrain contre les propos manipulateurs.

À la lueur de quelques champs d'expériences que j'ai sondés, son utilité me semble aussi originale que pragmatique dans les cas suivants :

a) Séparation conflictuelle ou de deuil affectif incompressible.
b) Syndrome d'échec professionnel ou affectif.
c) Neutralisation de verbes moteurs ou de termes viraux ou dévalorisants (falloir, essayer, se demander, se dire, avoir envie, etc.).
d) Inhibition du recours à la langue maternelle dans le contexte d'une immersion linguistique.
e) Situations de harcèlement moral ou sexuel dans le milieu du travail.
f) Situation de violence morale ou physique dans le couple.

D'autres applications restent à découvrir, notamment celles qui consistent à apaiser les frustrations nombreuses et variées qui nous accompagnent au quotidien et qui nous exaspèrent verbalement.

Le mot entretient plus souvent le mal qu'il ne l'apaise.

« Allô ! » Je décroche et je coupe automatiquement mes cordes vocales. Aphémie de suspension ! À l'autre bout du fil, j'entends une respiration lourde, menaçante, malsaine. J'enracine mes pieds dans le sol et j'attends. Finalement, « on » raccroche. La sonnerie du téléphone retentit de nouveau. Je redécroche pour le jeu. Pas d'allô ! Je suis immédiatement en APHCOVOC de suspension, les pieds toujours enracinés. Je sens bien que, à l'autre bout du fil, le correspondant qui cherche à me harceler est frustré par ma réaction atypique. Il voudrait m'insulter mais sa respiration s'accélère. Je ne dis rien puisque mes cordes vocales sont coupées. Lui non plus ! À la troisième sonnerie, je décroche. Il craque. Il finit par me menacer d'une voix retenue, mauvaise. Je ne ressens rien. Pas d'angoisse, pas de colère, aucune envie de lui répondre. Il parle à mon reflet dans le miroir de sa propre conscience. Je suis absent vocalement, totalement indifférent à ses menaces stupides. L'APHCOVOC provoque une forme d'alexithymie. Pas d'humeur mais une maîtrise totale de la situation. Il va me les couper. Je souris. Comment pourrait-il me les couper par téléphone ? Il raccroche brutalement.

L'aphémie de suspension en situation d'examen ou d'exception est un système de défense territorial absolu contre la violence verbale, la manipulation ou le harcèlement. Vos cordes vocales se coupent automatiquement dès que votre interlocuteur prend la parole. Elles se débloqueront s'il vous pose une question et si vous avez envie de lui répondre. La déprogrammation se manifeste toutefois sous la forme d'une aphémie de suspension chez un sujet entraîné. Elle sert aussi de signal intime. Je m'explique. Le manager avec lequel vous travaillez est un « cadre noir » mais vous l'ignorez. Il a pour mission de vous déstabiliser pour vous presser comme un citron et vous rendre plus productif. On dit qu'il vous « machinise ». Dès que le ton ou le contenu de son discours prendra une tournure voisine du harcèlement, vos cordes vocales entreront en résistance : aphémie totale de suspension spontanée. Il ne s'agit pas d'une coupure du son liée à un accès de timidité ou de soumission, mais d'un signal de votre conscience vigile (ou Surmoi) qui vous avertit d'un danger. Il faut alors contrôler la réalité de la coupure du son en question. Ses propos critiques tomberont à plat, dans la mesure où vous ne ressentirez aucune impression de mise en cause personnelle. Il s'évertuera à vous culpabiliser en vain. C'est comme s'il tentait de piétiner votre ombre. Et vous n'êtes pas votre ombre. Essayez d'imaginer que votre conjoint se fâche contre votre reflet dans le miroir !

La théorie de l'aphémie est évidemment beaucoup plus vaste et plus complexe sur le plan purement psycho-comportemental.

CHAPITRE 21

L'AMNÉSIE PARTIELLE DES CONTENUS

Il apparaît que les recherches neuro-physiologiques effectuées sur les états altérés de conscience n'ont toujours pas réussi à isoler le signal traduisant avec certitude l'induction d'un stade de type hypnotique. Cependant, la fréquence cérébrale de l'état de veille, de relaxation (les fameuses ondes alpha), celle du sommeil paradoxal (les périodes de rêves) et, enfin, celle du sommeil profond sont parfaitement discernables sur l'électroencéphalogramme. Il semble, d'autre part, audacieux d'imaginer que nous nous trouvions, dans tous les cas de figure, face à un bataillon de simulateurs. Si l'hypnose n'est pas un sommeil, certes incomplet, de quoi s'agit-il ?

De nombreuses hypothèses ont été avancées bien qu'aucune ne semble avoir retenu l'attention des milieux scientifiques, des personnages qui, curieusement, détestent consacrer du temps à ce qu'ils ignorent. Il faut dire qu'ils ne sont pas très curieux. Comment pourraient-ils l'être, repus de leur importance et de leurs connaissances ?

Le problème se pose non seulement dans la définition exacte du phénomène hypnotique, mais aussi dans celui d'une fraude déjà ancienne qui a substitué le terme d'hystérie à celui d'hypnose. Est-il possible, si l'on admet ce qui précède, de situer le signal traduisant un état hystérique (sous la forme d'un pseudo-sommeil) d'un strict point de vue neuro-physiologique ? Pas à ma connaissance, puisque nous n'avons plus affaire à l'un des rythmes lents du cerveau endormi, si l'on accepte l'hypothèse qu'hypnose = hystérie et vice versa !

Dans la mesure où la neuro-physiologie est une science de pointe, et que l'on peut considérer qu'elle a circonscrit toutes les fréquences du cortex, nous sommes bien obligés d'envisager un modèle dont les critères diffèrent essentiellement de ceux qui ont prévalu à la recherche des ondes cérébrales. Et ce modèle nous ramène inévitablement à la polarité hystérique de la conscience. Une ou plusieurs consciences marginales seraient enfouies dans un recoin inactif du cerveau humain, consciences cachées qui s'éveilleraient sous hypnose en PNG. L'hypothèse est excitante. Mais ce n'est qu'une hypothèse. J'ai d'ailleurs plutôt tendance à considérer la conscience marginale comme un état de concentration ou de focalisation extrême plutôt que comme un état particulier de type schizoïde[1].

OUBLIER EN PARTIE POUR RENFORCER OU RÉÉQUILIBRER SES AFFECTS

Que se passe-t-il dans le cerveau d'un sujet chez lequel on a procédé à une amnésie partielle des contenus de mémoire en PNG ?

1. Le caractère schizoïde est une tendance primitive qui pousse l'individu à rester fixé dans une posture introvertie. Le refus de la réalité et du contact vrai avec autrui fait partie de ses conduites les plus remarquables. Ces individus sont souvent très attirés par l'occulte.

En l'occurrence, il s'agit d'une amnésie de l'identité, que j'ai eu l'occasion de répéter à de nombreuses reprises sur quelques dizaines de sujets avec des résultats identiques : tous ont oublié leur nom et leur prénom pendant toute la durée de l'expérience. Ils semblaient parfaitement conscients de ce petit accident de mémoire artificiel et se souvenaient parfaitement avoir accepté de se soumettre à l'expérience. Aucune apparence d'état second ou bizarroïde, aucune particularité à signaler dans la cohérence de leur discours. Bien qu'ils fussent étonnés du résultat obtenu (et souvent hilares, comme s'ils étaient victimes d'une bonne blague), ils ne manifestaient pas la moindre forme d'inquiétude liée à l'oubli momentané de leur patronyme.

Je dois préciser que chacun de ces sujets avait été dûment entraîné à la PNG et maîtrisait, de ce fait, toutes les postures hiérarchiques précédant celle de l'amnésie sélective partielle des contenus. De plus, le protocole d'induction de cet exercice était et est encore invariable : verrouillage oculaire + induction de l'amnésie partielle + déverrouillage oculaire. L'amnésie subsiste pendant quelques dizaines de secondes avant de se résoudre spontanément dans certains cas. Pour d'autres, je dois faire appel au processus d'induction inverse pour effacer la programmation amnésique. Surtout ceux qui sont en conflit avec leur prénom ou leur nom de famille, ce qui est mon cas en ce qui concerne mon prénom : Joseph.

Mais le fait d'oublier son identité n'est pas l'objectif de cette posture, comme nous allons le découvrir dans le cas de Liliane M. L'histoire que je vais vous retracer est anecdotique mais elle suscite bien des interrogations sur la nature du souvenir, l'état de conscience effectif de ce sujet chez lequel j'ai procédé à une amnésie partielle d'un contenu affectif essentiel, et le niveau d'altération éventuel dans lequel elle a vécu cette expérience unique en son genre.

L'aspect fabuleux de cette anecdote n'enlève rien à son intérêt strictement psychologique. La nature « physique » de la mémoire humaine ne nous est toujours pas connue. Hypothèses et supputations se font des simagrées en la matière. L'approche empirique prévaut. J'avais déjà eu l'occasion de provoquer des états d'amnésie sélective d'une partie de la vie d'un sujet en état d'hypnose somnambulique, mais ce genre de manipulation hypnotique est un phénomène instable et il est impossible de vérifier dans quelle mesure le sujet triche ou non. Même les sujets somnambules peuvent mentir. En réalité, la mythomanie ferait partie intégrante de cet état spécifique de la conscience. Ce que Freud avait découvert et qui l'a poussé à découvrir la psychanalyse au détriment de l'hypno-analyse.

En raison de l'entraînement progressif qui caractérisait déjà l'autohypnose idéomotrice, ancêtre de la PNG, j'avais décidé de tenter l'expérience au-delà de l'oubli d'une identité pour aider ma patiente et sa fille à régler un contentieux affectif profond.

L'OUBLI IMPOSSIBLE

Liliane M. et sa fille, une jeune femme d'une vingtaine d'années, me regardent, interloquées. Je viens de leur exposer mon idée : provoquer une amnésie partielle chez la mère de tous les souvenirs ou références affectives associés à l'existence de sa fille. Pour que l'expérience soit un succès, il est essentiel que la jeune femme y assiste. Appelons-la Aline ! Elle ne croit pas que sa mère serait en mesure d'accepter, même inconsciemment, un tel oubli.

« C'est impossible, objecte-t-elle, je suis sa fille unique après tout. »

Il faut dire que la fille incarcère sa mère dans un amour exclusif qui altère la qualité de vie et la liberté affective de cette dernière. Un amour fusionnel ascendant assorti d'une jalousie morbide. Je lui précise qu'il n'est pas question d'hypnotiser qui que ce soit. L'opération sera purement idéomotrice. Liliane marque son accord, non sans avoir consulté Aline. J'induis le verrouillage oculaire et l'amnésie sélective prévue et je déverrouille aussitôt les paupières de ma patiente.

Elle me lance presque immédiatement un regard gêné.

« Quelque chose ne va pas ? »

Liliane se racle la gorge mais ne répond pas à ma question. Par contre, elle détourne le regard en direction d'Aline et esquisse un rapide sourire poli. Sa fille ne réagit pas mais elle se tourne vers moi pour m'interroger silencieusement d'une grimace expressive. Le silence qui nous sépare les uns des autres a quelque chose d'irréel et de palpable. Liliane se décide enfin à exprimer sa gêne à haute voix :

« Pour quelle raison, commence-t-elle hésitante, avez-vous introduit cette personne dans votre cabinet pendant ma thérapie ? »

Je reste sans voix. Le ton est celui d'un reproche sincère. Elle s'adresse à moi en évitant de regarder Aline. Le visage de sa fille s'est vidé de ses couleurs en l'espace d'un instant. Elle est blême.

Mais enfin, c'est votre fille !

Je suis pris au jeu. Liliane se renfrogne avant de poursuivre :

« Je n'ai pas de fille, vous le savez bien !
Mais… Maman, s'écrie Aline, happée à son tour par la tournure invraisemblable des événements.

Ma patiente sourit, toujours gênée.

— Mais qu'est-ce qui lui prend ? me demande-t-elle en aparté en désignant Aline d'un mouvement du menton. Comme au théâtre de boulevard !

Ou elle a raté sa vocation ou nous sommes face à un phénomène de split de la personnalité pur et simple provoqué par une manipulation de sa conscience. Or, je suis positivement certain que Liliane n'est ni paraphrénique, ni schizophrène. Ses réactions sont tellement spontanées qu'une simulation aussi réussie nécessiterait un talent de comédienne qu'elle ne possède évidemment pas. Car elle ajoute :

« Vous savez bien que j'ai un fils ! »

Je marque mon étonnement car ce fils, elle vient de l'inventer de toutes pièces. Elle ajoute, après un temps d'arrêt :

— Il termine ses études de biologie médicale.

Aline, au bord de la crise de larmes, l'apostrophe :

« Cesse cette comédie ! Tu sais bien que je suis une fille... »

Liliane l'observe, interloquée. Elle me répète qu'elle ne comprend pas pourquoi j'ai introduit Aline dans mon cabinet en sa présence. Elle me demande si cette expérience fait partie de sa thérapie.

Je m'évertue à garder l'église au milieu du village. « Bien entendu ! »

Ma patiente me demande la permission d'allumer une cigarette. Je réalise qu'Aline supporte l'expérience de plus en plus mal. Or, sa mère m'a supplié de trouver un subterfuge pour briser les faux-semblants d'une relation affectée par le harcèlement affectif de sa fille, doublé d'un harcèlement moral d'un mari pervers. J'assure la thérapie de Liliane M. depuis deux ans et cette dernière a commencé à se dégager de cette relation faussement symbiotique pour apprendre à s'occuper d'elle-même en priorité. Hélas, sa fille n'a pas supporté l'évolution de sa mère.

Aline pleure. Sa mère lui tend gauchement un mouchoir. J'observe la scène, essayant de déceler la fraude éventuelle qui m'aurait échappé. La jeune femme me propose de la laisser seule, quelques instants, avec sa mère, si cette dernière accepte.

« Je serai dans le bureau voisin », lui dis-je pour la rassurer.

Liliane prétend toujours ne pas reconnaître Aline comme étant sa fille unique. Je quitte mon cabinet en refermant doucement la porte derrière moi, un peu inquiet tout de même.

Quelques minutes plus tard, Aline me rejoint.

« Elle... elle se comporte comme si j'étais une étrangère, m'avoue-t-elle. Je n'ai jamais vécu une telle impression d'abandon. Je me sens orpheline. »

Et elle fond en larmes.

Un peu plus tard, nous retournons ensemble dans mon cabinet. Ma patiente manifeste ouvertement son soulagement de me revoir.

« Mademoiselle Aline est très gentille », me dit-elle, hors de propos.

Je déprogramme son amnésie sélective partielle en repassant obligatoirement par un verrou oculaire. Quand elle rouvre les yeux, elle redevient aussitôt la mère aimante d'Aline.

« Vous vous souvenez de la scène que vous nous avez jouée ? »

Elle opine en souriant, puis elle se lève de sa chaise pour prendre sa fille dans ses bras. Réconciliation.
Au cours de l'interrogatoire qui suit, ma patiente me confirme qu'elle s'est sentie parfaitement normale pendant toute la durée de l'expérience vécue. Son comportement lui semblait logique. À aucun moment elle n'a ressenti un malaise ou l'impression de se trouver dans état second. Et le fils inventé ? Elle n'a pas souvenir de l'avoir mentionné !!! Était-elle dans un état de seuil crépusculaire onirique ? On peut le soupçonner étant donné l'oubli de cette évocation particulière.

Dans l'année qui a suivi, Liliane et sa fille sont revenues à des relations affectives normales. Aline m'en a beaucoup voulu, dans les premiers temps. Et puis un jour, elle est venue me rendre visite pour m'avouer que depuis cette expérience, ses ennuis gynécologiques endémiques avaient disparu. Son médecin traitant lui avait affirmé qu'ils étaient d'origine psychogène. Il avait vu juste.

Quand l'expérimentation ne permet pas de comprendre le pourquoi, il faut impérativement se reporter au comment. Comment cette manipulation de la mémoire a-t-elle été rendue possible ? A-t-elle eu des conséquences nocives, à terme, sur les circuits de mémoire du sujet ? Le *follow up* de la patiente a été assuré dans les années qui ont suivi cette expérience. Elle n'a jamais accusé de pertes de mémoire et ne s'est jamais plainte d'un défaut de fonctionnement de celle-ci. Au contraire, elle a affirmé par la suite que sa mémoire des événements passés s'était affinée. Comme si l'expérience vécue avait nettoyé ses circuits limbiques d'un conflit affectif envahissant.

LE PARADOXE : OUBLIER POUR RETENIR

Par la suite, j'ai pratiqué l'amnésie sélective pour des raisons plus pédagogiques. Je l'utilisais fréquemment pour effacer les acquis d'une immersion linguistique, afin de renforcer paradoxalement la fixation mnésique. *Il faut oublier pour retenir.* Cette affirmation n'est pas un jeu de mots, elle découle a posteriori d'une expérience accumulée des immersions linguistiques.

Chaque étudiant est censé savoir qu'il doit interposer une nuit de sommeil (donc d'oubli) entre son blocus de la veille et son examen du lendemain, sous peine d'être victime d'un trou de mémoire au moment crucial.

Plusieurs candidats hypermotivés par l'acquisition rapide d'un vocabulaire véhiculaire dans un idiome étranger ont été soumis à l'amnésie sélective, avec leur accord. Je m'explique.

Toute personne dont la qualité de vie est menacée par l'ignorance d'une matière, que celle-ci soit linguistique ou non, développera un niveau de suggestibilité de type hyperesthésique (hystérique) face à une neuroprogrammation gestuelle. Elle rendra inconsciemment son organisation mentale plastique à la suggestion en limitant l'effet inhibiteur de ses résistances, dites aussi mécanismes de refus. Ce faisant, elle réussira à acquérir la première posture (le verrouillage oculaire) en l'espace de deux ou trois heures, alors que cet apprentissage nécessite parfois plusieurs séances dans des circonstances classiques, voire une journée entière de stage. Le verrouillage oculaire étant acquis, les étapes suivantes seront avalées au même rythme jusqu'à l'aphémie sélective des cordes vocales. À ce stade, le candidat subira un choc intellectuel, en constatant qu'il n'est plus en mesure de s'exprimer dans sa propre langue maternelle, mais qu'il doit avoir recours à la langue apprise pour entendre le son de sa propre voix. Il faut avoir vécu une telle expérience pour être en mesure de l'intégrer émotionnellement. Ensuite, le candidat peut, s'il le désire, passer au stade de l'*amnésie sélective réflexe*. Il est en général fortement motivé à se soumettre à l'entraînement qui lui permettra d'y aboutir. Cette acquisition ne peut évidemment pas s'accomplir de manière autonome. Elle requiert un certain temps de programmation car les mécanismes de défense qui protègent la mémoire individuelle sont parmi les plus difficiles à contourner. Cependant, le résultat est tellement efficace sur l'effet de réminiscence spontanée des acquis qu'aucun des candidats n'a regretté jusqu'à présent de s'être soumis à l'expérience. Aucun accident psychologique ou mnésique n'est possible dans la mesure où l'amnésie sélective ne peut pas être maîtrisée préalablement aux autres étapes du programme. D'autre part, j'ai pu constater que l'échec d'une programmation de l'amnésie sélective de l'identité, qui est un préalable indispensable, interdit automatiquement l'accès à l'amnésie partielle d'un contenu quelconque de la mémoire. La conscience est bien protégée.

Au regard des résultats obtenus, l'atout amnésique semble permettre aux effets réverbérants de la mémoire un travail de reclassement autogène de l'apprentissage massif. L'amnésie partielle efface immédiatement toute velléité obsessionnelle de mémorisation classique, inévitablement associée au mécanisme du « par cœur ». Le candidat n'éprouve plus le besoin de ressasser ses nouvelles connaissances pour les fixer dans sa mémoire puisqu'elles sont « cachées » momentanément.

La réminiscence spontanée des contenus acquis la veille est la règle. Aucun effort de mémoire n'est nécessaire pour intégrer de nouveaux mots ou de nouvelles expressions idiomatiques dans le langage véhiculaire déjà appris. Ils s'insèrent dans la conversation courante, comme s'ils faisaient partie d'un bagage déjà ancien. Je totalise une dizaine d'amnésies sélectives réussies à ce jour, essentiellement des grands patrons.

En trente ans d'expérimentation autohypnotique et de pratique hypnothérapeutique, cela peut sembler minime, mais il faut savoir que l'autohypnose idéomotrice, que je pratiquais, était en sommeil depuis la fin du siècle dernier. Je me suis plutôt consacré à écrire plusieurs livres sur le langage du corps et sur la décontamination verbale jusqu'à la fin de l'année 2009. Je viens de reprendre mon bâton de pèlerin pour populariser la PNG que j'ai mise au point en partant de l'autohypnose. En somme, je suis reparti à la case départ du jeu de l'oie.

Et juste pour terminer en beauté... Je vous livre le dernier produit de l'accouchement d'un talent que je gardais sous le coude depuis des années sans prendre conscience de sa richesse : la poésie idéomotrice, un psychostimulant extraordinaire qui fera l'objet de mon prochain livre traitant de la déprogrammation des tics gestuels et de certains tocs (troubles obsessionnels compulsifs).

LA FABLE DU STRESS ET DU TEMPS

Le stress se presse le long d'une ligne.
Le genre vite fait, mal fait,
Il a toujours l'air d'une guigne
Comme cette cerise molle à longue queue.
Il affiche, superbe, un air hyper sérieux
Évidemment très en retard
Car il n'a rendez-vous avec personne
Et ne va fatalement nulle part.
Passe devant un mot bonhomme,
Paresseusement assis au bas de la page,
Et qui lui souhaite le bonjour sans ambages.
Chacun sait que le stress est toujours tellement pressé
Qu'il ne réalise les choses que quand elles sont passées.
Il dépasse donc le mot assis
Quand il se rend compte à rebours
Avec bien sûr un temps de sursis
Qu'on lui a souhaité le bonjour.

Pressé comme un étalon qui rue,
Le stress fait donc demi-tour
Pour rendre au mot assis son salut.
Quelque chose l'intrigue
Dans l'attitude mi-raisin, mi figue
De ce mot pourtant archi-connu.

— Nous nous connaissons, interroge le stress ?
Le mot assis lui sourit et lui répond avec politesse :
— Ma foi, un peu, ne prenez pas cet air désolé !
— Mais où nous sommes-nous déjà rencontrés ?
— Je suis le Temps, le coupe l'autre.
Et, à ce titre, je vous regarde passer depuis des lunes.
Toujours pressé de n'arriver nulle part,
Et de vous exténuer comme un âne pour des prunes
N'est-ce pas, Monsieur le Stress ?

Le stress, déconcerté par la remarque,
S'apprête à repartir fier tel un monarque
Quand soudain il joint les mains comme à la messe :
— Pourriez-vous me faire une faveur, Monsieur le Temps ?
— Mais certainement, mon cher Stress !
— Pourrions-nous échanger nos rôles pour un instant,
Un instant seulement ?
— Vous souhaiteriez donc prendre ma place
Et poser sur ce banc vos tristes fesses ?
— C'est cela même, reprend le stress
En faisant la grimace !
— Puis-je connaître votre argument ?
— Mais bien sûr, rétorque l'impertinent
— J'aimerais tant voir passer le temps.

La morale de cette minuscule histoire est élémentaire, mon cher lecteur : le temps ne s'écoule pas de la même manière pour tout le monde. Et dans le droit-fil de cette affirmation, prenez donc la peine de le voir passer, de temps à autre, et vous découvrirez le bonheur de l'instant présent. Le vrai bonheur fugace, orgasme de l'âme ! Ce n'est pas grand-chose mais c'est toujours mieux que…

De courir après hier ou demain,
après les vagues de la mer
ou les caprices du destin.
Le temps vous attend au pied
Cessez donc de vous presser
Ça ne sert qu'à vous stresser.

ANNEXES

STRESS, ANXIÉTÉ, DÉPRESSION, ÉCHEC : LES AGENTS SADE

LES QUATRE CAVALIERS DE L'APOCALYPSE

Avertissement

Les textes en annexes sont destinés à un public plus pointu ou à de futurs animateurs d'ateliers de PNG.

L'anxiété est pernicieuse. Elle se glisse dans toutes les brèches psychiques qui s'ouvrent de manière intempestive à la faveur de nos actes manqués ou de nos conduites inadaptées. La joie euphorique, la déprime réactionnelle, le stress du surmenage, les affects excessifs sont autant de portes qu'il lui est facile de franchir afin d'étendre son empire sur le noyau central de la conscience, la plus petite des poupées gigognes.

Il existe un moyen idéal de l'en empêcher. Et ce moyen, vous le connaissez, vous avez appris à le maîtriser en parcourant cet ouvrage. Il s'agit de l'enracinement réflexe des jambes. Enraciner signifie tout d'abord poser ses pieds à plat sur le sol, avec ou sans l'aide de la neuro-programmation. Faites donc cet effort élémentaire et vous constaterez très vite que vos jambes auront toujours tendance à se déplacer sous votre siège, vos chevilles à se croiser, ou encore votre jambe gauche à couvrir la droite, ou vice versa. Si vous n'êtes pas très attentif à leurs mouvements, vos jambes feront l'école buissonnière. Vous aurez beau les obliger à l'enracinement, elles profiteront toujours d'un instant d'inattention de votre part pour reprendre leur liberté de mouvement. Et si vous parvenez malgré tout à les maintenir dans la position voulue, c'est vous qui ressentirez rapidement un malaise de type musculaire, dans les mollets ou les chevilles. D'où l'utilité de reprogrammer régulièrement un enracinement idéomoteur pour vous désintoxiquer des croisements de jambes ou de chevilles sous votre siège. La motilité de vos jambes en position assise est le meilleur indicateur de votre seuil d'anxiété ou de stress. Sans appui d'un enracinement réflexe neuro-programmé, vous ne parviendrez jamais à leur faire entendre raison. Or, tant qu'elles sont libres de se croiser ou de se décroiser au gré de vos pulsions anxiogènes, vous ne parviendrez pas plus à chasser ces dernières dans le sol. *Votre taux d'anxiété ne sera pas mis à la masse*, comme dirait un électricien. Tandis que j'écris ces lignes, je constate que mes propres chevilles se croisent. Le cordonnier n'est pas toujours le mieux chaussé. J'enracine.

Anxiété et dépression sont les traductions psychiques de l'agression et de la fuite, deux conduites aussi instinctuelles qu'archaïques sur lesquelles repose la notion de territoire ou d'espace vital. Le corps est le cœur de ce territoire, un corps dont le volume virtuel (et non réel) évolue en fonction de la manière dont vous le percevez. Cette évolution sera aussi fonction de votre lieu de vie.

MAIS QU'EST-CE QU'UN VOLUME VIRTUEL ?

Le territoire que vous vous accordez ou que vous idéalisez est en rapport avec l'espace qu'il vous faut pour vous sentir en sécurité. Si vous vivez dans une chambre d'hôtel de 12 mètres carrés, vous pourriez vous sentir à l'étroit parce que vous avez besoin d'une maison de 120 mètres carrés habitable, entourée d'un jardin de 1 000 mètres carrés pour être en harmonie avec votre espace vital. D'où une alimentation quotidienne de l'angoisse ! L'inverse aussi est vrai.

Le territoire du dépressif rétrécit comme une peau de chagrin tandis que celui de l'anxieux envahit l'espace vital d'autrui. En quelques mots, le dépressif a besoin d'un territoire restreint pour se sentir en sécurité, l'anxieux ne peut se sentir à l'aise que dans un territoire étendu. Les dépressifs passent plus de temps aux toilettes que les anxieux. Le dépressif écoute les radios « talk » à longueur de journée, l'anxieux préfère les canaux FM musicaux pour se farcir la tête. On dit communément de l'anxieux qu'il est un pompeur d'énergie. Le psychisme équilibré n'est qu'une vue de l'esprit. Il peut se conquérir, mais la victoire sur l'anxiété ou la dépression demeure précaire et l'individu reste toujours sur la touche. C'est le combat éternel entre le mouvement et l'inertie, entre la légèreté et la pesanteur, entre la vie et la mort. Lao-Tseu disait déjà que la pesanteur est la racine de la légèreté, l'immobilité le principe du mouvement. Paradoxe en apparence ! Le dépressif est un anxieux défroqué et l'anxieux un dépressif qui se fuit.

LA PEUR SOCIALISÉE

Les conduites agressives ou les fuites éperdues étant proscrites par le code qui régit notre type de société, la peur animale qui prévaut encore dans notre cerveau archaïque s'est socialisée. Filtrée par le néocortex (le nouveau cerveau), elle s'est muée en état anxieux. Cette peur socialisée devient pathogène à partir du moment où elle est débordée par l'irrationalité de ses manifestations. Elle s'avère alors l'un des facteurs favorisant majeurs des affections psychosomatiques. La réponse médicale à l'urgence anxieuse passe, notamment, par les tranquillisants et les neuroleptiques, dont l'action sédative agit directement sur le système neuro-végétatif du malade tout en le polluant vite et bien. La pollution de la Nature trouve-t-elle sa racine dans notre nature intime ?

LE SCÉNARIO PSYCHOSOMATIQUE

La manifestation la plus caractéristique de l'anxiété pathologique est la névrose d'organe, dite aussi névrose psychosomatique. La frontière entre la psychothérapie et la médecine est ici atteinte. Les deux disciplines se chevauchent et se concurrencent car ni le médecin, ni le psychologue ne peuvent appréhender le tableau clinique de l'anxiété dans toutes ses composantes. L'usage des anxiolytiques neutralise les symptômes tandis que la psychothérapie tente de s'attaquer aux racines du mal. Le malade, assis entre deux chaises, s'impatiente, s'angoisse, somatise, voyage d'un thérapeute à l'autre, sans trouver la panacée qui pourrait le libérer de son trouble. Prédispositions somatiques et fragilités psychologiques entrent en compétition, générant des racines névrotiques, jusqu'à l'installation permanente d'un scénario psychosomatique du type *névrose d'organe*. Il est aisé de constater que chaque symptôme est le non-aboutissement d'un espoir ou d'un objet de désir surinvesti affectivement dans l'histoire du malade.

Ainsi, l'*hypertension artérielle* semble correspondre, du point de vue psychologique, à la non-réalisation de soi, entraînant dans son sillage un sentiment d'infériorité caractérisé ou un sentiment préconscient de culpabilité irrationnelle. Certaines *affections nutritionnelles* semblent provenir d'un désordre antérieur dans l'acquisition des automatismes liés à l'éducation non alimentaire. Une imprégnation des conduites de nos parents. Le rapport liant les *affections cardio-vasculaires* et la peur de l'échec n'étonnera personne. Les *affections digestives* sont souvent décelables chez les sujets qui s'expriment au travers d'un comportement de type maniaque avec des accès euphoriques et/ou colériques fréquents. Le doute et la *constipation chronique* font en général bon ménage. Les *diarrhées* sont un symptôme classique des personnes qui appréhendent des lendemains désenchanteurs. On peut associer les *nausées* et les *vomissements* à une perte de l'estime de soi. Les *périodes d'insomnie* sont très souvent le fait d'individus qui rêvent leur vie de jour, ce qui les empêche littéralement de dormir la nuit.

Les hypothèses avancées pour traduire la signification globale des troubles fonctionnels énumérés sont fondées sur une longue expérience des corrélations existant entre l'administration du langage des couleurs et sur l'anamnèse des patients qui m'ont consulté au cours de ces trente dernières années.

Psychologie du gros bon sens ? Peut-être, mais pas sûr ! Ces quelques exemples montrent à quel point il est essentiel d'enquêter sur la tradition psychocomportementale d'une affection psychosomatique. Le corps exprime le malaise psychique de manière générique. Il est d'autre part évident que la culpabilité irrationnelle, la peur d'être pénalisé, les sentiments d'infériorité ou de frustration, l'automutilation inconsciente et les comportements de type suicidaire s'inscrivent dans le tableau converti de la névrose d'organe.

Comme on le constate, l'anxiété n'est pas un trouble qu'il faut traiter à la légère. Ces mêmes symptômes se retrouvent dans le tableau du stress et de la dépression nerveuse. Ces trois aspects ne sont d'ailleurs souvent que des branches d'un même tronc existentiel : la peur de la fin ou de l'achèvement.

LE CAS DU FUMEUR

Supposons que le fumeur soit un anxieux profond du stade oral ! Dans cette optique, la cigarette représente une surcompensation affective et un anxiolytique puissant, parce que disponible à peu de frais et répétitif. Elle inhiberait les poussées autoagressives infantiles dont l'origine pourrait se situer dans le sevrage brutal du nourrisson, auquel peu d'entre nous échappent. Conduite addictive, à l'instar du drogué ou de l'alcoolique ; je pose l'hypothèse que le fumeur puise dans la cigarette un moyen de circonscrire l'insécurité constitutionnelle sur laquelle repose ses conduites.

Vu sous cet angle plus pathologique que métapsychologique, l'abus du tabac prédispose au cancer du poumon et/ou de la gorge. Le fumeur doit donc choisir entre le confort et une issue souvent fatale. L'artériosclérose le guette, les maladies cardio-vasculaires l'attendent au tournant de l'âge mûr, mais il continue à avaler la fumée de sa cigarette, privilégiant son confort de l'instant présent au mépris de la menace à venir. Logique ! La satisfaction du présent pèse toujours plus lourd que les perspectives morbides et aléatoires de l'avenir. Un tien ne vaut-il pas mieux que deux tu l'auras ?

COMMENT SE DÉSINTOXIQUER ?

Ce ne sont pas les méthodes qui manquent à l'appel. Elles se poussent même au portillon, chaque fois que l'État réalise ce que le tabac coûte à la Sécurité sociale. Cependant, aucune de ces méthodes ne prend le fumeur anxieux en ligne de compte. Car si le fumeur pouvait « cathartiser » le trauma affectif profond que représente le sevrage du nourrisson, il y a fort à parier que sa consommation de cigarettes se réduirait ou disparaîtrait purement et simplement.

MESUREZ VOTRE TAUX D'ANXIÉTÉ !

Pour en revenir au débat qui articule ce chapitre, je vous propose de procéder à une expérience passionnante. Procurez-vous une planche de bois blanc d'au moins un centimètre d'épaisseur. Choisissez-la d'une largeur transversale de soixante centimètres sur une profondeur de quarante centimètres.

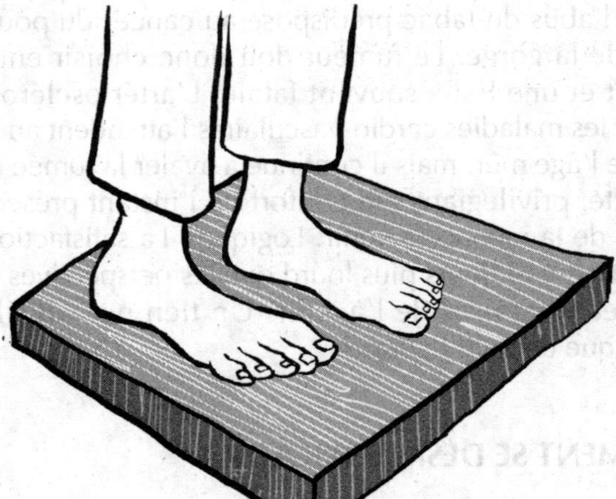

Déchaussez-vous, asseyez-vous confortablement devant votre poste de télévision (ou poursuivez votre lecture de ce livre) et posez vos pieds dénudés sur cette planche. Programmez ensuite un enracinement réflexe de vos jambes pendant vingt et une minutes en utilisant un minuteur culinaire et regardez votre émission favorite (ou plongez-vous dans la lecture) tandis que votre taux d'anxiété, métamorphosé en sueur, s'imprimera sur la planche de bois.

À l'issue de cette expérience, il est possible que la transpiration de vos pieds vous semble anormalement élevée. Ne vous inquiétez pas ! L'objectif de cet exercice consiste à drainer vers la base votre anxiété superflue. Dès la fin de la posture, prenez un crayon pour tracer le contour de vos pieds posés sur la planche et comparez la surface de vos voûtes plantaires avec celle qui est marquée par votre transpiration. Le pH acide de votre sueur corporelle sera absorbé par le bois sans dommage pour la plante de vos pieds. Si vous êtes victime de crevasses de la voûte plantaire, vous aurez très vite la surprise de constater leur disparition. La planche de bois deviendra, en quelque sorte, un remède alcalin idéal contre l'acidité de votre stress ou de votre anxiété.

LA VÉRITÉ APPARTIENT AUX POÈTES

L'action des postures sur l'angoisse et ses manifestations les plus courantes a été pour moi une révélation sur laquelle il m'est malheureusement difficile de m'étendre dans le cadre de cet ouvrage. Les confrères ou les consœurs que j'ai informés de mes travaux ont toujours considéré les résultats annoncés avec une certaine circonspection, voire un mépris incompréhensible, sinon que la jalousie devait leur rester en travers de la gorge. Il faut dire qu'entre scientifiques et autodidactes, ce n'est pas vraiment le grand amour. Certains auraient bien voulu m'intenter un procès pour charlatanisme patenté. Les preuves que j'apportais étaient toujours vérifiables et, surtout, trop concrètes pour que ma parole puisse être mise en doute.

À l'époque de mes premières découvertes, l'autohypnose était encore déconsidérée par la profession et reléguée au rang des pseudo-sciences ésotériques. Même les médias, qui se régalent aujourd'hui de tout et de n'importe quoi, considéraient mon action à propos de l'hypnose avec un amusement à peine teinté de cynisme. Nous étions au début des années 1980. Les temps changent, les mentalités aussi. Et puis sévit la crise d'angoisse macroscopique de notre société toute entière à la recherche d'une potion magique. En ce qui me concerne, l'autohypnose a été cette potion miraculeuse. Elle est devenue la programmation neuro-gestuelle quand j'ai décidé d'y rattacher mon expertise des gestes, postures et mimiques (GPM).

LE VRAI FAUX POUVOIR DES ANTIDÉPRESSEURS REMIS EN CAUSE

Selon une étude américaine, les publications scientifiques sur les nouveaux psychotropes exagèrent leur action. C'est un pavé dans la mare. L'efficacité des nouveaux antidépresseurs mis sur le marché depuis le milieu des années 1980, avec pour chef de file la fluoxétine (alias Prozac), est mise en doute par des experts américains de la FDA, la toute-puissante agence américaine du médicament. Une étude du *New England Journal of Medecine* démontre que des publications ont exagéré l'efficacité de ces médicaments parés de toutes les vertus par les laboratoires, les médecins, et même les malades.

Le docteur Erick Turner, psychiatre et pharmacologue (université de l'Oregon), et son équipe ont passé en revue 74 essais cliniques ayant inclus 12 564 patients. Ces études, toutes soumises à la FDA, ont concerné 12 nouveaux antidépresseurs très largement prescrits entre 1981 et 2004. Les résultats de cette analyse sont révélateurs. Selon les données publiées dans les revues scientifiques, 94 % des médicaments testés avaient des effets positifs. Mais, pour la FDA, juge beaucoup plus sourcilleux, seule la moitié des études soumises à sa sagacité était dans ce cas.

Dans l'autre moitié, les médicaments n'avaient pas l'effet escompté. De surcroît, si toutes les études positives, sauf une, ont donné lieu à publication dans la littérature scientifique, celles qui étaient négatives (33 sur 36 ayant enrôlé 5 212 patients) sont restées dans les tiroirs de la FDA. Ou, pis, elles ont été « maquillées » pour leur donner un aspect positif, contraire au verdict de la FDA. « Des publications sélectives peuvent conduire les médecins et les patients à croire que ces médicaments sont plus efficaces qu'ils ne le sont vraiment, un résultat susceptible d'influencer les prescriptions », constate le docteur Turner, qui a été durant trois ans conseiller expert à la FDA pour les médicaments psychotropes, dont les antidépresseurs.

LOGIQUE MARCHANDE

« Nous ne savons pas si ces erreurs d'interprétation résultent d'une faute des auteurs ou des sponsors qui ont soumis leur manuscrit, ou d'une décision des éditeurs de ne pas publier certaines études, voire de ces deux parties. Mais une chose est sûre, les médecins prescripteurs et les personnes traitées, les premières concernées, devraient avoir accès à des expertises complètes et non maquillées. » « Devraient » mais ne doivent pas ! Car la vérité est sans doute plus polluante que le mensonge.

Cette étude apporte de nouveaux arguments aux experts qui dénoncent la dérive du marché des psychotropes, incriminant la logique marchande des firmes. « Le volume des ventes d'antidépresseurs a doublé en dix ans tant en France qu'en Belgique », a rappelé la psychiatre belge Monique Debauche, à l'occasion d'un débat organisé par la revue *Prescrire* sur le thème de la santé mentale. Et ce dans un climat très interventionniste avec des campagnes de santé incitant à diagnostiquer plus pour traiter plus, voire à s'autodiagnostiquer dépressif. Elle explique cette dérive par l'omniprésence des laboratoires dans la formation et l'information des soignants, le financement d'associations de patients et la publicité indirecte par des campagnes dites de sensibilisation. On défend son pré carré comme on peut. Ce qui est légitime dans une société libérale comme la nôtre.

Je souhaite faire un aparté qui vous édifiera sur la nocivité de certains médicaments prescrits par naïveté par nos médecins de famille. Quand je reçois une prescription de mon omnipraticien ou de l'un des spécialistes que je consulte, je pose toujours la question de confiance à mon QUID en mode palpébral (questionnement idéomoteur). « Je peux, je dois, ou je dois éviter d'ingérer ce médicament après avoir fait une première prise ? » Qui mieux que mon corps sait ce qui est bon ou mauvais pour mon équilibre homéostatique ? Le QUID palpébral inconditionnel est absolument impossible à frauder.

Ce que je peux, je ne le dois pas automatiquement ; ce que je dois, je suis le conseil de mon médecin ; ce je dois éviter, je le jette à la poubelle ou je le rends à mon pharmacien, sans me poser de cas de conscience. Il ne s'agit pas d'automédication mais d'un mode de prévention à l'encontre des contre-indications cachées. La pollution n'est pas seulement une question d'environnement.

Il y a aussi la forte demande des personnes déprimées habituées à penser leur souffrance en termes de maladie curable par des petites pilules et la formation des médecins centrée sur le médicament. Monique Debauche n'hésite pas à mettre en cause la construction des essais cliniques préalables à la mise sur le marché des nouvelles molécules avec un courage que j'admire. Vu les enjeux financiers, ceux-ci sont construits comme des supports promotionnels avec des échelles d'évaluation mettant en avant les seuls symptômes améliorés par le produit.

Et comme les essais cliniques sont très coûteux, ils sont sous-traités à des sociétés privées qui, dans certains cas, les font effectuer dans des pays peu regardants de la rigueur méthodologique, comme les ex-républiques de l'URSS, l'Inde ou la Chine, sur de trop petits nombres de patients, avec des chercheurs non cliniciens pour les évaluer, et avec des échelles d'évaluation qui ne tiennent pas compte des particularités culturelles et sociales.

Le docteur Monique Debauche en arrive aux mêmes conclusions que le docteur Erick Turner : seuls les essais cliniques montrant des effets positifs seront publiés. Au final, c'est donc toute la question de l'objectivité de la recherche biomédicale qui est mise en examen... *et qui peut être remise en question au même titre que n'importe quelle affirmation ésotérique.*

Barbara Mintzes, chercheuse canadienne en santé publique (université de Colombie-Britannique), quant à elle, a mis en cause le « façonnage des maladies » qui vise à élargir la définition d'une maladie à traiter pour augmenter la quantité de traitements vendus. C'est ainsi que la dépression, autrefois considérée comme une pathologie aiguë, est de plus en plus souvent présentée comme une affection chronique qui trouve son origine de plus en plus jeune. Tant et si bien que, selon cette chercheuse, aux États-Unis, la prescription d'antidépresseurs chez les adolescents, et même chez les enfants, a été multipliée de quatre à dix fois entre 1992 et 2002, et par dix au Royaume-Uni entre 1992 et 2001.

Repris sur le Net : Catherine Petitnicolas 21.1.2008

SÉMIOLOGIE DES TROUBLES DE LA MÉMOIRE

L'activité mnésique est à la base de toute opération psychique. De telle sorte que les troubles de la mémoire sont des symptômes d'une particulière importance.

En résumé, quand la mémoire est altérée dans sa capacité de *rétention* des souvenirs, nous sommes en présence d'une *amnésie de fixation*. Le sujet « oublie au fur et à mesure » ses expériences. Il ne les retient plus, de telle sorte que l'amnésie caractéristique de ce trouble se présente comme une abolition progressive des souvenirs (*amnésie antérograde*). Quand le trouble cesse, il laisse après lui une *lacune* amnésique, un trou de mémoire qui porte sur la période de suspension de la mémoire, mais cette lacune peut déborder avant ou après le trou de mémoire.

En revanche, quand la mémoire est atteinte dans sa capacité de rappeler les souvenirs passés, on dit qu'il y a *amnésie d'évocation*. Comme cette incapacité s'étend en arrière sur les événements précédemment vécus, il s'agit donc d'une *amnésie rétrograde*. Mais on observe plus souvent des *amnésies antéro-rétrogrades*, car le trouble porte à la fois sur la fixation et sur l'évocation.

À un degré moindre, les troubles amnésiques réalisent ce que l'on appelle une simple *dysmnésie* (difficultés de la fixation ou de l'évocation, oublis des noms, évaporation de certains souvenirs spécifiques en relation avec un traumatisme psychique ou une expérience traumatisante tel un viol, une prise d'otage, une frayeur importante, etc.). Cela étant, nous sommes tous victimes d'ecmnésie quand il faut se souvenir du nom d'un auteur ou d'un artiste dont on imagine le visage mais dont le patronyme nous échappe temporairement.

Il semble que certaines personnes qui souffrent d'amnésie de fixation abandonnent la lecture car ils sont incapables de suivre le cours du récit. Ce type d'amnésie peut être la conséquence d'un traumatisme oublié d'une interdiction psychopathologique de la réussite professionnelle, par exemple. La scolarité précarisée ou interrompue précocement induit une forme d'amnésie de fixation qui éloigne les personnes de la lecture, fût-ce des magazines pipole, qui se cantonnent dans le choc des clichés avec des légendes pourtant minimalistes.

En dehors de ces troubles amnésiques globaux qui s'accompagnent le plus souvent de troubles de la clarté et de la lucidité de la conscience, il existe des *troubles systématisés de la mémoire*. C'est ainsi qu'après un traumatisme crânien on peut observer des *amnésies électives* portant sur le vocabulaire (amnésie verbale), sur des périodes du temps passé (amnésie lacunaire systématique), sur des lots de souvenirs (amnésie portant sur tel ou tel événement, sur certaines techniques ou apprentissages, etc.). Dans les états crépusculaires émotionnels et dans les amnésies hystériques, on observe parfois des amnésies massives portant sur l'*oubli de la personnalité : les amnésies d'identité*, qui surviennent après un choc émotif et guérissent progressivement sans séquelles. Selon certains spécialistes, les amnésies d'identité, caractérisées par l'absence d'un tableau psychopathologique associé, pourraient comporter un facteur étiologique dans le recours inconscient au « mythe de l'amnésie », mythe culturel servant de thème souvent traité dans les ouvrages littéraires (*Le Voyageur sans bagage*, de Jean Anouilh, *Siegfried et le Limousin*, de Jean Giraudoux, etc.).

Selon moi, il s'agit d'une réaction non consciente d'un refus massif du vécu antérieur à la suite d'un choc affectif. Un équivalent mnésique à une tentative de suicide. *« Si j'efface mon identité, je n'existe plus mais je peux renaître dans une vie parallèle. Tout recommencer de zéro dans la peau d'un autre* Moi ».

En matière de pathologie, les éclipses de mémoire d'une durée de quelques minutes ou quelques heures ont un pronostic généralement favorable. Elles surviennent souvent après un choc émotionnel, après l'orgasme, ou après un grand surmenage intellectuel (*burn out*). Dans certains accidents de la route, les personnes victimes de traumatismes crâniens peuvent mettre un certain temps à reconnaître leurs proches.

LES HYPERMNÉSIES

Elles se présentent sous forme d'une exaltation de l'évocation de souvenirs. Ceux-ci deviennent obsédants ou importuns (mentisme hypermnésique). Ce symptôme se rencontre surtout dans l'excitation maniaque, au cours des ivresses toxiques avec expansivité et euphorie vertigineuse, dans la prise de drogues notamment. On observe aussi ce dévidement automatique de souvenirs dans certains équivalents épileptiques. Notons enfin ces étranges évocations hallucinatoires du passé qu'on appelle *ecmnésie* (expérience actuelle d'une scène passée), qui se rencontrent particulièrement dans les déstructurations épileptiques de la conscience.

LES PARAMNÉSIES

Elles sont des falsifications de l'acte mnésique qui mélangent le présent et le passé, le réel et l'imaginaire dans la perception. Soit que le présent est pathologiquement relié au passé (*fausses* reconnaissances, impression de déjà-vu), soit que le présent est trop séparé du passé (illusion de sosie ou de non-reconnaissance, impression de jamais vu). Tous ces épisodes pathologiques peuvent être récupérés pour aider un patient à désinhiber sa mémoire ou lui permettre d'y faire appel pour des raisons scolaires ou professionnelles, donc extra-pathologiques. L'énergie de la maladie peut toujours être récupérée pour guérir le malade. On peut aussi la détourner au profit de nos atouts intellectuels, mnésiques ou émotionnels. Tel est le principe sur lequel se fonde la philosophie idéomotrice de la PNG.

CHANGER DE GESTES, C'EST CHANGER DE VIE !

Reste le travail d'expérimentation en cours dans les stages que j'anime, la déprogrammation des tics et des postures gestuels dévalorisants et les postures qualifiantes qui stimulent les dix commandements de l'intelligence : la mémoire, l'accomplissement, l'estime de soi, la vocation, l'imagination, la motivation, l'affirmation de soi, la confiance en soi, la volonté et l'ambition. Ces postures-là restent à inscrire dans le registre gestuel (l'idéomotricité) de celui ou celle qui en a grand besoin. Le but ultime de la PNG et de la reprogrammation verbale consiste à *combattre les méchants SADE avec l'aide des gentils MEC.* Maîtrise de soi, estime de soi et confiance en soi contre stress, anxiété, déprime et échec !

EN CONCLUSION

Pour conclure, je conçois que certains passages de ce livre sont ardus, voire difficile à appréhender, c'est la raison pour laquelle je tiens à informer mes lecteurs qu'un forum spécial de la PNG sera mis en ligne sur mon site www.joseph-messinger.fr dès la parution de cet ouvrage, ceci afin qu'ils puissent me poser toutes les questions qu'ils souhaitent à propos de la PNG, émettre les critiques qu'ils jugeront bon de me faire parvenir, prendre toute information sur cette technique totalement originale que je pratique depuis 30 ans.

La programmation neuro-gestuelle est une discipline préventive et non une panacée curative ou un remède miracle. Elle peut modifier les comportements déviants ou gommer certaines expressions verbales nocives mais cette perspective exige un investissement en profondeur, à l'instar d'un art martial. Il n'est pas évident de programmer une catalepsie des bras face à un individu menaçant, et pourtant, cette programmation neuro-gestuelle peut parfaitement calmer le jeu. Mais pour maîtriser cette programmation spécifique, des dizaines d'heures d'exercices seront indispensables. Si votre vision de la vie correspond à cette formule qui me poursuit depuis plus de 30 ans : « Ne jamais mesurer la distance avant de l'avoir franchie. »

Alors, la PNG est faite pour vous !

Joseph Messinger

10571

Composition
NORD COMPO

Achevé d'imprimer en Espagne
par BLACK PRINT CPI
le 29 décembre 2013

Dépôt légal décembre 2013
EAN 9782290042168
OTP L21EPBN000285N001

ÉDITIONS J'AI LU
87, quai Panhard-et-Levassor, 75013 Paris

Diffusion France et étranger : Flammarion